Gordon A. Craig

Die Politik der Unpolitischen

Gordon A. Craig

Die Politik der Unpolitischen

Deutsche Schriftsteller und die Macht 1770–1871

Aus dem Englischen
von Karl Heinz Siber

Verlag C. H. Beck München

Mit 10 Porträts

Die Deutsche Bibliothek – CIP-Einheitsaufnahme

Craig, Gordon A.:
Die Politik der Unpolitischen: deutsche Schriftsteller und die Macht; 1770–1871/Gordon A. Craig.
Aus dem Engl. von Karl Heinz Siber. –
München: Beck, 1993
ISBN 3-406-37327-5

ISBN 3 406 37327 5

Satz: Fotosatz Janß, Pfungstadt
Druck- und Bindearbeiten: Franz Spiegel Buch GmbH, Ulm-Jungingen
Gedruckt auf säurefreiem, aus chlorfrei gebleichtem
Zellstoff hergestellten Papier
Printed in Germany

Für Eva von Freeden
und Ingrid Kinzel-Amuser
felices manus sedulae

Inhalt

Einleitung

Im Februar 1962 fand an Northwestern University in Evanston, Illinois eine Konferenz zum Thema *Politisches Engagement im Zeitalter der Angst* statt; eine der Veranstaltungen war eine Podiumsdiskussion zur Rolle des «schöpferischen Geistes», an der eine Anzahl bekannter Künstler und Schriftsteller teilnahm und die von Hannah Arendt geleitet wurde. Nach der Verlesung einiger vorbereiteter Beiträge kam es zu einer sehr freimütigen Diskussion, in deren Verlauf der Kulturhistoriker H. Stuart Hughes den Dichter Saul Bellow zu attackieren begann, weil er in seinen Schriften kein politisches Engagement zeige. Bellow verteidigte sich mit dem Argument, er verstehe weder etwas von Politik noch interessiere er sich dafür; er wolle nichts weiter, als in Ruhe seine Romane schreiben. Hughes weigerte sich, dies zu akzeptieren. «Es ist Ihre Pflicht, zu zeigen, wo Sie stehen», rief er. «Das ist Ihre Schuldigkeit als Schriftsteller. Nehmen Sie sich ein Beispiel an Thomas Mann!» An dieser Stelle schaltete sich die Diskussionsleiterin ein: «Stuart!» sagte sie mit ihrer tiefen Stimme, «Stuart! Kommen Sie mir nicht mit Thomas Mann! Er lebte dort oben auf seinem Berg hinter einer Wolkenbank und ließ die Welt unter sich vorbeiziehen. Hin und wieder aber teilten sich die Wolken, und er kam hervor und machte eine Verkündigung. Und jedesmal, Stuart, lag er falsch!»

Man könnte endlos darüber streiten, ob Thomas Mann mit seinen Ansichten häufiger falsch lag als Hannah Arendt, aber man braucht nicht sehr lange nach Beispielen für Situationen zu suchen, in denen er hartnäckig irrationale Positionen vertrat, nicht zuletzt wenn es um die Themen ging, die in diesem Buch im Vordergrund stehen, nämlich Politik und Macht. So meldete er sich beispielsweise mitten im Ersten Weltkrieg mit seinen *Betrachtungen eines Unpolitischen* zu Wort, einem auf brillante Weise verqueren und in vieler Hinsicht absurden Versuch, die Überlegenheit deutscher über westeuropäische Wertvorstellungen darzutun. Politik, so versicherte er, sei eine dem deutschen Geist eigentlich fremde Betätigung, denn «die deutsche Humanität widerstrebt der Politisierung von Grund aus, es fehlt tatsächlich dem deutschen Bildungsbegriff das politische Element».[1] Das sei auch sehr gut so, fuhr er fort, da die Politik doch die Sphäre der Revolte und der Unordnung sei, da sie die traditionellen Werte zerstöre und in sich die Gefahr «einer völligen Nivellierung, journalistisch-rhetorischen Verdummung und Verpöbelung»[2] berge. Dreißig Jahre später, am Ende eines weiteren fürchterlichen Waffengangs, gelangte Mann in *Dr. Faustus*, einem wiederum eindrucksvollen, aber unausgewogenen Buch, in dem er offenbar die Ursachen für die Unterjochung und Zerstörung Deutschlands durch den Nationalsozialismus zu ergründen suchte, zu einer merkwürdigen Deutung der Macht; er interpretierte sie als ein dämonisches Wesen, dem es dank einer ihm innewohnenden bösen Zauberkraft gelungen war, «eine ursprünglich biedere, rechtlich gesinnte, nur allzu gelehrige, nur allzu gern aus der Theorie lebende Menschenart in die Schule des Bösen»[3] zu schicken.

Man begeht sicher kein Sakrileg, wenn man unterstellt, daß dem großen Romancier irgendwo zwischen diesen beiden Positionen die Logik abhanden kam. Hätte ihm 1945 nicht klar sein müssen, daß der seinen Landsleuten in Fleisch und Blut übergegangene Topos «Die Politik verdirbt den Charakter», den er in seinen *Betrachtungen* propagiert hatte, viel entscheidender zur deutschen Kapitulation vor dem Nationalsozialismus nach 1933 beigetragen hatte als irgendein Zauber oder Bann? Anders als in der Welt der Phantasie, wird in der Realität Unheil nicht durch magische Kräfte heraufbeschworen, sondern durch greif- und erklärbare Faktoren, nicht zuletzt durch eigene Versäumnisse, wovon es kein schlimmeres gibt als die Abkehr von der Politik. Felix Gilbert hat einmal geschrieben, Machiavelli habe den Sinn der Politik darin gesehen, «im stetig strömenden Fluß der Geschichte die Gesellschaft am Leben zu erhalten»; die Politik in den Rang eines konstitutiven Elements des historischen Prozesses erhebend, habe er demonstriert, daß «jede Situation einzigartig ist und den Menschen vor die Aufgabe stellt, alle seine Kräfte zu mobilisieren, um sämtliche Möglichkeiten des Augenblicks auszuloten».[4] Es ist demnach Sache der Politik, der Menschheit zu helfen, die großen Wendepunkte in ihrer Geschichte zu erkennen, und ihr zugleich die zur Bewältigung der Situation erforderlichen Mittel an die Hand zu geben. Die Politik hat allerdings eine weitere, noch wichtigere Funktion: Sie ist das einzige zu Gebote stehende Instrument, mit dem sich willkürliche Machtfülle, eine in der modernen Gesellschaft allgegenwärtige Gefahr, in Schranken halten läßt. Macht hat nichts Geheimnisvolles oder Dämonisches an sich; sie ist etwas stets Greifbares, nutzbar zum Guten oder zum Schlechten, etwas, das zur Waffe in der Hand der Bösen werden kann, wenn die Guten sich nicht seiner bemächtigen und Gebrauch davon machen. Politik gibt uns die Möglichkeit, zu entscheiden, welchen Gebrauch von der Macht wir machen wollen. Wenn wir diese Möglichkeit ungenutzt lassen, laufen wir Gefahr, alle zu potentiellen Opfern zu werden.

Es gab in den Bismarck-Jahren und in der Wilhelminischen Ära zweifellos sehr viele Deutsche, die – aus Beweggründen, die zu vielfältig sind, um hier erörtert zu werden, die aber alle etwas mit dem Untergang des Liberalismus nach der Reichsgründung zu tun hatten – ähnlich wie Thomas Mann dachten. («Ich will nicht Politik. Ich will Sachlichkeit, Ordnung und Anstand. Wenn das philisterhaft ist, so will ich ein Philister sein. Wenn es deutsch ist, so will ich in Gottesnamen ein Deutscher heißen.»[5]) Nach 1945 gab es in Deutschland längst nicht mehr so viele, die dieser Meinung waren, und in der bürgerlichen Mittelschicht und unter den Schriftstellern und Wissenschaftlern gab es vor 1870 ebenfalls weit weniger, die so dachten. Robert Minder hat einmal die beeindruckende Formulierung gefunden, im großen und ganzen gelte, daß «in Deutschland ... der Dichter, der Künstler in erster Linie Bürger einer anderen Welt [ist]; in Frankreich ist er in weit größerem Ausmaß *citoyen*, eingebürgert.»[6] In bezug auf den größeren Teil der in diesem Buch abgedeckten Zeitspanne sollte man das wohl nicht so stehen lassen, denn alle großen Schriftsteller, die darin vorkommen, standen auf die eine oder andere Weise im Bann der Politik. Das gilt sogar für Goethe, auch wenn es zutrifft, daß er nach jahrelanger Arbeit im Staatsdienst nichts mehr davon wissen wollte und sich in eine selbstgemachte Welt zurückzog, nicht ohne seine Künstlerkollegen aufzufordern, es ihm nachzutun.

Die meisten anderen jedoch, die in diesem Buch figurieren (und ebensoviele andere, die darin vorkommen könnten - Ludwig Uhland, Rahel Levin, Karl August Varnhagen von Ense, Georg Büchner, Karl Gutzkow, Ludwig Börne, Karl Immermann oder Adolf Glassbrenner), versuchten *citoyens* zu sein, entweder indem sie sich ihrem Staat als Diener zur Verfügung stellten, wie Goethe als Staatsminister in Sachsen-Weimar oder Wilhelm von Humboldt als Unterrichtsminister und Botschafter des Königreichs Preußen, oder indem sie sich bemühten, ihre Gesellschaft zu verändern oder zu verbessern, wie Georg Forster, Friedrich Hölderlin und Georg Gottfried Gervinus es, jeder auf seine Weise, taten.

Die Impulse kamen natürlich aus Frankreich, woher die deutsche Intelligenz traditionell ihre Vorbilder und Anregungen bezog. Mochte die große Revolution von 1789 einen Goethe erschrecken, so gab sie den Hoffnungen und Ambitionen eines Forster und eines Hölderlin bedeutsamen Auftrieb, genauso wie die Revolution von 1830 Heine zu dem ekstatischen Ausruf inspirierte: «Heilige Juli-Tage in Paris!!» Napoleon Bonaparte, der dafür verantwortlich war, daß Heinrich von Kleist zu einem der interessantesten politischen Autoren seiner Zeit avancierte (weil er sich in die Vorstellung verrannte, der Korse sei ein Quinctilius Varus *redivivus,* für den es einen neuen Hermann zu finden gelte), verkörperte in den Augen Goethes, Johannes von Müllers, Georg Friedrich Hegels und Heinrich Heines eine jener seltenen Kombinationen von Geist und Macht, die der Geschichte Sinn verliehen, eine wahrhaft weltgeschichtliche Figur, die in das Leben und die Laufbahn jedes dieser Männer entscheidend und verändernd eingriff. Es gehörte zu den nicht unwichtigsten Vermächtnissen der Französischen Revolution und der Napoleonischen Epoche, daß sie der deutschen Intelligenz die Erkenntnis nahebrachten, die Macht sei ein der ernsthaften Erforschung würdiges Thema. Schillers bohrende Auseinandersetzung mit den verschiedenen Gesichtern der Macht und ihrem Verhältnis zur Freiheit in seinen historischen Dramen, Humboldts wichtiger Aufsatz über die Fesseln, die die Vernunft der Staatsmacht anlegen müsse[7] (eine Schrift, an der sich John Stuart Mill stark orientierte, als er seinen *Essay on Liberty* schrieb), und Heines Mutmaßungen über das Berserker-Potential eines deutschen Nationalismus, der sich mehr aus der Philosophie als aus der Politik speisen würde, all dies waren Reaktionen auf die französische Herausforderung. Dasselbe gilt für Gervinus' beunruhigende Frage, ob denn ein deutscher Liberalismus, der glaube, in der Agenda der deutschen Nationalbewegung müsse der Macht Vorrang eingeräumt werden vor dem verfaßten Recht (wie F. C. Dahlmann im Januar 1849 in der Paulskirche erklärt und Heinrich von Sybel 1870 unter dem Einfluß des Sieges über Frankreich konzediert hatte), das Zeug habe, die Nation zur Demokratie hinzuführen (worin Gervinus das einzige lohnende Ziel sah).

Die in diesem Buch abgedeckte Zeitspanne umfaßt die Periode, in der die deutschen Intellektuellen ihre Lehrjahre in der Politik absolvierten und ihre ersten ernüchternden Lektionen lernen mußten über die Schwierigkeit, sich gegen die traditionellen Manipulateure der Macht durchzusetzen. Daß in späterer Zeit so viele den Mut verloren und sich aus der konfliktreichen Arena zurückzogen, gibt uns nicht das Recht, jene Pioniere des politischen Engagements zu vergessen, die sich weigerten, in der politischen Indifferenz ein Zeichen moralischer oder geistiger Überlegenheit zu sehen, und für die das «politische Lied» nicht automatisch ein «garstig Lied» war.

Erstes Kapitel

Goethe als Staatsmann

Im März 1828 erklärte Goethe im Verlauf eines Gesprächs mit Eckermann über das Verhältnis zwischen Genie und Kraft:

Es gibt kein Genie ohne produktiv fortwirkende Kraft; und ferner: es kommt dabei gar nicht auf das Geschäft, die Kunst und das Metier an, das einer treibt, es ist alles dasselbige. – Ob einer sich in der Wissenschaft genial erweiset wie Oken und Humboldt, oder im Krieg und in der Staatsverwaltung, wie Friedrich, Peter der Große, Napoleon, oder ob einer ein Lied macht wie Béranger, es ist alles gleich und kommt bloß darauf an, ob der Gedanke, das Aperçu, die Tat lebendig sei und fortzuleben vermöge.[1]

Wir tun, wenn wir dies lesen, gut daran, uns zu vergegenwärtigen, daß der alte Goethe, so sehr er geneigt war, sich über jedes von Eckermann angerissene Thema in allgemeiner Form auszulassen, hier über Dinge sprach, die ihm sehr vertraut waren. Denn er hatte Lieder gedichtet, hatte sich als Wissenschaftler ausgezeichnet und war, auch wenn das manchmal vergessen wird, Staatsmann gewesen. Er hatte in seinem Leben tatsächlich mehr praktische politische Erfahrung gesammelt als jeder andere deutsche Schriftsteller seines Zeitalters. Wilhelm von Humboldt war kurze Zeit Unterrichtsminister in Preußen und amtierte später, in der Schlußphase der Napoleonischen Kriege, als preußischer Botschafter in Österreich;[2] Gottfried Keller war fünfzehn Jahre lang Staatsschreiber in Zürich. Das alles war jedoch nichts im Vergleich mit Goethes öffentlicher Laufbahn unter Carl August von Sachsen-Weimar, die fast vierzig Jahre umspannte.

Goethe war ein hingebungsvoller und prinzipientreuer Staatsdiener, der sich der Probleme des Herzogtums mit Tatkraft und Realismus annahm und der Kritik an der Außenpolitik seines Fürsten ein wohltuendes perspektivisches Element verlieh. Im großen und ganzen erlebte er seine Verwaltungstätigkeit jedoch als enttäuschende Erfahrung, die ihn am Ende mit einer tiefen Abneigung gegen die Politik erfüllte. In einem seiner letzten Gespräche mit Eckermann bemerkte er bitter: «Ich hasse alle

Pfuscherei wie die Sünde, besonders aber die Pfuscherei in Staatsangelegenheiten, woraus für Tausende und Millionen nichts als Unheil hervorgeht.»[3] Und von Frédéric Soret erfahren wir, daß der Gedanke an den Tod ihm weniger Sorgen bereitete als «die Wichtigkeit, die man jetzt politischen Fragen auf Kosten der Literatur und Wissenschaft beilegt».[4] Die Intensität seiner Empfindungen in diesem Punkt trug zweifellos dazu bei, dem antipolitischen Ressentiment, zu dem sich im 19. Jahrhundert so viele Deutsche bekannten, Legitimität zu verschaffen. Nietzsche schrieb einmal, Goethe sei nicht nur ein guter und großer Mann gewesen, sondern eine Kultur für sich, doch schloß er dieser Feststellung die Frage an: «Wer wäre im Stande, in der deutschen Politik der letzten siebzig Jahre zum Beispiel ein Stück Goethe aufzuzeigen!»[5]

I

Daß der Autor so aufsehenerregender Erfolge wie *Götz von Berlichingen* und *Die Leiden des jungen Werthers* sich plötzlich auf eine politische Karriere verlegte, ist nicht so verwunderlich, wie es auf den ersten Blick erscheinen mag. Goethe hatte, wie Wilhelm Mommsen schon vor Jahrzehnten dargelegt hat, ein zu breites Interessenspektrum und eine zu hohe Meinung von seinen eigenen Fähigkeiten, um sich mit einer Existenz als erfolgreicher Schriftsteller zufriedenzugeben, und er hätte fast sicher ein Amt in der Verwaltung seiner Heimatstadt Frankfurt übernommen, wäre nicht das Angebot aus Sachsen-Weimar gekommen.[6] Immerhin entstammte er ja einem Frankfurter Patrizierhaus und war studierter Jurist und Rechtsanwalt, so daß er vermutlich in einer politischen Laufbahn von Anfang an den probatesten Weg sah, sich die materielle Position und die Ressourcen zu sichern, die er brauchte, um seine Begabungen entwickeln zu können.

Als ihn 1775 die Einladung des jungen Herzogs erreichte, fühlte er sich zweifellos geschmeichelt und elektrisiert zugleich. Vielleicht sah er darin auch einen Wink des Schicksals, rang er doch schon seit einiger Zeit mit dem Zwiespalt zwischen seiner Liebe zu der schönen Lili Schönemann und seiner Angst vor

Johann Wolfgang von Goethe

einer Ehe mit ihren möglicherweise einschränkenden und frustrierenden Verpflichtungen. Das Angebot aus Weimar befreite ihn aus diesem Dilemma, und am 30. Oktober 1775 vertraute er seinem Tagebuch die Erleichterung darüber an, daß sein «Dämon» ihm die Sache aus der Hand genommen hatte. «Lili, Adieu! ... Es hat sich entschieden – wir müssen einzeln unsre Rollen ausspielen.»[7] Wie seine eigene Rolle aussehen würde, konnte er natürlich nicht wissen, doch daß der junge Herzog von Sachsen-Weimar den Wunsch äußerte, ihn als Berater und Freund an seiner Seite zu haben, machte zweifellos großen Eindruck auf ihn, und er rechnete sich wohl von Anfang an mehr aus, als nur den Part eines hochgeschätzten Ratgebers zu spielen. Wie er am 22. Januar 1776 seinem Freunde Merck schrieb:

> Ich bin nun ganz in alle Hof- und politische Händel verwickelt und werde fast nicht wieder weg können. Meine Lage ist vortheilhaft genug, und die Herzogthümer Weimar und Eisenach immer ein Schauplatz, um zu versuchen, wie einem die Weltrolle zu Gesicht stünde.[8]

Und wenige Tage später schlug er in einem Brief an seinen Freund Johann Kaspar Lavater in Zürich einen Ton an, der an den Monolog eines Helden aus einem Sturm-und-Drang-Drama erinnert:

> Ich bin nun ganz eingeschifft auf der Woge der Welt – voll entschlossen: zu entdecken, gewinnen, streiten, scheitern, oder mich mit aller Ladung in die Lufft zu sprengen.[9]

Goethe war keineswegs ein so ichbezogener, auf die eigene Großartigkeit pochender Mensch, wie diese Äußerungen es glauben machen könnten. Er hatte Justus Mösers *Patriotische Phantasien* gelesen, mit ihrer nachdrücklichen Betonung der Verpflichtungen und Chancen der Fürsten zu einem gesellschaftsdienlichen Wirken. Er hatte mit Carl August bei ihrem ersten Zusammentreffen über Möser diskutiert, und man kann annehmen, daß die zustimmende Reaktion, die er damals empfunden hatte, ihn auf eine Zusammenarbeit hoffen ließ, die den Untertanen des Herzogs zum Wohle gereichen würde.[10] Später schrieb er im *Torquato Tasso*:

Es ist kein schönrer Anblick in der Welt
Als einen Fürsten sehn der klug regiert;
Das Reich zu sehn, wo jeder stolz gehorcht,
Wo jeder sich nur selbst zu dienen glaubt
Weil ihm das Rechte nur befohlen wird.[11]

Der Gedanke, an der Ausbildung eines solchen Fürsten mitwirken zu können, spielte bei seiner Entscheidung, nach Weimar zu gehen, sicherlich eine Rolle. Daß er sich zu diesem Thema hin und wieder zynisch äußerte – «Es ist ein wunderbaar Ding ums Regiment dieser Welt, so einen politisch moralischen Grindkopf nur halbe weege zu säubern und in Ordnung zu halten»[12] –, schließt eine Ernsthaftigkeit seiner diesbezüglichen Empfindungen nicht aus.

Es steht außer Zweifel, daß seine Berufung ihm Genugtuungen anderer Art verschaffte, auch wenn er zunächst die schmerzliche Erfahrung machen mußte, daß Günstlinge eines Fürsten von niemandem geliebt werden – wie er seinem Tagebuch anvertraute, stieß er in seinen ersten Tagen in Weimar auf Ablehnung, wo er Freundschaft erwartet hatte. Er setzte in diesem Tagebucheintrag ein so starkes Ausrufezeichen hinter das Wort «Regieren!», daß man einen gewissen Unmut über die bürokratischen Kleinkriege vermuten kann, die seine ersten Monate in dem neuen Amt bestimmten.[13] Es bedurfte in der Tat einiger Machtworte des Herzogs, ehe die altgedienten Kräfte ihre Vorbehalte gegen den jungen Seiteneinsteiger aufgaben.[14] Goethe ließ sich von alledem nicht entmutigen. Er war bereit, jede Herausforderung anzunehmen, scheute vor keiner Aufgabe, so prosaisch sie auch sein mochte, zurück und kannte offenbar keine Müdigkeit. Ohne das Murren der Bürokraten zu beachten, betraute der Herzog Goethe mit einer ungewöhnlich breiten Palette von Pflichten. Zusätzlich bestand er darauf, daß der Jungminister ihn auf seinen pausenlosen Reisen kreuz und quer durch das Herzogtum begleitete, wo sie tagsüber staatliche Einrichtungen, Bergwerke, Armenhäuser und Gefängnisse inspizierten und abends Dorffeste besuchten, einheimische Weine kosteten, sich an Spielen beteiligten und mit den Mädchen des Dorfes tanzten und sie küßten. Das alles war sehr aufreibend und manchmal aufregend, und Goethe genoß das Abenteuerliche daran, insbesondere das Löschen von Bränden (von denen offenbar jede Menge wüteten), die nächtlichen Fahrten durch Berglandschaften und die langen Gespräche am Feuer. «Heut früh», schrieb er im September 1780 aus Ilmenau an seine vertraute Freundin Charlotte von Stein, «haben wir alle Mörder, Diebe und Hehler vorführen lassen und sie alle gefragt und konfrontirt. Ich wollte anfangs nicht mit, denn ich fliehe das Unreine.» Indessen, so fügte er, vielleicht in Anspielung an die Theorien seines Freundes Lavater, hinzu: «Es ist ein gros Studium der Menschheit und Phisiognomick.» Es war eine hektische Periode, in der das Arbeitspensum immer zu groß zu sein schien, doch das hinderte Goethe nicht daran, jede Minute zu genießen. «Dann ist die größte Gabe, für die ich den Göttern dancke, daß ich durch die Schnelligkeit und Mannigfaltigkeit der Gedancken einen solchen heitern Tag in Millionen Theile spalten, und eine kleine Ewigkeit draus bilden kan.»[15] Im Laufe der Zeit gewöhnte er sich an, neben diesen amtlichen auch noch Reisen auf eigene Faust zu unternehmen; unter falschem Namen und als Maler posierend, inspizierte er auf diesen Fahrten Projekte, die ihm am Herzen lagen, hörte sich in Gasthöfen und auf Marktplätzen die Ansichten der Menschen an und hatte zweifellos Spaß an solchen Auftritten à la Harun al Raschid. Manchmal erinnerte er sich auf diesen Wanderungen daran, daß er ein Dichter war, und dann, so schrieb er, «wenn ich dencke ich sizze auf meinem Klepper und reite meine pflichtmäßige Station ab, auf einmal kriegt die Mähre unter mir eine herrliche Gestalt, unbezwingliche Lust und Flügel und geht mit mir davon.»[16]

Doch solche literarische Höhenflüge waren selten. Wieland hatte recht, als er im Juni 1776 voraussagte, Goethe sei zu gewissenhaft, um für die Kunst seine amtlichen Pflichten schleifen zu lassen. Der frischgebackene Staatsbeamte werde, so Wieland in einem Brief an Lavater,

> ... viel Gutes schaffen, viel Böses hindern, und das muß, wenn's möglich ist, uns dafür trösten, daß er als Dichter wenigstens auf viele Jahre für die Welt verloren ist. Denn Goethe tut nichts halb. Da er nun einmal in diese neue Laufbahn getreten ist, so wird er nicht ruhen, bis er am Ziel ist; wird als Minister so groß sein, wie er als Autor war.[17]

Goethe selbst bestätigte diese Einschätzung, indem er, ebenfalls in einem Brief an Lavater, schrieb:

Ich lade fast zu viel auf mich, und wieder kan ich nicht anders. Staatssachen sollte der Mensch der drein versetzt ist, sich ganz wiedmen, und ich mögte doch soviel anders auch nicht fallen lassen.[18]

Bei der Verfassung, in der sich die erhalten gebliebenen Akten befinden, ist es nicht einfach, sich ein genaues Bild davon zu machen, welchen Amtspflichten Goethe zu welcher Zeit nachging. Sonnenklar ist jedenfalls, daß Carl August, der bei Vollendung seines 18. Lebensjahrs, am 3. September 1775, das selbständige Regiment in seinem Herzogtum übernahm, darauf brannte, die konservativen Minister seiner Mutter möglichst schnell abzuhalftern und die Karten neu zu mischen,[19] und daß seine Bewunderung für Goethe so groß war, daß er diesen von Anfang an in alle Ebenen der Staatsverwaltung eingebunden sehen wollte. So machte er seinen neuen Freund und Berater im Juni 1776 zum Mitglied des dreiköpfigen Geheimen Staatsrats, mit dem sich der Herzog im allgemeinen dreimal alle vierzehn Tage, wenn er in Weimar war, zusammensetzte, um laufende Probleme zu erörtern und Entscheidungen zu treffen.[20] Im weiteren Verlauf trat Goethe zusätzlich an die Spitze der leitenden Behörden für das Kriegswesen, den Straßenbau und den Bergbau; bei verschiedenen Gelegenheiten wurde er mit der Erstellung von Berichten über wirtschaftliche Vorgänge, kirchliche Angelegenheiten, Finanz-, Währungs- und Steuerfragen sowie über das Innenleben der Universität Jena beauftragt. Er nahm hin und wieder auch an Verhandlungen mit benachbarten Staaten teil, so im Mai 1778, als er in Begleitung des Herzogs nach Berlin und Potsdam reiste, um Gespräche über Truppenaushebungen und die Möglichkeit eines Krieges in Bayern zu führen,[21] oder im August 1784, als er bei Verhandlungen in Braunschweig über die eventuelle Bildung einer Allianz aus kleineren deutschen Staaten (Fürstenbund) als Privatsekretär des Herzogs fungierte.[22] Schließlich sah Goethe sich, da Carl August aktiven Anteil an kulturellen Dingen nahm, zwangsläufig auch mit der Aufgabe konfrontiert, dem Herzog Ritte auf seinem neuesten Steckenpferd zu ermöglichen. So war er also sehr beschäftigt, wenn es auch vielleicht nicht ganz so dramatisch war, wie

Johann Gottfried Herder (an dessen Berufung nach Weimar im Jahr 1776 als Generalsuperintendent der Evangelischen Kirche Goethe maßgeblich mitgewirkt hatte[23]) es im Juli 1782 in einem Brief an Johann Georg Hamann leicht boshaft darstellte:

> Er ist ... jetzt Wirklicher Geheimer Rat, Kammerpräsident, Präsident des Kriegskollegii, Aufseher des Bauwesens bis zum Wegbau hinunter, dabei auch Directeur des plaisirs, Hofpoet, Verfasser von schönen Festivitäten, Hofopern, Balletts, Redoutenaufzügen, Inskriptionen, Kunstwerken usw., Direktor der Zeichenakademie, in der er den Winter über Vorlesungen über die Osteologie gehalten; selbst überall der erste Akteur, Tänzer, kurz, das Faktotum des Weimarschen und, so Gott will, bald der Major domus sämtlicher Ernestinischer Häuser, bei denen er zur Anbetung umherzieht.[24]

Was den Staatsmann Goethe auszeichnete, war die Fähigkeit, in einer Zeit, als kameralistische Theorien manchmal mehr Schwierigkeiten schufen als lösten, Probleme in ihrem konkreten Kontext zu sehen und vernünftige Lösungen für sie zu finden. Seine Leitlinien waren Ordnung und Wirtschaftlichkeit, und er tat alles, was in seiner Macht stand, um die Finanzen eines Staates, dessen Ausgaben regelmäßig seine Einnahmen überschritten, ohne Steuererhöhungen ins Gleichgewicht zu bringen.[25] So gab er etwa nicht nur eine Empfehlung zur Senkung der Staatsausgaben für unproduktive Bereiche und Dienste, sondern setzte sie auch erfolgreich in die Praxis um, namentlich auf dem militärischen Sektor, wo er nach und nach, wenn auch erst nach vielen Kämpfen mit seinem herzoglichen Gönner, die Garde du Corps, das «Landregiment» (eine Miliztruppe), das Artilleriekorps und die Hälfte der Infanterie auf den Aussterbeetat setzte.[26] Diese Einsparungen, die Nicholas Boyle zu der Aussage animiert haben, Goethe sei einer der wenigen Verteidigungsminister der Geschichte gewesen, die freiwillig ihr Budget auf die Hälfte kürzten[27] – zwangen den Herzog, seine militärischen Übungen von da an im Rahmen preußischer Manöver (im Rang eines preußischen Generals) zu absolvieren, während er bis dahin mit seiner winzigen Streitmacht zu Hause geübt hatte; daraus erwuchsen langfristig unglückliche Konsequenzen, doch auf der anderen Seite ermöglichte es Goethe, Steuern zu senken und die Stände zur Begleichung der Staatsschulden zu überreden. Die Steuersenkung erleichterte das Los der Textilarbeiter in Apolda, besonders der sogenannten Fabrikanten – Spinner und Weber, die in Heimarbeit für Verleger fertigten und bislang unangemessen hoch besteuert worden waren.[28]

Öffentlichen Bauten und Arbeiten widmete Goethe sich mit großem Ernst, und wenn auch seine jahrelangen Bemühungen, den Silberbergbau von Ilmenau wiederzubeleben, am Ende zu nichts führten, linderten sie doch vorübergehend die Arbeitslosigkeit in diesem Gebiet. Ehrgeiziger noch waren seine Pläne, die schmalen, böse zerfurchten Landstraßen des Herzogtums, die oftmals wegen Auswaschungen oder umgestürzter Bäume unpassierbar waren, durch ein modernes Netz geschotterter Straßen zu ersetzen. Als er 1779 die Leitung des Straßenbauwesens übernahm, ging er sogleich daran, die Landstraße Weimar–Jena ausbauen zu lassen; sie verwandelte sich zwischen 1782 und 1787 in eine breite Chaussee, bei einem Kostenaufwand von 11 000 Talern. Im gleichen Zeitraum wurden die Straßen von Weimar nach Erfurt verbessert und Pläne für die Anlage einer Chaussee von Weimar nach Auerstedt ausgearbeitet, in der Hoffnung, diese Straße werde dann einen Teil des Handels-Fernverkehrs auf sich ziehen, der traditionell von Erfurt über Buttelstedt nach Eckartsberga rollte. Es wurden auch ernsthafte Versuche gestartet, die Straßen im Saaletal bei Jena in einen besseren Zustand zu versetzen. Wie Fritz Hartung festgestellt hat, steht es außer Frage, daß diese Verbesserungen einen wichtigen Beitrag zur Belebung der Wirtschaft in der schweren Zeit der frühen 80er Jahre leisteten.[29] Leider ließ sich das Tempo, das Goethe 1779 anschlug, aus Mangel an finanziellen Mitteln nicht durchhalten; eine seiner letzten Amtshandlungen vor der Abreise nach Italien 1786 war die Abfassung einer langen Denkschrift (vom 9. Juni 1786), in der er kritisch feststellte, die gegenwärtig verfügbaren Mittel reichten lediglich zur Erhaltung der bereits erzielten Fortschritte, und es werde, wenn es beim gegenwärtigen Fortgang der Entwicklung bleibe, noch Generationen dauern, bis die von ihm anfänglich gesetzten Planziele erreicht sein würden.

Goethe zeigte sich im allgemeinen aufgeschlossen für die Nöte der Menschen, die er auf seinen beständigen Reisen durch das Herzogtum traf; sein besonderes Interesse galt Problemfällen. Im September 1780 schrieb er an Charlotte von Stein: «Man soll thun was man kan einzelne Menschen vom Untergang zu retten.»[30] Er tat sein Möglichstes, um für solche Personen Arbeit zu finden oder Gemeinschaftsprojekte zu initiieren, die ihnen Beschäftigung sicherten. Besonders aufgeschlossen zeigte er sich für die Probleme der Bauern, und er scheute sich nicht, persönlich eine Kampagne gegen gesetzliche Vorschriften zum Schutz wilder Eber zu starten, die ganze Felder verwüsten konnten; er versuchte dem Herzog, einem begeisterten Förderer der Jagd mit besonderer Vorliebe für eben dieses Wild, klarzumachen, daß «Gutsbesitzer, Pächter, Unterthanen, Dienerschafft, die Jägerey selbst» sich in dem Wunsche einig seien, «diese Gäste vertilgt zu sehn».[31]

In kirchenpolitischen Fragen vertrat Goethe fortschrittliche Ansichten, und als 1777 eine Kontroverse darüber ausbrach, ob die Kirche weiterhin berechtigt sein sollte, die Menschen zu öffentlichen Bußritualen zu zitieren, bei denen um Vergebung für fleischliche Sünden, Meineide, Gotteslästerungen und andere moralische Vergehen gebetet wurde, bezog er eine liberalere Position als das Oberkonsistorium und der Generalsuperintendent Herder. Herder wollte die Kirchenbuße beibehalten, um nicht der aufkommenden religiösen Gleichgültigkeit Vorschub zu leisten; Goethe meinte, die Kirche solle sich darauf beschränken, die Menschen zu innerer Buße und Läuterung anzuhalten.[32] In den meisten anderen Fragen dachte er aber eher konservativ; so schrieb er, als es 1783 zu einem Streit über die Berechtigung der Todesstrafe für die Tötung Neugeborener durch ihre Mütter kam, eine Denkschrift, in der er die vorteilhaften gesellschaftlichen Auswirkungen der herkömmlichen Bestrafung hervorhob.[33] Anders als sein Diener Philipp Seidel, der mit Revolutionen, wo immer sie sich ereigneten, sympathisierte, war Goethe ein Gegner grundlegender Umwälzungen und ein Anhänger des Ständestaats, ein Bewunderer des Hochadels, von dem er sich ein unkritisches und unzutreffendes Bild machte, und ein pedantischer Verfechter des Zeremoniells und der Etikette, der seinen Herzog Carl August noch nach Jahrzehnten engster Freundschaft nach allen Regeln des Protokolls ansprach.

Im September 1783 setzte Goethe in seinem großartigen Gedicht «Ilmenau» Carl August ein hymnisches, von seiner grenzenlosen Zuneigung und Bewunderung für den Herzog zeugendes Denkmal:

So mög', o Fürst, der Winkel deines Landes
Ein Vorbild deiner Tage sein!
Du kennest lang' die Pflichten deines Standes
Und schränkest nach und nach die freie Seele ein.
Der kann sich manchen Wunsch gewähren,
Der kalt sich selbst und seinen Willen lebt;
Allein wer andre wohl zu leiten strebt,
Muß fähig sein, viel zu entbehren.

So wandle du – der Lohn ist nicht gering –
Nicht schwankend hin, wie jener Sämann ging,
Daß bald ein Korn, des Zufalls leichtes Spiel,
Hier auf den Weg, dort zwischen Dornen fiel.
Nein! streue klug wie reich, mit männlich steter Hand,
Den Segen aus auf ein geackert Land;
Dann laß es ruhn: die Ernte wird erscheinen
Und dich beglücken und die Deinen.[34]

Das Lob war wohlverdient, der Glaube an eine glückliche Zukunft schien gerechtfertigt. Mit Selbstdisziplin und Fleiß hatte Carl August sich von einem etwas launischen und eigensinnigen Jüngling zu einem Herrscher gewandelt, dem das Wohlergehen seiner Untertanen aufrichtig am Herzen lag und dem es ganz und gar nicht gleichgültig war, wie er im Urteil der gebildeten Welt wegkam. An dieser Wandlung hatte Goethe maßgeblichen Anteil;[35] mit viel Feingefühl und Verständnis hatte er den Herzog gelehrt, welche Verpflichtungen das Fürstsein mit sich brachte, hatte auch nicht gezögert, ihn für Verhaltensweisen zu tadeln, die geeignet waren, sein Ansehen im Land zu mindern.[36] Doch im Lauf der Zeit mußte Goethe erkennen, daß sein Einfluß auf den Herzog geringer wurde und er zunehmend weniger in der Lage war, verändernd auf ihn einzuwirken. Er begann bei Carl August Anzeichen für eine Rückkehr zu jugendlicher Unbekümmertheit und Extravaganz zu bemerken. Am 10. März 1781 schrieb er an Charlotte von Stein:

... es ist ganz wunderbaar wie verständig er seyn kan, wieviel er einsieht, wieviel kennt, und doch wenn er sich etwas zu gute thun will so muß er etwas Albernes vornehmen, und wenns das Wachslichter Zerknaupeln wäre. Leider sieht man daraus daß es in der tiefsten Natur steckt, und daß der Frosch fürs Wasser gemacht ist wenn er gleich auch eine Zeitlang sich auf der Erde befinden kan.[37]

Im Dezember desselben Jahres beklagte er sich über die herzogliche Verschleuderung öffentlicher Gelder an «schmarutzende Edelleute ... die es ihm nicht dancken», und fügte den Stoßseufzer hinzu: «Gott weis ob er lernen wird, daß ein Feuerwerck um Mittag keinen Effeckt thut.»[38]

Ein ernsteres Problem war, daß Carl August, als er sich erwachsen und reif genug fühlte, einen über die Grenzen seines eigenen Herrschaftsgebiets hinaus zielenden politischen Ehrgeiz entwickelte. Seine «dämonische Kraftnatur»[39] verlangte nach weltbewegenderen Möglichkeiten der Selbstverwirklichung, als die Pflege der allgemeinen Wohlfahrt in Sachsen-Weimar sie ihm bieten konnte. Er entwickelte ein Interesse an der Außenpolitik und begann von einer Einflußnahme auf die deutschen Geschehnisse zu träumen, wobei er sich selbst entweder als treibende Kraft eines zwischen Österreich und Preußen balancierenden Bundes deutscher Kleinstaaten sah oder, eher noch, als Bündnispartner Preußens. Als Anhänger Justus Mösers hatte Goethe eine hohe Meinung von den wichtigen Beiträgen, die die kleinen Staaten zur deutschen Kultur leisten konnten, und war sich nur allzusehr der horrenden Gefahren bewußt, die ihnen drohten, wenn sie sich über ihre naturgegebenen Grenzen hinauswagten. Mühsam suchte er Carl August klarzumachen, daß sich von einer so kleinen Bastion aus, wie Sachsen-Weimar es war, keine wirksame Außenpolitik betreiben lasse, doch der Herzog ließ sich nicht abschrecken; nach dem Tod Friedrichs des Großen 1786 ging er in der Tat ein Bündnis mit dessen Nachfolger ein, übernahm das Kommando über ein preußisches Regiment und beteiligte sich am Feldzug in Holland.[40] Wie sehr Goethe unter dieser Entwicklung litt, läßt sich aus dem 1783 entstandenen Fragment *Elpenor* ersehen, in dem er eine Situation schilderte, die seiner eigenen glich: Ein Ratgeber bemüht sich, zum Besten seines Fürsten zu wirken, doch dieser hört nicht auf ihn.[41]

Der wachsende Unmut über die Richtung der herzoglichen Politik und über die Art und Weise, wie innerstaatliche Projekte beschnitten oder gestrichen und die freiwerdenden Mittel unproduktiven Zwecken zugeführt wurden, ließ die tiefe Befriedigung dahinschwinden, die Goethe in den ersten Jahren seiner Ministertätigkeit empfunden hatte. In diesem Zusammenhang wurde ihm bewußt, daß zwischen seinen amtlichen Pflichten und seinem Wunsch, sich wieder seinen literarischen und naturwissenschaftlichen Interessen zuzuwenden, eine zunehmende Spannung erwuchs. Er begann andauernde Schuldgefühle zu entwickeln, und im Sommer 1786 war er sich darüber im klaren, daß er einen Ortswechsel brauchte. «Ich bin nun fast so überreif wie die fürstliche Frucht», schrieb er an Charlotte von Stein.[42] Am 3. September 1786 machte er sich, ohne irgend jemandem etwas von seinen Plänen zu sagen, nach Italien auf, wo er beinahe zwei Jahre verbringen sollte. Von unterwegs, aus Jena, schrieb er an Carl August: «Ich gehe allerley Mängel zu verbessern und allerley Lücken auszufüllen, stehe mir der gesunde Geist der Welt bey!»[43]

II

Im März 1788 kam Goethe in einem Brief an Carl August auf seine künftigen Tätigkeitsbereiche nach der bevorstehenden Rückkehr nach Weimar zu sprechen. Er unterstrich seine Bereitschaft, sich in jeder Funktion dienstbar zu machen, die dem Herzog für ihn vorschwebe («Ich kann nur sagen: Herr hie bin ich, mache aus deinem Knecht was du willst.»), ließ jedoch keinen Zweifel daran, daß er sich jetzt hauptsächlich wieder als Künstler sah; er hoffe, so schrieb er, «daß Sie meiner jetzt nicht unmittelbar, nicht im Mechanischen bedürfen».[44]

Der Herzog reagierte wohlwollend auf dieses Anerbieten und auf die Zusicherung Goethes, nötigenfalls in Wirtschaftsdingen und in anderen Verwaltungsbereichen seinen Nachfolgern mit Rat und Tat zur Seite zu stehen. Goethes ministerielle Amtspflichten wurden stark zurückgeschraubt, doch behielt er seine Zuständigkeit für den Bergbau, der ihn besonders interessierte, und für das Theater, das er bis 1817 leitete; er blieb ferner *spiritus rector* für einige andere sich entwickelnde Aktivitäten im Bereich der Kunst und der Wissenschaft. Auch wenn Goethe an den regelmäßigen Sitzungen des Geheimen Staatsrats nicht mehr teilnahm, schloß dies nicht aus, daß er in wichtigen Fragen um seine Meinung gebeten wurde, so beispielsweise anläßlich der Studentenunruhen an der Jenaer Universität im Jahre 1792, oder im Jahr darauf, als man ihn um eine schriftliche Stellungnahme zu währungspolitischen Fragen ersuchte.[45] All dies lief auf eine merkliche Reduzierung seiner politischen Aufgaben hinaus. Dem stand freilich ein rapide ansteigender Mehraufwand für die Beschäftigung mit Politik gegenüber, denn die Ereignisse, die von 1789 an in Paris ihren Lauf nahmen, versetzten ganz Europa in Aufregung, und vor den Problemen, die sich daraus ergaben, konnten auch Künstler die Augen nicht verschließen.

Anders als seine Zeitgenossen Klopstock, Wieland, Forster, Hölderlin, Hegel und Schelling legte Goethe nie die geringste Begeisterung für die Französische Revolution an den Tag; er sah in ihr von Anfang an eine Bewegung, die zu gesellschaftlichen Umwälzungen führen und für alle Klassen schwere Prüfungen mit sich bringen würde. So beklagte er in seinen *Venezianischen Epigrammen* von 1789

Frankreichs traurig Geschick, die Großen mögen's bedenken
  Aber bedenken fürwahr sollen es Kleine noch mehr.
Große gingen zugrunde: doch wer beschützte die Menge
  Gegen die Menge? Da war die Menge der Menge Tyrann.[46]

Wie lange diese Stürme anhalten würden, wußte er ebensowenig wie alle anderen, und als 1792 das alte Europa zu den Waffen griff, um die Revolution auszumerzen, stieß er auf Geheiß Carl Augusts, der ein preußisches Kürassier-Regiment befehligte, bei Longwy zu den verbündeten Truppen. Der Herzog wähnte sich auf dem Weg nach Paris; Goethe begleitete ihn mit etwas gemischten Gefühlen; er werde, schrieb er seinem Freund Christian Gottlob Voigt, zumindest Gelegenheit bekommen, etwas darüber zu erfahren, wie unter einem bedeutenden Befehlshaber (dem Herzog von Braunschweig) Krieg geführt werde, und könne zugleich vielleicht etwas über das französische Volk lernen.[47] Doch dann bewahrheiteten sich seine schlimmsten Befürchtungen: Der Feldzug war ein schlecht geleitetes Unternehmen, Dumouriez und Kellermann manövrierten den Braunschweiger aus, und die verbündeten Truppen sahen sich, desorganisiert und mangelhaft versorgt, vor Valmy zum Rückzug vor den französischen Kanonen gezwungen. Dreißig Jahre später erinnerte Goethe sich an den Ausspruch, den er bei dieser Gelegenheit getan hatte: «Von hier und heute geht eine neue Epoche der Weltgeschichte aus, und ihr könnt sagen, ihr seid dabei gewesen.»[48] Ob er diese Formulierung wirklich gebrauchte oder nicht, sie entsprach wohl dem, was er empfand; er hegte jedenfalls keine große Hoffnung, daß die neuen Verhältnisse sich nochmals umkrempeln lassen würden. Einige Tage nach Valmy schrieb er an Voigt:

> Ich habe mit Betrübnis gesehen daß das Geheime Conseil unbewunden diesen Krieg für einen Reichskrieg erklärt hat. Wir werden also auch mit der Herde ins Verderben rennen – Europa braucht einen 30jährigen Krieg um einzusehen was 1792 vernünftig gewesen wäre.[49]

Goethe reiste am 14. Oktober aus dem Kriegsgebiet ab und kehrte, nach Kurzaufenthalten in Koblenz, Düsseldorf, Pempelfort und Münster, im Dezember nach Weimar zurück. Seine bemerkenswerte Fähigkeit, sich von den Hoffnungen und Ängsten, die die jüngsten Ereignisse wachgerufen hatten, abzuschotten und sich mit literarischen Projekten zu befassen, verwunderte und erschreckte einige seiner Freunde, und einer von ihnen – Huber, der Freund Georg Forsters – schrieb an Theodor Körner, er glaube, Goethe habe seit seiner Italienreise die Fähigkeit verloren, «Begeisterung für ein höheres Ziel»[50] zu entwikkeln. In Wirklichkeit war Goethe von dem, was er gesehen und erlebt hatte, zutiefst bewegt und versuchte, während das Kriegsgeschehen sich in die Niederlande verlagerte und französische Truppen Mainz belagerten, sein Verhältnis zur Französischen Revolution zu überdenken. 1793 unternahm er zwei Anläufe, dies in dramatischer Form zu tun: in einem Einakter mit dem Titel *Der Bürgergeneral* und in einem längeren «politischen Drama», das er *Die Aufgeregten* nannte. *Der Bürgergeneral* war eine übertrieben parodistische Abrechnung mit der aufgeblasenen Rhetorik deutscher Revolutionsapostel, worin

Goethe auf nicht besonders kunstvolle Weise die Botschaft verkündete, in einem Land, in dem sich jeder Untertan Zugang zum Fürsten verschaffen könne und in dem es für legitime Betätigungen seitens der Bürger keine Behinderung gebe, bestehe kein Grund für Parteienstreit; es gelte daher, sich dem Einfluß fremder, aufrührerischer Lehren zu widersetzen. *Die Aufgeregten,* ein wesentlich effektiveres Stück, erzählt die Geschichte einer Gräfin, die, nachdem sie bei einem Besuch in Paris sowohl die Ideale, die die Revolution inspirierten, als auch die in ihrem Namen begangenen Verbrechen kennengelernt hat, mit dem festen Vorsatz nach Deutschland zurückkehrt, in ihrem Fürstentum im Zusammenwirken mit dem einheimischen Bürgertum Reformen durchzuführen; sie sieht sich dann jedoch sowohl von den Ultrakonservativen als auch von den durch Agitatoren aufgehetzten Massen angefeindet. Goethe erzählte Eckermann 1824, dieses Stück sei sein «politisches Glaubensbekenntnis jener Zeit» gewesen; es habe gezeigt, daß er «kein Freund der Französischen Revolution» gewesen sei, aber «ebensowenig war ich ein Freund herrischer Willkür». Es sei ihm klargeworden, daß Revolutionen nicht das Werk der Völker seien, sondern das der Regierungen; ließen diese Gerechtigkeit und Wachsamkeit walten und vollzögen sie notwendige Reformen, bevor sie ihnen aufgezwungen würden, würden sie solchen blutigen Umwälzungen vorbeugen. Bei der Abfassung des Stücks habe er, so fügte er hinzu, nicht die Augen davor verschließen können, daß «man in Deutschland künstlicherweise ähnliche Szenen herbeizuführen trachte, die in Frankreich Folge einer großen Notwendigkeit waren».[51]

1794 geriet Goethe in eine zunehmend deprimiertere und resignative Stimmung. Das deutsche Volk schien sich gespalten zu haben in Ängstliche, Gleichgültige und diejenigen, die sich am Unglück anderer erfreuten. «Für meine Person», schrieb er am 14. August an Friedrich von Stein, «finde ich nichts Rätlicheres, als die Rolle des Diogenes zu spielen und mein Faß zu wälzen.»[52] Einen Monat später beantwortete er einen Appell Hans Christoph Ernst von Gagerns, er möge mit seiner Feder mithelfen, das deutsche Volk gegen die Bedrohung von außen und gegen Zwietracht und Anarchie im Innern zu einen, mit der Erklärung, er tue in seinem eigenen Bereich, was in seiner Macht stehe, habe aber den Eindruck, die Entzweiung in Parteien sei schon so weit fortgeschritten, daß ein Dichter, der an den Gemeinsinn zu appellieren versuche, kein Gehör finden werde. Nur wenige Menschen, meinte er, hätten das Ausmaß der Gefahr erkannt; gleichwohl müsse man «leider ... nur meistenteils verstummen, um nicht, wie Kassandra, für wahnsinnig gehalten zu werden, wenn man das weissagt, was schon vor der Tür ist».[53]

Diese Stimmung schlug sich in seinen Schriften nieder. In *Hermann und Dorothea* (1796/7) versuchte Goethe in klassischer Manier ein bürgerliches Idyll zu beschreiben, das der Gewalt und Destruktivität der Revolution ein Bild der Ordnung gegenüberstellen sollte. Goethes Botschaft besagte, der einzelne könne das Schicksal zwar nicht steuern, habe aber die Möglichkeit, in seiner eigenen Sphäre aus unterschiedlichen Alternativen frei auszuwählen und, sofern seine Tatkraft ausreiche, Situationen zu meistern.

> Nicht dem Deutschen geziemt es, die fürchterliche Bewegung
> Fortzuleiten und auch zu wanken hierhin und dorthin.
> ‹Dies ist unser!› so laß uns sagen und so es behaupten![54]

Die sich in dieser Geschichte andeutende optimistische Tendenz hatte sich freilich bereits wieder verflüchtigt, als Goethe 1803 das Drama *Die natürliche Tochter* schrieb. In diesem grimmigen Stück wird Eugenie, eine junge Frau, die kurz davor steht, als leibliche Tochter des Fürsten anerkannt und in die höfische Gesellschaft aufgenommen zu werden, plötzlich ohne eigene Schuld zu einer Verbannungsstrafe verurteilt und mit einer Hofmeisterin in eine Hafenstadt verfrachtet, von wo aus sie lebenslänglich deportiert werden soll. Ihre hartnäckigen, beredten und unermüdlichen Versuche, Mitleid und Hilfe zu erheischen, werden immer wieder von einem geheimnisvollen Schriftstück mit königlichem Siegel zunichte gemacht, dessen Inhalt sie nicht kennt, das aber die Macht hat, die anfängliche Hilfsbereitschaft derer, an die sie sich wendet, in Ablehnung zu verwandeln. Als am Ende ihre Widerstandskraft erlahmt, läßt man sie unter der Bedingung laufen, daß sie auf alle ihre Titel und Ansprüche verzichtet und in die Anonymität einer bürgerlichen Ehe eintaucht.

Die Zeitgenossen Goethes hätten sich bei der Aufführung des Stücks an die *lettres de cachet* unter dem Ancien régime erinnert gefühlt. Heutige Leser würden – in Ermangelung der Fortsetzung, die Goethe eigentlich plante und die das Stück deutlicher mit der Französischen Revolution verflochten hätte – wohl eher an die totalitären Regime unseres Jahrhunderts denken und Goethes Fähigkeit bewundern, etwas über sein eigenes Zeitalter hinaus Gültiges zu schreiben und uns so eindringlich und hautnah jene Art der politischen Verfolgung vor Augen zu führen, die ein so prägendes Element unserer jüngsten Geschichte gewesen ist – einschließlich der Gleichgültigkeit, mit der sie hingenommen wurde.[55]

> Verbannung! Ja, des Schreckens Wort Gewicht
> Erdrückt mich schon, mit allen seinen Lasten.
> Schon fühl' ich mich ein abgestorbnes Glied,
> Der Körper, der gesunde, stößt mich los.
> Dem selbstbewußten Toten gleich' ich, der,
> Ein Zeuge seiner eigenen Bestattung,
> Gelähmt, in halbem Traume, grausend liegt.[56]

Wahrscheinlicher scheint jedoch, daß es Goethe bei diesem Stück vor allem darum ging, den krassen Gegensatz aufzuzeigen zwischen der bürgerlich-privaten Welt der Entbehrung, Erniedrigung, Bescheidenheit und Sicherheit (der Eugenie zu entfliehen versucht und die am Ende ihre Zuflucht ist) und der öffentlichen Welt der Politik, der Macht, des Prunks und der Gefahr. Eugenie steht für das Ideal des strebenden Individuums, das sich weigert, auf etwas zu verzichten, das ihm nach innerer Überzeugung zusteht. Goethe selbst hatte sich allerdings – nunmehr offenbar zu der Überzeugung gelangt, Revolutionen im besonderen und die Politik im allgemeinen seien Naturvorgänge, denen gegenüber der einzelne machtlos sei, ein Opfer unergründlicher Kräfte, die er weder zu kontrollieren noch zu begreifen vermöge – für Entsagung oder Resignation entschieden. Die Ideale, die ihm in seinen ersten Weimarer Jahren Kraft gegeben hatten, waren ihm abhanden gekommen. Der politische Zustand, in dem die Welt sich befand, hatte ihn zur Rückkehr in seine angestammte Welt bewogen, wo er einen Kreis um sich ziehen konnte und nichts hereinzulassen brauchte außer Liebe und Freundschaft und Kunst und Wissenschaft.

III

Allein, ganz ließ ihn die Welt der Politik und der Macht nicht los. Vom Sommer 1805 an zeigten zunehmend heftigere Vorwürfe, die zwischen Kaiser Napoleon und König Friedrich Wilhelm III. von Preußen ausgetauscht wurden, an, daß der Friede von Basel am Zerbröckeln war. Als Kriegsgerüchte die Runde machten, erwachte in Carl August wieder die soldatische Kampfeslust, und er reiste nach Berlin, um dem preußischen König seine Dienste anzubieten, wobei er nachdrücklich auf seine Vertrautheit mit der Landschaft in Thüringen und Franken hinwies. Als in den darauffolgenden Monaten die Kriegsgefahr immer akuter wurde, scheint Goethe nach Wegen gesucht zu haben, den Herzog von einem Kurs abzubringen, den er für potentiell verhängnisvoll hielt. In seinem *Jahresbericht* heißt es:

> Welche sorgenvolle Verhandlungen ich mit meinem treuen und ewig unvergeßlichen Geschäftsfreunde, dem Staatsminister von Voigt, damals gewechselt, möchte schwer auszusprechen sein; ebensowenig die prägnante Unterhaltung mit meinem Fürsten im Hauptquartier Niederroßla.[57]

Carl August war nicht in der Stimmung, sich zur Vorsicht mahnen zu lassen. Im Oktober 1806 ernannte er Goethe, nachdem die Preußen Erfurt befestigt und Truppen nach Jena in Marsch gesetzt hatten, zum Quartiermeister mit der Verantwortung, die Verpflegung der in Weimar einquartierten Vorhut und ihre Versorgung mit Nachschub zu garantieren. Beobachter hatten den Eindruck, der Dichter sei von der Ehre nicht übermäßig erbaut; einer von ihnen drückte es so aus: «Goethe ist ein ansehnlicher Mann, herrliche Augen; doch schien sein Gemüt niedergedrückt durch die kritischen Umstände.»[58] Tatsächlich war Goethe von den preußischen Offizieren, die er hier und im Hauptquartier Hohenlohes in Jena kennenlernte, nicht angetan. Wie er später anmerkte:

> Verwunderlich schienen mir bei dem großen Zutrauen auf preußische Macht und Kriegsgewandtheit Warnungen, die hie und da an meinen

Ohren vorübergingen: man solle doch die beste Sachen, die wichtigsten Papiere zu verbergen suchen; ich aber, unter solchen Umständen aller Hoffnung quitt, rief, als man eben die ersten Lerchen speiste: ‹Nun, wenn der Himmel einfällt, so werden ihrer viel gefangen werden.›[59]

Goethes einziger politischer Erfolg im Verlauf des kurzen Feldzugs – davon abgesehen, daß er die Verpflegung der Truppe sicherstellte – bestand darin, daß er das Hauptquartier Hohenlohes davon abbrachte, eine unnötig provokative Propagandabotschaft an Napoleon zu schicken.[60] Damit war jedoch die Katastrophe vom 14. Oktober, als Napoleon bei Jena und Auerstedt die preußischen Armeen vernichtete, nicht aufzuhalten.

Carl August, der von Feldherrnruhm geträumt hatte, war mit einem Kommandoposten im Thüringer Bergland betraut worden und entging vielleicht deshalb einem Soldatentod, wie ihn Prinz Louis Ferdinand von Preußen in Saalfeld erlitt. Erspart blieb ihm so auch der Anblick des von Bränden verwüsteten Jena und des von plündernden, vergewaltigenden und vandalisierenden Truppen – die zurückweichenden Preußen zuerst, gefolgt von den ihnen nachsetzenden französischen Schwadronen – heimgesuchten Weimar. Der Herzog hatte überhaupt großes Glück. Seine Kriegstreiberei vor 1806 war Napoleon nicht verborgen geblieben, der über ihn gesagt haben soll, er sei «le prince le plus remuant dans tout l'Europe», und der ihn ohne weiteres mit der Wegnahme seiner Besitzungen hätte bestrafen können. Davor bewahrte ihn die persönliche Fürsprache der Königin Luise von Preußen, deren Wünsche Napoleon, der ein Verehrer von ihr war, erfüllte.

Niemand konnte den Herzog freilich vor dem bitteren und dauerhaften Groll seines Jugendfreundes und Exberaters bewahren. Es war kein Zufall, daß Goethe, als er seinem Verleger Cotta die Manuskripte für den vierten Band seiner *Gesammelten Werke* schickte, ausdrücklich Wert auf den Einschluß seines unvollendeten Dramas *Elpenor* legte, von dessen Veröffentlichung er bis dahin abgesehen hatte, weil die Parallelen zwischen der Bereitschaft des Protagonisten, seiner eigenen Kriegsbegeisterung die Wohlfahrt seines Landes unterzuordnen, und Carl Augusts Sehnsucht nach soldatischem Ruhm unverkennbar waren.[61] Bei aller tiefen Zuneigung zum Herzog sah sich Goethe nun nicht länger veranlaßt, auf dessen Gefühle Rücksicht zu nehmen. Die 1822 veröffentlichte Schrift *Campagne in Frankreich* war nicht nur ein Rechtfertigungsplädoyer für die Zweifel des Staatsministers Goethe an der herzoglichen Weisheit im Jahr 1792, sondern in ihrem Fazit auch eine Absage an Abenteurertum und mangelnden Realismus in der Außenpolitik:

Und wie wir auch durch ferne Lande ziehn,
Da kommt es her, da kehrt es wieder hin;
Wir wenden uns, wie auch die Welt entzücke,
Der Enge zu, die uns allein beglücke ...[62]

Mit dem zweiten Teil des Faust, fertiggestellt nach dem Tod des Herzogs, legte Goethe schließlich, wie Katharina Mommsen aufgezeigt hat,[63] in einem ganz realen Sinn sein politisches Testament als Staatsmann vor; er listete darin auf, was er im Rückblick als die eklatantesten Schwächen des Herzogs empfand – in den Szenen am kaiserlichen Hof, in den Schlachtszenen im IV. Akt mit ihren offensichtlichen Anspielungen auf Jena und die Folgen sowie in der Philemon-und-Baucis-Episode, in der Faust als Herrscher seine Menschlichkeit der Machtgier opfert.[64]

An Goethes politischer Grundhaltung änderten die Zeitläufte nichts. Vor wie nach Jena war die Angst vor Revolutionen sein dominierendes Motiv, und dies hing, wie Nietzsche einmal angemerkt hat, eng mit seiner Bereitschaft zusammen, jeden politischen Zustand zu bejahen, der ihm den Frieden und die Sicherheit gewährte, die er für seine naturwissenschaftliche und künstlerische Arbeit benötigte. Nach der berühmten Begegnung 1808 in Erfurt, bei der Napoleon sich mit ihm so verständig über den *Werther*[65] unterhielt und ihn zum Mitglied der Ehrenlegion ernannte, rang er sich zu der frohgemuten Überzeugung durch, der Kaiser sei Garant einer Ordnung, wie sie sich Kleinstaaten wie Sachsen-Weimar und er selbst nur wünschen konnten; in den nächsten fünf Jahren trug er das rote Band der Ehrenlegion ganz ungeniert, wie Wilhelm von Humboldt irritiert bemerkte, als er im Verlauf der Feldzüge von 1813 in Weimar Station machte.[66] Und als Napoleons Stern verglühte, brauchte Goethe nicht lange, um in Metternich, den er nach der Völkerschlacht von Leipzig kennenlernte, den besten künftigen Garanten für Frieden und Ordnung zu erkennen.[67] 1827 erklärte er im Gespräch mit Eckermann, «... und doch ist nie etwas Größeres und für die Menschheit Wohltätigeres erfunden worden» als die Heilige Allianz.[68] Zweifellos waren ihm integrierte internationale Systeme lieber als solche, deren Zusammenhalt zu locker war, um einseitige Angriffshandlungen von seiten einzelner Mitglieder auszuschließen.

Goethes Abneigung gegen die Politik – worunter er offenbar die Formierung von Parteien und ihren Streit untereinander verstand – verstärkte sich mit den Jahren. In einem sehr realen Sinn blieb er der Anhänger des Ständestaats, der er schon in seiner Jugend gewesen war. Er war statusgläubig und hielt an der Überzeugung fest, daß die Gesellschaft am besten funktioniere, wenn die meisten ihrer Mitglieder in dem Stand verblieben, in den sie hineingeboren waren, und wenn sie von weisen Herrschern mit einem gewissen sozialen Verantwortungsbewußtsein regiert wurden. Die Wahrscheinlichkeit für das Eintreten des letztgenannten Falles erschien ihm größer als die Chance, daß ein auf Volkssouveränität beruhendes System das Allgemeinwohl voranbringen würde. Die Parteipolitik erschien ihm immer als Gefahr nicht nur für die bestehende, sondern für jede erträgliche Ordnung, der politische Ehrgeiz als eine Form der Anmaßung. So erklärt es sich, daß er sich über den «*Wahn* der jungen Leute» mokieren konnte, «in die höchsten Angelegenheiten des Staates mit einwirken zu wollen».[69] Volksbewegungen erfüllten ihn immer mit großer Besorgnis, und so reagierte er auf die Juli-Revolution von 1830 kein bißchen anders als auf die Ereignisse vom Juli 1789.

Vor allem aber war er der Überzeugung – und hierin standen seine Ansichten in grellem Gegensatz zu denen von Zeitgenossen wie Georg Forster –, die Politik könne und dürfe nicht Sache der Künstler sein, nicht weil ihnen die Befähigung zu dieser Rolle fehle, sondern weil die Politik ihren Charakter verändere und ihrer Begabung Abbruch tue. Er reagierte verstimmt, als er erfuhr, daß Ludwig Uhland, ein herausragender und vielgeliebter Dichter, in die Rolle eines liberalen Politikers geschlüpft und in das württembergische Parlament eingezogen war. Im Gespräch mit Eckermann machte er seiner Enttäuschung energisch Luft:

Geben Sie acht ..., der Politiker wird den Poeten aufzehren. Mitglied der Stände sein und in täglichen Reibungen und Aufregungen leben, ist keine Sache für die zarte Natur eines Dichters. Mit seinem Gesange wird es aus sein, und das ist gewissermaßen zu bedauern. Schwaben besitzt Männer genug, die hinlänglich unterrichtet, wohlmeinend, tüchtig und beredt sind, um Mitglied der Stände zu sein, aber es hat nur einen Dichter derart wie Uhland.[70]

Es kam Goethe nicht in den Sinn, zu fragen, weshalb Uhland sich um ein Parlamentsmandat beworben hatte oder welche Ziele er damit verfolgte.

Zweites Kapitel

Ein deutscher Jakobiner Georg Forster

Unter den führenden Männern des deutschen Geisteslebens in der Zeit der Französischen Revolution nimmt der politische Geograph und Naturphilosoph Georg Forster einen besonderen Platz ein. Als einer, der ein Drittel seines kurzen Lebens außerhalb Deutschlands verbrachte – er lebte in England und bereiste die russischen Steppen und die fernsten Gestade der Südsee –, war er der unprovinziellste aller deutschen Denker, eine Tatsache, die aus jeder Zeile seines Werkes spricht. In seinen politischen Ansichten war er der vielleicht beständigste und sicherlich extremste Vertreter seiner Generation, zumal er mit der Zeit zu der ziemlich unzeitgemäßen Einsicht gelangte, ein Denken ohne gleichzeitiges Handeln zwecks praktischer Umsetzung der gewonnenen Einsichten sei bloße Kraftvergeudung. Allein diese denkerischen Qualitäten würden Forster für Historiker, die sich mit seiner Epoche beschäftigen, zu einem würdigen Gegenstand des Interesses machen. Die Art und Weise aber, wie seine Zeitgenossen auf seinen politischen Aktivismus reagierten, erhebt seinen Fall zu einem bedeutsamen und lehrreichen Exempel für bestimmte typische Einstellungen deutscher Geistesgrößen, wie sie nicht nur zu Lebzeiten Forsters, sondern auch danach noch eineinhalb Jahrhunderte lang die Entwicklung Deutschlands zur Demokratie hemmten.

In seinem eigenen Land wird Georg Forster im allgemeinen wenig gewürdigt. Keine vollständige Ausgabe seiner Werke liegt vor; die Gesamtausgabe in neunzehn Bänden, die die Akademie der Wissenschaften der DDR drei Jahre vor dem Bau der Berliner Mauer angekündigt hat, ist nach vielen Verzögerungen und Unterbrechungen heute, im dritten Jahr nach dem Fall dieser Mauer, noch immer nicht abgeschlossen. Die meisten neueren Schriften über Forster sind oberflächlich, apologetisch und/oder romantisierend und erst 1987 erschien eine große Biographie, das wissenschaftlich ausgewogene und wunderbar zu

Georg Forster

lesende Buch von Klaus Harpprecht.[1] Das mutet merkwürdig an in einem Land, das auf seine großen Dichter und Denker immer so stolz gewesen ist – und an der Bedeutung Forsters als Gelehrter und Schriftsteller kann kein Zweifel sein. Er war ein Pionier der politischen Geographie und der vergleichenden Kulturgeschichte und muß als Lehrmeister Alexander von Humboldts gelten; seine Ansichten über die Beziehung zwischen gesellschaftlichen Verhältnissen und Kunst beeinflußten den jungen Hegel stark; seine Aufsätze über Literatur, Philosophie und zu aktuellen Themen aller Art fanden in Goethe und Lichtenberg begeisterte Leser, und Friedrich Schiller bemühte sich heftig um sie für seine Zeitschrift *Thalia*. Kein Geringerer als Friedrich Schlegel, einer der Klassiker deutscher Dichtkunst, schrieb 1797 über Forster:

> Man legt fast keine seiner Schriften aus der Hand, ohne sich nicht bloß zum Selbstdenken belebt und bereichert, sondern auch erweitert zu fühlen. In andern, auch den besten deutschen Schriften, fühlt man Stubenluft. Hier scheint man in frischer Luft, unter heiterm Himmel, mit einem gesunden Manne, bald in einem reizenden Tal zu lustwandeln, bald von einer freien Anhöhe weit umherzuschauen.[2]

Das ist ein gewichtiges Lob aus dem Munde eines meisterlichen Kritikers, und doch ist Forster wenig gelesen worden, und die meisten Historiker und Literaturwissenschaftler erwähnen ihn nur beiläufig oder gar nicht.

Nach dem Grund für diese, man möchte fast sagen Verschwörung des Verschweigens braucht man nicht lange zu suchen. Georg Forster begnügte sich nicht damit, Dichter und Denker zu bleiben. Er betrat die Bühne der praktischen Politik und rief damit zwei deutsche Vorurteile auf den Plan, die schon zu seiner Zeit fest in vielen Köpfen verankert waren: die Überzeugung, daß die Politik den Charakter verderbe, und die Ansicht, ein Schriftsteller, der sich in politische Tagesfragen einmische, sei nicht mehr ernst zu nehmen – Robert Minder hat sich hierüber einst ausgelassen[3] – und disqualifiziere sich automatisch vom *Dichter* zum *Literaten*.[4] Was die Sache noch schlimmer machte, war, daß Forster eine politische Haltung vertrat, die sowohl revolutionäre als auch antinationale Züge trug; das machte ihn zum Buhmann der Konservativen, die im 19. Jahrhundert an an den deutschen Universitäten den Ton angaben. Uns Heutige zwingt nichts mehr, an ihren Vorurteilen festzuhalten, und so ist dies der geeignete Zeitpunkt, diesem bemerkenswerten Mann unsere Reverenz zu erweisen.

I

Georg Forster kam am 26. November 1754 in Nassenhuben bei Danzig zur Welt. Sein Vater Johann Reinhold Forster war Pfarrer, interessierte sich aber mehr für die Naturwissenschaften als für das Evangelium und ergriff die erste Gelegenheit, seinen seelsorgerischen Pflichten zu entfliehen, beim Schopf. Der cholerische, eitle und verantwortungslose Mann, der unter einer dunklen Wolke aus Schulden und persönlichen Ressentiments durchs Leben stapfte, verfügte bei alledem über eine Menge Energie und eine unleugbare naturwissenschaftliche Begabung, die seiner Mitwelt auch nicht lange verborgen blieb. 1765 entsandte ihn Kaiserin Katharina von Rußland in die Provinz Saratow an der Wolga, mit dem Auftrag, dort an der Planung neuer Ansiedlungen mitzuwirken. 1767 wurde er als Nachfolger Joseph Priestleys an die sogenannte Dissenters' Academy in Warrington (Lancashire) berufen, wo er naturwissenschaftliche Vorlesungen hielt. 1772 ernannte ihn die Britische Admiralität zum wissenschaftlichen Berater von Kapitän James Cook, der sich gerade auf seine zweite Entdeckungsreise vorbereitete. Auf jeder dieser Etappen stand Georg seinem Vater zur Seite, als Sekretär, Archivar wissenschaftlicher Daten und Erkenntnisse und Mädchen für alles. Es waren harte Jahre, denn Vater Forster war ein anspruchsvoller Lehrmeister, der viel forderte, aber auch viel gab. Die hohe Kompetenz, mit der Georg Forster später über Naturvorgänge und über das Verhältnis zwischen dem Menschen und seiner Umwelt sowie über Sitten und Gebräuche, Kunst und Literatur anderer Völker schrieb, wäre ohne diese Arbeiten und die früh unternommenen weiten Reisen an der Seite des Vaters nicht denkbar gewesen.

Georg Forster schrieb später, die dreijährige Weltreise mit Cook, die ihn um das Kap der Guten Hoffnung, ins südliche Polarmeer, nach Neuseeland und durch die polynesische und melanesische Inselwelt, zu den Oster-Inseln und nach Tahiti führte, sei das für sein weiteres Leben bestimmende Erlebnis gewesen.[5] Das leuchtet insofern, als sie ihm einen breiteren Horizont eröffnete, als ihn der gewöhnliche europäische Gelehrte seiner Zeit besaß, unmittelbar ein.[6] Sie lieferte ihm auch den Anschub für eine eigenständige Karriere, denn nach Beendigung der Reise verfaßte er einen Bericht, der 1777 unter dem Titel *Voyage towards the South Pole and round the World* erschien, kurz danach ins Deutsche übersetzt wurde und im deutschsprachigen Raum eine große Leserschaft fand. Als Forster ein Jahr später den Kontinent bereiste – auf der Suche nach einem Posten für seinen Vater, der wieder einmal ohne Anstellung war und, wie des öfteren, an der Schwelle zum Schuldgefängnis stand – stellte er fest, daß er zu einer europäischen Berühmtheit geworden war. In Paris lernte er Benjamin Franklin kennen und unterhielt sich mit ihm über seine Reise und die Politik; in Deutschland feierte man ihn als den Mann, der Tahiti besucht hatte, einen Ort, der als Symbol für eine ferne und faszinierende Welt die romantische Phantasie ähnlich beflügelte wie die legendäre blaue Blume.

Der Kult um seine Person brachte den jungen Mann in Kontakt mit den führenden Köpfen des deutschen Geisteslebens, half ihm eine Karriere als deutscher Schriftsteller zu starten und eröffnete ihm auch den Zugang zur akademischen Lehrtätigkeit. 1778 wurde Georg Forster als Professor für Naturwissenschaften ans Collegium Carolinum in Kassel berufen, 1784 wechselte er im gleichen Rang an die neue Universität im polnischen Wilna über. Nach dem erregenden Abenteuer seiner Südseereise erwies sich dieses neue, akademische Leben jedoch als enttäuschend. Weder in Kassel noch in Wilna fand Forster Studenten vor, die das Zeug zu anspruchsvollen Arbeiten gehabt hätten, und weder hier noch da stellte man ihm die finanziellen Mittel zur Verfügung, die er für ernsthafte wissenschaftliche Forschungen gebraucht hätte. Ohnehin drückten ihn ständig Schulden, denn bis zu diesem Zeitpunkt, da sein Vater einen Ruf an die Universität Halle erhielt (1780), fühlte Georg sich verpflichtet, zum Unterhalt der Eltern beizutragen, und von 1784 an hatte er eine anspruchsvolle Frau und eine wachsende Familie zu versorgen. In diesen Jahren machte er sich einen Namen als

Schriftsteller, doch seine Einkünfte aus dieser Tätigkeit waren spärlich, und die Aufsätze, mit denen er die Bewunderung Goethes und Schillers errang, schrieb er gleichsam in den Erholungspausen zwischen den Bergen von Übersetzungsaufträgen, die er zwecks Broterwerb für den Berliner Verleger Voß erledigte. Ein ähnlich prekäres Dasein fristete er auch nach seinem Umzug nach Mainz 1788, wo er als Direktor der kurfürstlichen Bibliothek fungierte – ein Amt, das sich als ebenso monoton und unlukrativ erwies wie seine früheren. 1791 schrieb Forster seinem Freund Friedrich Heinrich Jacobi:

Ich habe mich vielleicht in meinem Leben in keiner drückendern Lage befunden als jetzt. Das ganze Jahr hindurch habe ich unablässig mit eisernem Fleiß und großer Anstrengung des Geistes gearbeitet. Meine Kräfte sind erschöpft, ... nichts gedeiht mir, je mehr ich arbeite, je mehr ich hoffe zu gewinnen, desto ärger zerrinnt mirs unter den Händen ... Siehe da – ein deutscher Schriftsteller![7]

Wenige Monate nach diesem Klagebrief waren Forsters Zuversicht und Tatkraft wiederhergestellt, und er hatte sich einer neuen Karriere verschrieben: der des politischen Revolutionärs. Im Oktober 1792 schwappte die Französische Revolution ins Rheinland hinein – eine französische Armee unter Custine besetzte Mainz. Der Bibliothekar des Kurfürsten avancierte in den Wochen darauf zum führenden Kopf des örtlichen Jakobinerclubs, zum inoffiziellen, aber vertrauten Berater des französischen Besatzungskommandanten, zum populären und erfolgreichen Agitator in den ländlichen Gebieten um Mainz herum und schließlich zur maßgeblichen Persönlichkeit des Nationalkonvents, der Anfang 1793 in Mainz zusammentrat. Forster formulierte die Dekrete, die das Gebiet zwischen Speyer und Bingen zur Republik erklärten und darin alle feudalen Vorrechte beseitigten; er setzte die Resolution durch, in der der Nationalkonvent einen Bund mit Frankreich befürwortete, als das einzige Mittel zur Bewahrung der proklamierten Fortschritte und Freiheiten;[8] und im März 1793 war er einer von drei Beauftragten, die nach Paris entsandt wurden, um der französischen Nationalversammlung dieses Ansinnen vorzutragen.

Dies sollte zur letzten Reise des Weltumseglers werden, und es war eine Reise ohne Wiederkehr, denn Mitte 1793 gingen die verbündeten Mächte zum Gegenangriff über und eroberten Mainz zurück. Der heimatlos gewordene Forster blieb in der französischen Hauptstadt, wo er noch einige Gelegenheitsaufträge für die republikanische Regierung ausführte, bis im Januar 1794 seine schon immer anfällig gewesene Gesundheit vollends ruiniert war. In einem seiner letzten Briefe heißt es: «Ich habe keine Heimath, kein Vaterland, keine Gefreundete mehr ...».[9]

II

Im Dezember 1792 schrieb Schiller an Georg Körner: «*Forsters* Betragen wird gewiß von jedem gemißbilligt werden; und ich sehe voraus, daß er sich Schande und Reue aus dieser Sache ziehen wird.»[10] Es war eine Prophezeiung, die den Nagel auf den Kopf traf. Forster handelte sich mit seinem Sprung ins Wasser der revolutionären Politik rundherum Vorwürfe ein. Eine unmittelbare Folge war die, daß seine Ehe, in der es schon immer gekriselt hatte, endgültig in die Brüche ging, was ihn nicht daran hinderte, seiner Frau bis zu seinem Tod Briefe zu schreiben, in denen er ihr seine Beweggründe zu erklären versuchte. Mit seinen engsten Freunden aus Kasseler Tagen – Jacobi, Nicolai, Sömmerring und Lichtenberg – verdarb er es sich durch sein radikales Agieren hoffnungslos.[11] Wilhelm von Humboldt, ein langjähriger Freund der Familie, fand die Undankbarkeit, die Forster gegen seine Wohltäter an den Tag legte, schockierend. «Ungeachtet dieser meiner Anhänglichkeit an die französische Revolution kann ich es dennoch Forster nicht verzeihen, daß er in dem jetzigen Zeitpunkt auf einmal ganz öffentlich zur französischen Partei übergegangen ist ...», schrieb er im Dezember 1792, «unmoralisch und unedel erscheint es mir doch in hohem Grade, dem Kurfürsten, dem er wahrlich nichts als Wohltaten zu danken hat, in einer Periode untreu zu werden, wo er offenbar der schwächere Teil ist.»[12] Von seinem Verleger Voß erhielt Forster eine Mitteilung, die darauf hinauslief, in Berlin sei sein politisches Auftreten mit so großem Unverständnis registriert worden, daß er, soweit es die Publizistik betreffe, ein toter Mann sei;[13] in dieselbe Kerbe hieb wenig später die Redaktion der *Allgemeinen Literatur-Zeitung*, eines angesehenen Blattes, das bis dahin eine hohe Meinung von Forsters literarischem Talent gehabt hatte, ihn jetzt aber als einen «spitzfindigen und mystischen Grübler», als «wilden Enthusiast» und als einen «durch Bombast, ekelhafte Ziererei und geschmacklose Sprachverdrehung unerträglichen Schriftsteller» abkanzelte[14].

Woran es allen diesen Reaktionen ganz allgemein mangelte, war das Bemühen, zu verstehen, warum Forster 1792 so handelte, wie er es tat. Im großen und ganzen schienen diejenigen, die ihn am besten kannten, zu glauben, für sein Handeln in dieser Phase seien nicht politische, sondern persönliche Motive ausschlaggebend gewesen – Ungeduld, Enttäuschung, Frustriertheit, Verbitterung. So erweckte beispielsweise Goethe den Anschein, als sei für ihn die Handlungsweise Forsters die eines ungestümen und unreifen Menschen; in der 337. seiner Xenien, die nach dem Tod Forsters entstand und eindeutig auf ihn anspielte, spottete der Dichter unter der Überschrift *Unglückliche Eile*:

> Ach, wie sie Freiheit schrieen und Gleichheit,
> geschwind wollt ich folgen,
> Und weil die Trepp' mir zu lang deuchte, so
> sprang ich vom Dach.[15]

Therese Forster, die die Briefe ihres Mannes offenbar wenig beeindruckten, machte keinen Hehl aus ihrer Überzeugung, daß Forster, hätte er nur eine sichere und geachtete Stellung innegehabt, sich überhaupt nicht für die Revolution interessiert hätte.[16]

Die meisten Historiker, die sich in den letzten 150 Jahren über Georg Forster äußerten, hielten sich an diese Deutung. So hat Kurt Kersten in einer Variante der Goetheschen Diagnose geschrieben, Forster sei nie über das Erlebnis seiner Weltreise hinweggekommen und habe ständig nach neuen Abenteuern dieser Art gesucht; als vor seinen Augen die Französische Revolution abgerollt sei, habe er der Versuchung nicht widerstehen können und sich ohne großes Nachdenken in ihre labyrinthischen Tiefen gestürzt, und damit in sein Verderben.[17] Reinhold Aris hielt es mit Frau Forster und sah im Fehlen einer gesicherten Stellung und eines ausreichenden Einkommens die Hauptgründe für das revolutionäre Engagement.[18]

Natürlich läßt sich für diese psychologischen und wirtschaftlichen Deutungen einiges ins Feld führen. Es stimmt zweifellos, daß Forster den Kampf gegen die hartnäckigen Sorgen des Alltags satt hatte und nach dem Abbrechen der Brücken ein erhebendes Gefühl wiedergewonnener Freiheit empfand. Ebenso trifft es zu, daß sein Engagement einmal mehr die romantische, das Abenteuer suchende Seite seines Naturells zum Vorschein brachte. Wenn man den Text der Reden liest, die er vor dem Mainzer Nationalkonvent hielt, kann man unmöglich übersehen, welcher grelle Gegensatz bestand zwischen seiner sentimentalen und undisziplinierten Rhetorik dort und der strengen Intellektualität und schmucklosen Geradlinigkeit seiner anderen Schriften.[19] Er verfaßte diese Reden, wie Kersten zu Recht bemerkt, mit einem Gestus, «als ob ihm die Gestalt eines Karl Moor vorschwebe, Verse Bürgers, rebellische Reden der Stürmer und Dränger im Ohre klängen, Don Carlos mit dem Marquis Posa spreche.»[20] Es kann kaum ein Zweifel daran bestehen, daß seine kurze Karriere als revolutionärer Agitator ihm höchst erregende Erlebnisse bescherte. Man hört dies aus jeder Zeile des Briefes vom Februar 1793 heraus, in dem er schildert, wie er die Grafen von Leiningen aus ihren Schlössern bei Grünstadt vertrieb:

> Ich forderte sie mit allen ihren Beamten auf, Frankenbürger zu werden. Sie protestirten, cabalirten, hetzten die Bürger und Bauern auf; einer meiner Soldaten ward überfallen und verwundet. Ich forderte mehr Mannschaft, und in dem Augenblick, wo sie eintraf, nahm ich Besitz von beiden Schlössern und gab den Grafen eine Wache. Heute habe ich sie gefangen nach Landau geschickt. Die Weiber gehen morgen über den Rhein. So muß uns alles weichen, was der guten Sache widerstrebt.[21]

Die Gelegenheit, als militärischer Befehlshaber aufzutreten (wenn auch nur im Westentaschenformat), ergriff Forster offensichtlich mit freudiger Bereitschaft und kostete sie weidlich aus.

Gleichwohl ist es ein Fehler, diese Aspekte seines Verhaltens in den Vordergrund zu stellen und zu behaupten, wie Aris es getan hat, Forster sei «in Wahrheit kein politisch denkender Mensch»[22] gewesen. Das Gegenteil ist wahr. Sein Entschluß, aktiv für die revolutionäre Sache einzutreten, war alles andere als ein leichtfertiger oder ungestümer Schritt; er war vielmehr das Ergebnis ausgiebigen Nachdenkens über politische Grundfragen und langwieriger, gewissenhafter Selbstprüfungen.

Die politischen Überzeugungen, die Forster zum Zeitpunkt seiner Rückkehr nach Deutschland im Jahr 1778 hegte, entsprachen dem Denken der meisten deutschen Intellektuellen seiner Zeit. Er war Kosmopolit und Rationalist und glaubte an den Fortschritt, den er verkörpert sah in den Freiheiten, die das englische Bürgertum sich erkämpft hatte und die jetzt auch die amerikanischen Kolonisten einforderten. Garantin der Freiheit war die Kraft der Vernunft, und Forster neigte zu der Überzeugung, niemand und nichts könne ihren Triumph über das Laster und die Dummheit verhindern. Wie seine Gesinnungsgenossen setzte er seine Hoffnungen auf aufgeklärte Fürsten, die für das Glück ihrer Untertanen sorgen und ihnen früher oder später dieselbe Art von Freiheiten einräumen würden, wie der englische Staatsbürger sie bereits genoß. «Vor der Morgenröthe der Wissenschaften», schrieb er in seinem Essay *Cook der Entdecker*, «verschwindet die menschliche Unfehlbarkeit. Duldung und Gewissensfreyheit verkündigen den Sieg der Vernunft, und bahnen den Weg zur Preßfreyheit und zur freyen Untersuchung aller Verhältnisse, die dem Menschen unter dem Namen Wahrheit wichtig sind.»[23]

Indes zeichnete Forster sich seit jeher durch einen kritischeren Geist und ein geschärfteres Bewußtsein für die realen Lebensverhältnisse aus als die meisten seiner deutschen Zeitgenossen, und so konnte er sich nicht allzu lange mit dieser erbaulichen Philosophie trösten. Die olympische Abgeklärtheit eines Goethe war ebensowenig seine Sache wie die spießbürgerliche Eigennützigkeit eines Gleim;[24] er nahm Dinge zur Kenntnis. Er war sich zum Beispiel der Tatsache bewußt, daß das Kasseler Collegium Carolinum, wie die Juwelen Lady Milfords in *Kabale und Liebe*, aus dem Verkauf hessischer Infanteristen an die britische Krone finanziert wurde. Johannes von Müller, der seine Laufbahn als Historiker des Schweizer Bundes begann und sie als sklavischer Bewunderer des Fürstenwesens beendete, konnte an dieser unangenehmen Tatsache vorbeisehen und bei der Einweihung des Carolinums den Kurfürsten von Hessen als einen «Wohltäter der Bürger» preisen;[25] Forster hingegen verlor diese und andere schwerverdaulichen Realitäten nie aus dem Auge.

«Kein Ort auf der runden Erde, der so viel Armut und splendide miseria in sich faßt als Kassel ... Tugend herrscht an unserm Hofe nicht.»[26] Und auch in Wilna registrierte sein kühler Blick einmal mehr den Kontrast zwischen den Anmaßungen der Fürsten und den Folgen ihrer Gleichgültigkeit gegenüber den Lebensbedürfnissen ihrer Untertanen. Er empfand Wilna, so schrieb er, als «einen traurigen, öden, verwüsteten Ort ..., wo ich Elend und Barbarei und Fühllosigkeit unaufhörlich vor Augen sehe ...».[27] Was er sah, widerte ihn an und brachte ihn auf den Gedanken, es handle sich bei alldem vielleicht nicht bloß um die ungewollte Folge von Versäumnissen und Widrigkeiten – vielleicht wurden die Menschen vorsätzlich wie Tiere behandelt. Dieser Verdacht verdichtete sich und findet seinen rückhaltlosesten Ausdruck in einer von Forsters letzten Schriften, dem Aufsatz *Über die Beziehung der Staatskunst auf das Glück der Menschheit*.

Die Verurteilung der Despotie gehörte im 18. Jahrhundert zum guten Ton, man verband sie jedoch typischerweise mit der tröstlichen Überzeugung, der Siegeszug der Aufklärung habe das Ende aller Despotie eingeläutet. Als geübter Beobachter und Datensammler konnte Forster nichts entdecken, das diesen Optimismus gerechtfertigt hätte. Das Reich der Despotie blieb nicht nur der Größe nach unverändert, ihr Einfluß reichte auch tief in alle gesellschaftlichen Bereiche hinein, bis hin zu den Künsten, den Wissenschaften und in die Welt des Geistes ganz allgemein. In einem Aufsatz mit dem Titel *Die Kunst und das Zeitalter*, der den jungen Hegel beeindruckte[28] und von Schiller verlegt wurde, verglich Forster die Kunst der Antike mit der seiner Gegenwart, ein Vergleich, der zum Nachteil der letzteren ausfiel. Die zeitgenössische Kunst habe, so führte er aus, ihr geistiges Feuer verloren, weil die Despotie ihre unverzichtbare Grundbedingung, die Freiheit, vernichtet habe; ihr Niedergang sei einhergegangen mit einem allgemeinen Verfall der ästhetischen und moralischen Maßstäbe. Dies habe dazu geführt, schrieb Forster, daß die hervorstechendsten Kennzeichen des modernen Zeitalters «bestialische Laszivität», «Egoismus», «gelehrter Betrug» und «müßige metaphysische Innenschau» seien, wohingegen «der Weg zu Erfahrung und Wahrnehmung nicht beschritten würde und die Finsternis des Vorurteils ihre dichten

Schleier um die besten Köpfe zuziehe». Alle edlen Leidenschaften, die zur Kunst auf der einen und zur Tugend auf der anderen Seite gehörten, würden verdorren unter dem kalten Hauch der Tyrannei. Dies gelte, so fügte Forster hinzu, sogar für den Patriotismus; dieser könne «einen Mann, der kein Vaterland hat, sondern nur einen Gebieter, nicht inspirieren».[29]

Die Kunst und das Zeitalter erschien im selben Jahr, in dem die Französische Revolution ausbrach, die die deutsche Intelligenz elektrisierte. Unter ihrem Eindruck pflanzten Hegel, Hölderlin und Schelling in Tübingen einen Freiheitsbaum und umtanzten ihn, revolutionäre Lieder singend. Eingedenk des Goetheschen Gedichts über das Ungestüm Forsters ist es bemerkenswert, daß dieser wenig Neigung zeigte, in die Revolutions-Schwärmerei von Leuten wie Klopstock und Wieland einzustimmen. Er reagierte zunächst mit Sympathie, aber auch Distanz. «Was hat Ihnen denn zur Revolution in Frankreich gedünckt?», fragte er seinen Schwiegervater in einem Brief vom 30. Juli 1789 und schloß die Voraussage an, dies werde wahrscheinlich zu einer Verschiebung im Machtverhältnis zwischen England und Frankreich führen; er äußerte seine Bewunderung dafür, daß «je eine so gänzliche Veränderung so wenig Blut und Verwüstung gekostet hätte».[30] Zwei Wochen später kommentierte er enthusiastisch die Ereignisse vom 5. August in Paris,[31] zeigte sich aber im September nach wie vor reserviert, als Wilhelm von Humboldt aus der französischen Hauptstadt kam und einen Augenzeugenbericht über die dortigen Geschehnisse mitbrachte. Er stimmte mit Humboldt darin überein, daß das, was sich in Paris vollzog, der Anfang eines langen und komplizierten Prozesses sei, den es sorgfältig zu beobachten gelte.[32]

Nichts in den Texten, die Forster in den drei Jahren nach dem Sturm auf die Bastille schrieb, deutete darauf hin, daß er sich einen entsprechenden Vorgang in Deutschland wünschte. Im Frühjahr 1790 unternahm er zusammen mit dem Dramatiker Iffland und dem jungen Alexander von Humboldt eine Reise den Rhein hinunter, durch die Niederlande und weiter über England nach Frankreich; am ersten Jahrestag des Ereignisses, das die Französische Revolution in Gang gesetzt hatte, machten sie in Paris Station. In dem bemerkenswerten Buch, das als Frucht dieser Reise entstand, *Ansichten vom Niederrhein*, wimmelt es von glühenden Plädoyers für die Vorzüge der Freiheit, wie sie in England, Holland und Paris zu bestaunen waren, doch finden sich im 11. Kapitel des ersten Bandes, das eine eingehende Erörterung der Antinomien der Politik enthält – des Gegensatzes zwischen Freiheit und Despotie, des Verhältnisses zwischen Recht und Macht –, keine ausdrücklichen Hinweise auf die deutsche Politik, abgesehen von der allgemeinen Aussage: «Die Gebrechen einer Staatsverfassung können indeß eben so wohl auch ohne eine heftige Erschütterung gehoben werden, wenn man sich in Zeiten guter Vorbauungsmittel bedient», und der hinzugefügten Bemerkung, «weise Herrscher» seien in der Lage, dies zu erkennen.[33] Auf solche Fürsten baute Forster eher als auf das Volk. Noch im Winter 1792 vertrat er die Auffassung, Deutschland sei nicht reif für eine Revolution. «Unser rohes, armes, ungebildetes Volk kann nur wüthen», schrieb er an Voß, «aber nicht sich constituiren». In Deutschland könnten Veränderungen zum Besseren nur von oben kommen, von aufgeklärten Herrschern, die aus dem französischen Beispiel nützliche Lehren zogen. Auf diese Weise könnte «der Vulkan Frankreichs Deutschland vor dem Erdbeben sichern».[34]

Allein, anstatt das Erhoffte zu tun, entschieden sich die «weisen Regenten» für einen Krieg gegen Frankreich. Als die ersten Anzeichen dafür, daß es dahin kommen mochte, in Mainz ruchbar wurden, schrieb ein höchst beunruhigter Forster, in diesem Fall werde die Revolution in Frankreich außer Kontrolle geraten. «Für das Leben der königlichen Familie gebe ich keinen Groschen. Die Wuth der Jacobiner ist zu allem fähig und sie trotzen auf ihre Macht. Wenn die Krisis aufs höchste gekommen ist, werden sie gewiß hervortreten. ... Nun endigt alles gewaltsam; ... und wer weiß, wie toll es dabei hergeht.»[35] Und würde nicht außerdem, so fragte er, eine Kriegserklärung gegen Frankreich als Indiz dafür gewertet, daß in Deutschland die Despotie regiere, und würde dies nicht wiederum die Freiheitsliebenden zwingen, sich auf die französische Seite zu stellen? Angewidert vom Verhalten der *émigrés* in Mainz[36] und empört über ihren Einfluß in deutschen Staatskabinetten, bekannte Forster im Juni 1792, er sei «allemal lieber *für* als *wider* die Jakobiner», auch wenn noch so viele Menschen gegen sie wüteten.[37]

Er teilte diese Gedanken vorerst nur mit einigen wenigen

Briefpartnern, aber er war ein zu konsequenter Mensch, um solche Diskretion lange wahren zu können. Ein Denken, das sich ganz auf die Sphäre der Theorie beschränkte, war ihm von jeher zu wenig gewesen, und in seiner Wilnaer Zeit hatte er einmal geschrieben, «daß wir mehr zum Handeln als zum Speculiren hier sind».[38] Jetzt bot sich die Gelegenheit zum Handeln, und Forster zögerte nur einen Augenblick, ehe er sie ergriff. Der Krieg kam wie befürchtet, und er kam nach Mainz, das am 20. Oktober 1792 von französischen Truppen besetzt wurde. Eine Woche danach schrieb Forster an Voß, er habe es bis jetzt vermieden, Stellung zu beziehen, «... allein diese Neutralität ist mißlich, die Krisis naht heran und man wird Partei ergreifen müssen». Alle einheimischen Notabeln, der Kurfürst und die Geistlichkeit eingeschlossen, seien aus der Stadt geflohen, die Bürger ihrem Schicksal überlassend. Dies zeige den Bankrott der alten Ordnung und gebe einen Fingerzeig darauf, welche Wahl man treffen müsse.[39] Zwei Wochen später berichtete er, eine Gruppe von Professoren habe ihn gebeten, General Custine aufzusuchen und ihn zu bitten, die Zahlung ihrer ausstehenden Gehälter aus beschlagnahmten Vermögenswerten zu veranlassen; er habe beschlossen, sich ihnen zur Verfügung zu stellen. Diese Mission habe dann dazu geführt, daß er mit organisatorischen Aufgaben bei der Versorgung der Stadt betraut worden sei, und jetzt sehe es so aus, als werde an ihn die Aufforderung ergehen, in eine provisorische Regierung einzutreten. Falls es so komme, fügte er hinzu, «halte [ich] es für meine Pflicht, ein Geschäft, welches es auch sei, nicht auszuschlagen, sobald es in einem solchen Zeitpunkt mich in Stand setzt, für meine Mitbürger mich vortheilhaft zu verwenden».[40] Voß schrieb aufs höchste beunruhigt zurück, Forster solle nichts überstürzen und sich bemühen, ein guter Preuße zu sein. Forster antwortete, er könne letzteres am besten dadurch sein, daß er das Bestmögliche für die Bevölkerung von Mainz tue. In einer unvermittelten leidenschaftlichen Aufwallung an einer Stelle des ansonsten gemessen formulierten Briefes schrieb er:

Allein, ums Himmels willen! Daß man doch nur einsehen möge, wie die Stimmung unserer Zeiten ist, wie von lange her, die Schicksale dieses Augenblicks vorbereitet sind, wie es platterdings unmöglich ist, daß die morschen Dämme halten können, die man der Freiheitsüberschwemmung entgegensetzt! Es ist eine der entscheidenden Weltepochen, in welcher wir leben. Seit der Erscheinung des Christenthums hat die Geschichte nichts ähnliches aufzuweisen.[41]

Es gab unter den deutschen Intellektuellen ein paar, die in diesem letzten Punkt derselben Meinung waren – Hegel beispielsweise oder Goethe, der bei Valmy einen ganz ähnlichen Ausspruch tat –, aber sie zogen daraus keine praktischen Konsequenzen. Typisch war das Verhalten Johannes von Müllers, des Historikers der Schweizer Freiheit, der im November in seine Heimatstadt Mainz zurückkehrte, sich mit Forster und Custine unterhielt, dabei beteuerte, wie lieb und teuer ihm die Sache der Freiheit und der Republik sei – um dann mit allen seinen Büchern und Möbeln aus der Stadt zu verschwinden.[42] Wortreiche Bekenntnisse zur Freiheit wurden in großer Zahl abgelegt, aber in dem Augenblick, da es galt, sich der politischen Realität zu stellen und eine Wahl zu treffen, traten die deutschen Intellektuellen in ihrer Gesamtheit den geordneten Rückzug aus der Welt der Politik an, zurück in die sichere Sphäre der Innerlichkeit und der ästhetischen Vervollkommnung. Und weil Georg Forster durch die Konsequenz seines Handelns die Hohlheit ihrer Überzeugungen bloßgelegt hatte, stellten sie ihn nun wütend an den Pranger. «Sie können einen Menschen nicht begreifen», schrieb Forster im Januar 1793 an seine Frau, «der zu seiner Zeit auch handeln kann und finden mich verabscheuungswerth, nun ich nach den Grundsätzen wirklich zu Werke gehe, die sie auf meinem Papier ihres Beifalls würdigten».[43]

III

Die Einhelligkeit, mit der seine Kollegen ihn verurteilten, machte Forster zwangsläufig zu schaffen und ließ ihn gelegentlich darüber nachgrübeln, ob seine Kritiker nicht vielleicht im Recht waren und er einen Fehler gemacht hatte. In den ersten Monaten des Jahres 1793, in denen er am Aufbau der Rheinischen Republik arbeitete und oft von vier Uhr morgens bis Mitternacht auf den Beinen war,[44] war seine Euphorie im allgemeinen so groß, daß momentane Selbstzweifel rasch wieder verflogen. Doch vom März an, als er sich in Paris aufhielt, versank er zunehmend häufiger in Phasen verzweifelter Selbstkritik. Im Verlauf der Monate, die Forster in Frankreich verbrachte, führte die Hinrichtung des Königs zum Eintritt Englands, Hollands und Spaniens in den Krieg, verkaufte sich Dumouriez an den Feind, brachen in der Vendée und in Lyon antirepublikanische Aufstände aus, und in Paris erreichte der Machtkampf zwischen der Bergpartei und der Gironde seinen Höhepunkt und mündete in die Institutionalisierung der Schreckensherrschaft. Es war eine Zeit der Gewalt, der Leidenschaften und der häßlichen Grabenkämpfe um die Macht, eine Erfahrung, die Forster existenziell erschütterte.

Paris, schrieb Forster am 13. April 1793 an seine Frau, erwecke den Eindruck eines «ekelhaften Labyrinthe», und er sorgte sich, «daß mir die Überzeugung in die Hand käme, einem Unding meine letzten Kräfte geopfert, und mit redlichem Eifer für eine Sache gearbeitet zu haben, womit es sonst niemand aufrichtig meint, sondern die ein bloßer Deckmantel der rasendsten Leidenschaften ist! ... es gehört Muth dazu, diese so fürchterlich sich aufdringenden Betrachtungen zu ertragen, und ... noch an Menschheit und Wahrheit zu glauben.»[45] Zwei Wochen später erwähnte er seine Probleme mit dem Auftun einer Beschäftigung, jetzt da seine ursprüngliche Mission erledigt war.

> Gelehrtes Verdienst und selbst die Talente des Geschäftsmannes gelten jetzt nichts. Wer oben aufschwimmt, sitzt am Ruder, bis ihn der Nächste, der für den Augenblick am stärksten ist, verdrängt. Wenn man nicht verfolgen, denunciren und guillotiniren lassen kann, ist man nichts. Kurz, zum ersten Mal in meinem Leben helfen mir alle meine Hülfsmittel nichts, und ich stehe so verlassen da wie ein Kind, das keine Kräfte hat, sich selbst zu ernähren.[46]

Im Juni klagte er: «Nie hat die Tyranney so viel Unverschämtheit, so viel Ausgelassenheit, nie wurden alle Grundsätze so mit Füßen getreten, nie herrschte Verleumdung mit so zügelloser Gewalt.»[47] «Eine Schande der Revolution ist das Blutgericht, ich mag nicht daran denken.»[48] «Hätte ich vor 10 Monaten – vor 8 Monaten – gewußt, was ich jetzt weiß», schrieb er auf einem Tiefpunkt seiner Stimmung im August, «ich wäre *ohne allen Zweifel* nach Hamburg oder Altona gegangen, und nicht in den Club.»[49]

Forster ließ sich jedoch nicht völlig in die Niedergeschlagenheit versinken, und er brach auch nicht zusammen unter dem Eindruck der furchtbaren Dinge, die er miterleben mußte. (Anders sein Mit-Abgesandter aus Mainz, Adam Lux: Der beging praktisch Selbstmord, indem er eine Verteidigungsschrift für die Marat-Mörderin Charlotte Corday[50] verfaßte und in Umlauf brachte.) Er beschäftigte sich, soweit es möglich war, mit praktisch-politischer Arbeit, bot seine Dienste der jeweils an der Macht befindlichen Gruppe an und bereiste in den letzten Monaten des Jahres 1793 in diversen amtlichen diplomatischen Missionen die Grenzregionen Frankreichs.[51] Dabei dachte er gründlich über das nach, was um ihn herum vorging: über Leidenschaften, über Macht, über den Mechanismus der Revolution.

Die Ergebnisse diese Nachdenkens fanden ihren Niederschlag in seinen letzten Briefen, in zwei unvollendet gebliebenen Arbeiten (einer kurzen Geschichte der Revolution in Mainz und einer Serie *Parisische Umrisse*) sowie in einem längeren Aufsatz mit dem Titel *Über die Beziehung der Staatskunst auf das Glück der Menschheit.* Er vertrat darin die Auffassung, man dürfe zwar die im Namen der Revolution begangenen Verbrechen nicht vergessen oder hinnehmen, solle sie aber nicht zur Grundlage eines endgültigen Urteils machen. Es sei notwendig, sich zu vergegenwärtigen, daß die Revolution weder ein zufälliges Ereignis sei noch das Ergebnis einer Verschwörung, sondern die Folge einer langen Kette zusammenwirkender Ursachen, vor allem aber eine Folge der Auswüchse der Despotie. Die Sachwalter der Macht, die Herrscher Europas, behaupteten zwar, ihre Staatskunst diene dem Ziel, das Glück ihrer Untertanen zu befördern, doch hätten sie in Wirklichkeit stets versucht, die Völker unter ihrer Knute zu halten – mit Hilfe von Kriegen, einer korrupten Kirche und eines liebedienerischen Erziehungssystems, durch die Unterdrückung von Wahrheit und Vernunft, die Duldung von Elend und Verwahrlosung und die systematische Brutalisierung des menschlichen Geistes.[52] Hierin liege die eigentliche Ursache der Revolution und ihre Rechtfertigung. Daß sie in Frankreich ausgebrochen sei, könne Zufall gewesen sein und sei sicherlich weniger bedeutsam, als daß sie sich überhaupt ereignet habe. Sicher seien dabei Leidenschaften in Bewegung gesetzt, Gewalttaten und Verbrechen begangen worden. Eine Revolution, einmal in Gang gekommen, lasse sich nur schwer steuern: «Die Revolution ist ein Orkan», heißt es weiter, «wer kann sie zügeln? Angespornt von ihrem Geist begehen menschliche Wesen Taten, die von den späteren, abgesehen in Zeiten schieren Horrors, nicht verstanden werden können.»[53]

Die «bewegende Kraft» des revolutionären Prozesses ist «die rohe Kraft der Menge».[54] Schon zwei Jahre zuvor hatte Forster, im 11. Kapitel der *Ansichten vom Niederrhein*, geschrieben: «Die Ausschweifungen des Pöbels lassen sich nicht berechnen, sobald er einmal aufgeregt ist, und das mit Zügellosigkeit so leicht von ihm zu verwechselnde Wort: *Freiheit!* zu seinem Wahlspruch genommen hat.»[55] Als Freiheitsliebender dürfe man jedoch nicht vor solchen Szenen der Gewalt davonlaufen, sondern müsse sein möglichstes tun, um häßliche Exzesse der Leidenschaft zu verhindern, müsse für die Mitmenschen da sein, an ihr gemeinsames Selbstverständnis als menschliche Wesen appellieren und an der eigenen Überzeugung festhalten, daß die Freiheit schließlich die Oberhand behalten werde über Gewalt, Habgier und Machtbesessenheit. «Es wäre Thorheit, den Menschen Freiheit zu geben, oder nur zu wünschen, wenn sie nur Wilde dabei bleiben», schrieb Forster. Der einzige «Zweck, weswegen die politische Freiheit so wünschenswerth ist», besteht darin, daß sie den Menschen letzten Endes und zwangsläufig helfe, «*moralisch* freie Wesen» zu werden.[56]

In Paris richteten gegenwärtig Menschen fürchterliches Unheil an. «Freilich bleibt es bei meiner Behauptung, daß man die Revolution ja nicht in Beziehung auf Menschenglück und Unglück betrachten müsse, sondern als eins der großen Mittel des Schicksals, Veränderungen im Menschengeschlecht hervorzubringen».[57] Es sei dies nicht bloß eine französische Revolution, sondern «die größte, die wichtigste, die erstaunenswürdigste Revolution der sittlichen Bildung und Entwickelung des ganzen Menschengeschlechts».[58] Man könne fast sagen, das Schicksal habe die Franzosen, «vielleicht gar zur Strafe, bestimmt, die Märtyrer für das Wohl, welches künftig die Revolution hervorbringen wird, abgeben zu müssen. So ungefähr wie die Deutschen zu Luthers Zeiten für das allgemeine Wohl Märtyrer werden mußten, indem sie die Reformation annahmen und mit ihrem Blute vertheidigten.»[59]

Mit solchen Überlegungen zog Forster sich immer wieder aus dem Sumpf der drohenden Resignation und bestärkte sich in der Überzeugung, den richtigen Weg eingeschlagen zu haben. In Briefen an seinen Verleger Voß und an den Liebhaber seiner Frau, Huber, in denen er aufzählte, welchen persönlichen Verlust sein Eintritt in die aktive Politik ihm beschert hatte, erklärte er rund einen Monat vor seinem Tod: «Die Größe der Zeit ist Riesengröße ...; aber eben darum fordert sie die ungewöhnlichsten Opfer».[60] «Ich weis was ich von diesem allem zu denken habe und bin bei den Opfern die mein Schicksal von mir fordert von ganzer Seele heiter und gefaßt. Ich weiß daß man ungestraft nicht glücklich seyn kann, und Glück ist doch für den Menschen der gewiße Fortschritte gemacht hat, nur das Bewußtseyn nach seiner besten Überzeugung gehandelt zu haben.»[61]

IV

Im Oktober 1914 setzten sich Kurt Hiller, Alfred Wolfenstein und Rudolf Kayser in Berlin zusammen und erkoren den Begriff «Aktivismus» zum Namen einer neuen geistigen Bewegung, die sie zum Zwecke der Anti-Kriegs-Agitation und der Förderung einer demokratischen Revolution auf die Beine stellen wollten. Es wäre gewiß nicht unpassend gewesen, wenn sie Georg Forster zu ihrem Schutzheiligen erwählt hätten, was sie allerdings nicht taten. Er war der erste moderne deutsche Aktivist, und die besagte Bewegung von 1914 war lediglich ein verspäteter Versuch, einer Philosophie entgegenzutreten, die Forster schon ein Jahrhundert zuvor bekämpft hatte. Der Tradition der Innerlichkeit, die in der äußeren Welt und ihren Manifestationen keinen Gegenstand legitimer geistiger Betätigung sah und die ästhetische Kontemplation und die Formulierung von Theorien zum Selbstzweck erklärte, erteilte Forster eine scharfe Absage, mit der Begründung, eine moralische und geistige Vorwärtsentwicklung der Gesellschaft sei nur unter der Bedingung politischer Freiheit möglich; diese sei aber nur dann zu erlangen, wenn die Intellektuellen – die Männer des Geistes und der Theorie – an die Spitze des Kampfes um sie traten.[62]

Nachdem er diese Position formuliert hatte, handelte er auch danach. Der Historiker Gervinus schrieb in der Mitte des 19. Jahrhunderts, Forster sei ein Mann gewesen, «der den schwierigen Übergang von der Idee zur Tat, von dem Grundsatz zu dessen Ausübung, vom Wissen zum Handeln gefunden hat». Er habe einen Standpunkt vertreten, «für den in unserm Volke Sinn und Begriff kaum erst wach zu werden beginnt», er handelte nach Grundsätzen, fuhr Gervinus fort, die die meisten Deutschen nur in der Idee, nicht in den Handlungen ertrugen.[63] Doch nur die wenigsten deutschen Intellektuellen ließen sich vom Beispiel Forsters inspirieren, ja sie nahmen es Gervinus übel, daß er sie daran erinnert hatte, so sehr, daß der Historiker, der schon 1837 in Göttingen seinen Lehrauftrag verloren hatte, weil er einer der Göttinger Sieben gewesen war, 1853 seine *venia legendi* an der Heidelberger Universität aberkannt bekam, weil er die Lehren Forsters predigte.[64] Es gibt kaum etwas, an dem die deutschen Intellektuellen einhelliger und hartnäckiger festgehalten haben als an ihrer Entschlossenheit, nichts mit Politik, in welcher Form auch immer, zu tun haben zu wollen (es sei denn in Form anspruchs- und risikoloser Dienstleistungen für das Establishment), und es gibt wohl nur weniges, das mehr zum tragischen Verlauf der deutschen Geschichte in den beiden letzten Jahrhunderten beigetragen hat.

Drittes Kapitel

Friedrich Schiller und die Polizei

Man stößt manchmal auf die Annahme, der politische Instinkt sei bei Friedrich Schiller nicht besonders ausgeprägt gewesen. Im Gegensatz zu vielen anderen deutschen Intellektuellen und Schriftstellern der Generation, die in den 1780er Jahren ins Erwachsenenalter kam – man denkt an die Brüder Schlegel, an Georg Forster, an Wilhelm von Humboldt, ja selbst an Heinrich von Kleist, denn sie alle kehrten der Welt der Wissenschaften und Künste mindestens zeitweise den Rücken, um während der nachrevolutionären und napoleonischen Periode eine aktive Rolle im öffentlichen Leben zu übernehmen –, blieb Schiller im Hintergrund. Die ersten Jahre nach dem Sturm auf die Bastille brachte er als Geschichts- und Philosophieprofessor an der Jenaer Universität zu; während in Paris die blutige Schreckensherrschaft tobte, arbeitete er an seiner Schrift *Über die ästhetische Erziehung des Menschen in einer Reihe von Briefen*; und in den Jahren zwischen dem Vertrag von Basel 1795 und der Liquidierung des Heiligen Römischen Reiches – einer Zeit, in der die französische Hegemonialmacht systematisch die politischen Freiheiten in seinem Land beseitigte – widmete er sich mit allen seinen Kräften der literarischen Produktion.

Diese scheinbare Passivität in Zeiten dramatischer Umbrüche läßt es verständlich werden, daß Schiller von seinen eigenen Zeitgenossen der Vorwurf des Rückzugs aus der Realität in die Geborgenheit einer fernen Vergangenheit gemacht wurde, und es erklärt auch, weshalb er so gerne als Idealist und Romantiker bezeichnet wird, mit all den damit verbundenen Assoziationen einer ungebündelten Intellektualität. Es macht darüber hinaus verständlich, weshalb es bürgerlichen Kritikern im 19. Jahrhundert leicht fiel, Schiller zu einem Säulenheiligen der Selbstvervollkommnung zu stilisieren, wie Friedrich Theodor Vischer es in einer bemerkenswerten Jubiläumsansprache tat, in der er es dem Dichter hoch anrechnete, daß er die Menschen gelehrt habe, sich «zur inneren Einstimmung mit sich» zu bilden, bevor

Friedrich von Schiller

sie sich an die Probleme der äußeren Welt heranwagten, daß der Mensch «im Schönen, in der Kunst ... den Weg ... zum Gerechten und Guten» suchen solle und daß es «erst dann der Mühe wert ist, frei zu sein, wenn Freiheit die Frucht der rein menschlichen, harmonischen Bildung trägt».[1]

In der Tat könnte nichts unzutreffender sein als diese Unterstellungen. Schiller war ein durch und durch politischer Mensch. Auch wenn er die emotionalen Erfolgserlebnisse des Aktivismus anderen überließ, war er nicht weniger engagiert als sie. Kein Angehöriger seiner Generation dachte gründlicher über die politischen Entwicklungen seiner Zeit nach und brachte so beängstigend zielgenaue Vorahnungen in bezug auf ihre künftigen Folgen zu Papier. Dies ist der Grund für die nach wie vor große Aktualität seiner Einsichten in den politischen Prozeß, und es macht Benno von Wieses allzu wohlwollendes Urteil verzeihlich, «Schiller ist der einzige Fall für einen großen politischen Schriftsteller unter den Deutschen»[2] gewesen. Als Hans und Sophie Scholl 1943 ihre Münchner Kommilitonen von der moralischen Notwendigkeit des Widerstands gegen Hitler zu überzeugen versuchten, beriefen sie sich auf Schiller; sie verteilten Kopien eines Vortrags über das Wesen und die Folgen totalitärer Herrschaft, den er im August 1789 gehalten hatte.[3] Analog können wir feststellen, daß vieles von dem, was heute über die Erosion der Freiheitsrechte und die Verdinglichung des einzelnen unter den Bedingungen eines übermächtigen Staates geschrieben, sowie ein großer Teil dessen, was über das Problem der Entfremdung gesagt wird, in Schillers *Ästhetischer Erziehung* bereits vorweggenommen ist, einer Schrift, die, vielleicht wegen ihres Titels, von der Politikwissenschaft zu wenig zur Kenntnis genommen wird.[4]

Seinen explizitesten Ausdruck fand Schillers politisches Denken in seinen Stücken, namentlich in den Geschichtsdramen seiner letzten Periode. Im Lauf der Jahre kam der Dichter, wie er seinem Freund Goethe einmal in einem Brief anvertraute, zu der Überzeugung, er habe ein spezielles Talent dafür, «eine gegebene bestimmte Materie zu beleben, zu erwärmen und gleichsam aufquellen zu machen».[5] Weil bei dieser Art des Dramas historische Authentizität gefordert war, sah Schiller sich genötigt, das Übermaß an Phantasie und Verspieltheit zu kappen, das seine frühen Stücke verunzierte, und so entwickelte er die Fähigkeit, über die großen Fragen der Politik objektiv und mit Blick auf ihre universelle Bedeutung zu schreiben. Für Schiller stand es nie in Zweifel, daß er verpflichtet war, sich mit solchen Themen zu befassen. Als junger Mann hatte er geschrieben, das Theater sei eine moralische Anstalt, «der gemeinschaftliche Kanal, in welchem von dem denkenden bessern Teile des Volks das Licht der Weisheit herunterströmt und von da aus in milderen Strahlen durch den ganzen Staat sich verbreitet».[6] Der Dramatiker solle für sein Volk Vordenker und Lehrer sein, und dies zu werden nahm Schiller sich vor. Die großen Dramen seiner letzten Schaffensperiode – vom *Wallenstein* bis zum *Wilhelm Tell* – unterhielten und erregten das Publikum, was durchaus gewollt war, aber sie sollten auch erzieherisch wirken. Schiller hoffte, mit ihrer Hilfe für die Zukunft eine Generation freier Menschen heranzubilden. Er versuchte dies in erster Linie dadurch zu tun, daß er ihnen Einsichten in die Macht vermittelte, ihre legitimen und illegitimen Formen, in ihren Gebrauch, ihre Grenzen, ihre potentiell korrumpierende Wirkung, in die bösen Folgen, die es nach sich zieht, wenn die Gier nach Macht sich mit der Weigerung paart, die Verantwortung für ihren Gebrauch zu übernehmen, in die moralischen Zwickmühlen, in die jene geraten, die gewissenhaften Gebrauch von ihr zu machen versuchen, und in die Beziehung zwischen all dem und der individuellen und kollektiven Freiheit.[7] In dem Zeitalter, in dem Schiller lebte, war dies ein angemessenes, fast unausweichliches Thema, wie der Dichter im Prolog seines schönsten Dramas deutlich machte:

> Und jetzt an des Jahrhunderts ernstem Ende,
> Wo selbst die Wirklichkeit zur Dichtung wird,
> Wo wir den Kampf gewaltiger Naturen
> Um ein bedeutend Ziel vor Augen sehn,
> Und um der Menschheit großen Gegenstände,
> Um Herrschaft und um Freiheit wird gerungen,
> Jetzt darf die Kunst auf ihrer Schattenbühne
> Auch höhern Flug versuchen, ja, sie muß,
> Soll nicht des Lebens Bühne sie beschämen.[8]

Von der Warte dieser didaktischen Absicht aus gesehen, erscheinen sämtliche Stücke, die Schiller in seinen letzten Lebensjahren schrieb, in einem interessanten neuen Licht. Dasselbe gilt für die Werke, die er nicht vollenden konnte, ja für die, mit deren Niederschrift er noch gar nicht angefangen hatte. Mit einem der letzteren wollen wir uns hier befassen.

I

Eines der Dramenfragmente, die sich nach Schillers Tod in seiner Hinterlassenschaft fanden, war eine Tragödie, die den Titel *Die Polizei* erhalten sollte und von der nur eine rohe Skizze und einige verstreute Notizen existierten.[9] Die meisten Schiller-Forscher haben sich nicht sonderlich dafür interessiert, und diejenigen, die es taten, richteten ihr Augenmerk vorwiegend auf die Art und Weise, wie Schiller das ursprüngliche Konzept in eine ausführlichere Skizze für ein völlig anderes Stück umarbeitete, das den Titel *Die Kinder des Hauses* tragen sollte und offenbar als eine Art modernes Nemesis-Drama gedacht war, geschrieben in der Technik des *Oedipus Rex* von Sophokles.[10] Über die ursprüngliche Idee wird praktisch nichts mitgeteilt, außer daß Schiller sie fallen ließ;[11] das ist sehr schade, denn die darauf bezüglichen Notizen sind politisch höchst aufschlußreich.

Bei Schiller scheint das Interesse, ein Drama über die Polizei zu schreiben, gleich nach der Fertigstellung seiner *Wallenstein*-Trilogie 1799 erwacht zu sein.[12] Das Stück, das ihm vorschwebte, hatte denn auch eine gewisse Ähnlichkeit mit dem gerade vollendeten. Beide handelten von Formen institutioneller Macht: *Wallenstein* vom Heer, dem Beschützer des Staates vor äußeren Gefahren, *Die Polizei* von seinem Pendant im Inneren. Die Hauptfigur war in beiden Fällen eine authentische geschichtliche Persönlichkeit: im ersteren der Oberbefehlshaber des österreichischen Kaisers im 30jährigen Krieg, der Herzog von Friedland, in *Die Polizei* der oberste Polizeichef unter König Ludwig XIV. von Frankreich, Marc-René de Voyer de Paulmy, Marquis d'Argenson.

Der Ruhm d'Argensons verbreitete sich im 18. Jahrhundert weit über die Grenzen Frankreichs hinaus, teilweise wohl dank der Eloge, die Fontenelle nach seinem Tod auf ihn gehalten hatte, in erster Linie aber vielleicht, weil er sich die ehrfurchteinflößende Aura eines Mannes von unheilvoller Allwissenheit, mitleidloser Funktionalität und systematischer Gewissenlosigkeit erworben hatte. Er amtierte von 1697 bis 1720 als Chef der Pariser Polizei, in einer von äußeren Kriegen, Entbehrungen im Innern, sporadischen Hungersnöten, Kriminalität und politischen Unruhen bestimmten Zeit, und widmete sich, auf unumschränkte Vollmachten gestützt, der Aufgabe, in der königlichen Hauptstadt die öffentliche Ordnung aufrechtzuerhalten und die allgemeine Wohlfahrt zu fördern. Er bediente sich zur Bewältigung dieser Aufgabe einer wohlberechneten Politik des Terrors, die sich auf die Mitarbeit Tausender von Geheimagenten stützte, die alle Bereiche der Gesellschaft durchdrangen. Saint-Simon schildert den Polizeichef in einer 1718 verfaßten Passage seiner Memoiren als einen Mann

> mit einem angstmachenden Antlitz, das an die Gesichter der Richter vor der Höllenpforte erinnerte ... [Er] unterwarf die zahllosen Tausendschaften von Paris einem solchen Regiment, daß es keinen Bewohner der Stadt gab, über dessen alltägliche Verrichtungen und Gewohnheiten er nicht Bescheid gewußt hätte, und legte in jedem vorkommenden Fall ein exquisites Gespür für Brutalität und Subtilität seines Vorgehens an den Tag – indem er seinen Hebel stets an der schwächsten Stelle so ansetzte, daß selbst der Unschuldigste vor ihm zitterte. [Er war] tapfer, zäh, wagemutig in Zeiten der Rebellion und, als Folge all dessen, der Beherrscher des Volkes.[13]

Ein moderner französischer Historiker hat unverblümtere Worte gefunden. Er schreibt, der Vorgänger d'Argensons, La Reynie, der den Pariser Polizeiapparat aufbaute, habe bei der Erfüllung seiner Aufgaben eine «leichte Hand» bewiesen; d'Argenson hingegen «ging, von einem nervösen Ludwig XIV. unaufhörlich gedrängt, ... daran, Paris stöhnen zu lassen unter der Last des Argwohns, der Angst und der Bespitzelei, die die traurige Mitgift des Polizeistaates sind».[14]

Es war dieser an Minos erinnernde Hüter der Gerechtigkeit mit seiner Armee aus Gendarmen, Agenten, Spionen und Spitzeln, den Schiller zum Thema seines Dramas machen wollte, und die Notizen, die er darüber hinterließ, betonen eher die finsteren Aspekte seines Wirkens als die von Fontenelle erwähnten segensreichen. Schiller bezeichnet darin Paris als «ein Gefängnis ... in der Gewalt des Monarchen, [der] hier eine Million unter seinem Schlüssel» hat. Der auserkorene Wachhund des Königs ist d'Argenson, einer, der nach allem, was er in seiner Laufbahn erlebt hat, zu einem Mann geworden ist, der «ungläubiger gegen das Gute und gegen das Schlechte toleranter», der «die Menschen zu sehr von ihrer schändlichen Seite gesehen hat, als daß er einen edlen Begriff von der menschlichen Natur haben könnte», der imstande ist, einem armen Teufel, der sich mit dem flehentlichen Satz «Ich muß aber ja doch leben» rechtfertigt, kaltblütig zu antworten: »Das seh ich nicht ein» – hierbei scheint es sich um einen überlieferten Ausspruch d'Argensons zu handeln, den Schiller in Merciers *Tableau de Paris* fand. Es handelte sich, kurz und gut, um einen Menschen, der seine Artgenossen als «wilde Tiergattung» bezeichnete und «ebenso behandelt». Und was seine Werkzeuge betraf, die Polizisten, so waren sie «Teile einer enormen Maschinerie», und «die Nacht zu Paris» war ihr «eigentlicher Gegenstand und Spielraum».

Sie [die Polizei] wirkt als Macht und ist bewaffnet, um ihre Beschlüsse zu vollstrecken. Sie muß oft geheimnisvolle Wege nehmen und kann auch nicht immer die Ferne beobachten. Sie muß oft das Ueble zulassen, ja begünstigen und zuweilen ausüben, um das Gute zu tun oder das größte Uebel zu entfernen ... der Unschuldige kann durch sie leiden, sie ist oft genötigt, schlimme Werkzeuge zu gebrauchen, schlimme Mittel anzuwenden.

Vom Glauben an ihre eigene Mission durchdrungen, flößten sie auch anderen die Überzeugung ein, daß «selbst der Ring des Gyges ... nicht vor ihren alles durchdringenden Augen zu schützen» vermag – und darin liegt das Geheimnis ihres Gefürchtetseins. Sie ist bei der Bevölkerung verhaßt, doch noch größer als der Haß ist die Angst vor ihr. In einer demoralisierten und fragmentierten Gesellschaft verkörpert sie die Macht und die Realität. «Die eigentliche Einheit ist die Polizei», schrieb Schiller mit Bezug auf die dramatische Handlung, die ihm vorschwebte, aber sicherlich auch auf die gesellschaftliche Wirklichkeit, in der das Stück spielen sollte, «die eigentliche Einheit ist die Polizei, die den Impuls gibt und zuletzt die Entwicklung bringt».[15]

II

Wir brauchen uns keine Gedanken über die Handlung dieser nie geschriebenen Tragödie zu machen, denn Schiller hat hierzu nichts Detailliertes hinterlassen.[16] Aber wir können fragen, aus welchen Gründen er überhaupt mit dem Gedanken spielte, ein Stück über dieses zwielichtige Milieu zu schreiben. Eine mögliche Antwort lautet, daß die Polizei für einen europäischen Intellektuellen am Ende des 18. Jahrhunderts durchaus kein ungebührlicher Gegenstand des Interesses war, denn zweifellos war dies eine Zeit verstärkter polizeilicher Aktivität. Im Januar 1796 beschloß das französische Direktorium die Schaffung einer neuen Polizeibehörde, die sich bald in ganz Europa einen Namen machen sollte: des Allgemeinen Polizeiministeriums; 1799, gerade als Schiller sich erste Gedanken über das Stück machte, wurde Joseph Fouché an die Spitze dieser neuen Institution berufen – der Mann, von dem Balzac später sagte, die Genialität, die er in seinem Amt entfaltete, habe sogar Napoleon Angst eingejagt.[17] Fouché imitierte und verbesserte die Methoden d'Argensons, und seine berüchtigte 2. Division (die Geheimpolizei) weitete ihre Macht von Frankreich nach Deutschland hinein aus; in Altona etablierte sie eine Niederlassung, von der aus alsbald Operationen der französischen Geheimpolizei in entfernteren Hauptstädten wie Stockholm und Berlin koordiniert wurden.[18] Ungefähr um dieselbe Zeit rief der österreichische Kaiser Franz eine neue zentralisierte Polizeiverwaltung ins Leben, an deren Spitze er Josef Anton Graf Pergen stellte, einen Mann, der seine Aufgabe so ernst nahm und sich namentlich beim Aufbau der Sicherheitspolizei so sehr am französischen Vorbild orientierte, daß ein österreichischer Beobachter kurz vor der Wende zum 19. Jahrhundert schrieb, sein Land habe einen «Polizeicharakter» angenommen, «wie er noch niemals in einem großen Staate dagewesen ist».[19] Es handelte sich um dieselbe Polizeitruppe, die 1814/15 die auf dem Wiener Kongreß versammelten ausländischen Delegationen mit der Unermüdlichkeit ihrer Überwachungsmaßnahmen in Erstaunen versetzte[20] und die in der darauffolgenden Periode das Hauptwerkzeug für die Durchsetzung einer umfassenden Meinungszensur in großen Teilen Deutschlands war.

Es ist kaum anzunehmen, daß Schiller von diesen Entwicklungen – und ähnlichen, die in Preußen und einigen der kleineren Staaten vor sich gingen – nichts wußte und daß sie ohne Einfluß auf seine literarischen Vorhaben blieben. Daß er in dieser Hinsicht sensibel war, muß man unterstellen, denn ihm war stets gegenwärtig, daß organisierte politische Macht, so notwendig sie für das Funktionieren der Gesellschaft auch sein mag, stets dazu tendiert, auf subtile Weise und mit plausiblen Begründungen den Bezirk der Freiheit einzuengen. In seinen Jenaer Vorlesungen über die Gesetzbücher des Lykurgus und des Solon hatte er – in einer Sprache, deren Abdrücke sich in Wilhelm von Humboldts berühmtem Aufsatz über die Grenzen der Staatsmacht wiederfinden[21] – den Standpunkt vertreten: «Der Staat ist niemals Selbstzweck, er ist nur wichtig als Bedingung, unter welcher der Zweck der Menschheit erfüllt werden kann, und dieser Zweck der Menschheit ist kein andrer als Ausbildung aller Kräfte des Menschen, Fortschreitung.»[22] Er war sich dabei nur zu gut der Tatsache bewußt, daß die ganze politische Entwicklung im 18. Jahrhundert darauf hinauslief, den Staat zum Selbstzweck zu machen. «Der neue Geist der Regierung», hatte er im sechsten seiner *Ästhetischen Briefe* geschrieben, drohe jene Bedingungen zu beseitigen, «wo jedes Individuum eines unabhängigen Lebens genoß» und mache «jetzt einem kunstreichen Uhrwerk Platz, wo aus der Zusammenstückelung unendlich vieler, aber lebloser Teile ein mechanisches Leben im Ganzen sich bildete». Die Beziehung der Menschen zu ihrer Gesellschaft hänge zunehmend weniger von «Formen ab, die sie sich selbsttätig geben ...; sondern wird ihnen mit skrupulöser Strenge durch ein Formular vorgeschrieben, in welchem man ihre freie Einsicht gebunden hält.»[23] Begünstigt würde diese Entwicklung, so konstatierte Schiller mit dem Pessimismus, der sein politisches Denken schon immer verdüstert hatte und der sich in seinen letzten Jahren noch verstärkte,[24] von zwei anderen seit 1789 zu beobachtenden Tendenzen: der zunehmenden Stärke und Effizienz der staatlichen Machtinstrumente und der Neigung der Menschen, durch den Mißbrauch der Freiheit oder durch die Furcht vor ihr ihrer Beseitigung durch eben diese Machtinstrumente Vorschub zu leisten.

Sollte es die Absicht Schillers gewesen sein, seine Zeitgenossen mit Hilfe einer dramatischen Darstellung des von d'Argenson errichteten Polizeistaats vor den Konsequenzen zu warnen, die ein Nichterkennen dieser gefährlichen Entwicklung nach sich ziehen würde, so kam sie jedenfalls nie zur Ausführung. Einige Anzeichen sprechen dafür, daß er bis zu seinem Tode 1805 immer wieder auf den Gedanken zurückkam, ein Stück über die Polizei zu schreiben,[25] doch andere Projekte hatten Vorrang, vor allem der *Wilhelm Tell* und das letzte Drama, an dem er arbeitete, der imposante unvollendete *Demetrius.* Es läßt sich indessen plausibel machen, daß die Motive und Inhalte dieser letzten Dramen Hinweise darauf enthalten, wie Schiller den didaktischen Impetus eines Polizei-Stückes gestaltet hätte. Der *Wilhelm Tell* ist ein romantisches Märchen, in dem die Fürkämpfer der Freiheit über die Vertreter einer totalitären Staatsmacht triumphieren – ein Märchen deshalb, weil, wie wir nicht vergessen sollten und wie die Zeitgenossen Schillers sicherlich keinen Augenblick vergaßen, die in dem Stück propagierte und gefeierte Freiheit schon beseitigt war, als Schiller den *Wilhelm Tell* zu schreiben begann. Im Gegensatz dazu zeichnete der *Demetrius* das erschütternde Bild einer Welt, aus der die Freiheit vollkommen verschwunden ist und in der sich Politik auf eine endlose Abfolge von Tyrannen reduziert, einer wie der andere getragen von der Begeisterung einer atomisierten Gesellschaft, die ihre emotionale Befriedigung aus der Unterwerfung bezieht. Es scheint, als habe Schiller in seinen letzten Jahren wie Wallenstein gedacht: «... dem bösen Geist gehört die Erde, nicht dem guten».[26] Dank seiner, wie zuweilen gesagt worden ist, bis ins Mark hinein beunruhigenden Einsicht in das Kräftespiel von Macht und Freiheit[27] spürte Schiller, daß angesichts der Entwicklungen seines Zeitalters, der immer umfassenderen Herrschaftsinstrumente des modernen Staates und der immer zwiespältigeren Haltung der Masse gegenüber Staatsgewalt und Freiheit, die Zukunft sehr wohl den Pergens, den Fouchés und den d'Argensons gehören mochte.

Viertes Kapitel

Johannes von Müller
Der Historiker auf der Suche nach einem Idol

Uns Historikern wird häufig eine Begriffsverwirrung bei der Benennung unseres Fachs vorgehalten, weil der Ausdruck «Geschichte» sowohl den zu erforschenden Prozeß als auch das Ergebnis der Forschungstätigkeit bezeichnet. Keine solche Zweideutigkeit haftet dem Ausdruck «Historiker» an: Nach allgemeinem Verständnis ist ein Historiker nicht einer, der Geschichte macht (wie es etwa Generäle oder Politiker tun), sondern einer, der im Nachhinein darüber schreibt. Gegen dieses in der Öffentlichkeit weithin akzeptierte Verständnis von der Rolle des Geschichtsschreibers begehren einzelne Historiker immer wieder einmal auf. Weshalb, so fragen sie, sollte der Historiker als bloßer Beobachter abseits stehen, wenn epochemachende Dinge vor sich gehen? Wäre er nicht aufgrund seines Berufs sowohl qualifiziert als auch verpflichtet, eine Rolle in der Politik seines Landes zu übernehmen, da ihm doch seine Kenntnis der Vergangenheit eine unvergleichlich tiefere und breitere Perspektive eröffnet, als der gewöhnliche Politiker sie besitzt, eine Perspektive, die ihn befähigen würde, bei folgenschweren Entscheidungen ein notwendiges Moment an Weitsicht und Augenmaß beizusteuern? Wäre also nicht der gebührende Platz des Historikers an der Seite des Fürsten, verantwortlich für welche auch immer ihm übertragenen praktischen Aufgaben, um sich dann später, auf seine alten Tage, in die Gelehrtenstube zurückzuziehen und seine Erfahrungen zu Papier zu bringen?

Seitdem sich die Geschichtsschreibung als akademisches Lehrfach etabliert hat, haben sich viele Historiker in diesem Sinn geäußert und auch danach gehandelt. In sehr vielen Fällen mußten sie jedoch feststellen, daß die Fürsten, in deren Dienste sie traten, sich weder von ihrer Qualifikation beeindrucken ließen noch Interesse an ihren Vorstellungen zeigten, und daß sie ihre Dienste nicht um einer an Vernunft oder historischer Wahr-

Johannes von Müller

heit orientierten Politik willen in Anspruch nahmen, sondern, wie Herbert Lüthy 1968 aufgezeigt hat, «auf daß sie vom Ruhm [der Fürsten] kündeten, die Legitimationsgrundlage für deren Ansprüche lieferten, die Untertanen in ihrer Loyalität bestärkten».[1]

In manchen Fällen funktionierte diese Instrumentalisierung des Historikers auf so subtile Weise, daß sie ihm nie voll zum Bewußtsein kam; den meisten Betroffenen wurde jedoch früher oder später klar, in welche Situation sie sich manövriert hatten, und das war im allgemeinen eine läuternde Erfahrung.

Der Lebenslauf des Protagonisten dieses Kapitels liefert ein ausgezeichnetes und anschauliches Beispiel für diesen Prozeß.

Johannes von Müller kann natürlich noch aus anderen Gründen Anspruch auf das Augenmerk eines historisch interessierten Publikums erheben. Jener bemerkenswerten Gruppe deutscher Intellektuellen zugehörig, die den Höhepunkt ihrer Schaffenskraft in den Jahren der großen Französischen Revolution erreichten, war er befreundet und korrespondierte mit Herder, Goethe, Georg Forster, Alexander von Humboldt, Madame de Staël, Friedrich von Gentz, Stein und Hardenberg; seine gesammelten Briefe, in denen die meisten politischen und kulturellen Strömungen seiner Zeit ihren Niederschlag fanden, stellen eine Fundgrube dar, die bisher von den Historikern dieser Periode zu wenig genützt worden ist.[2] Unter den deutschen Historikern der Moderne war er der erste, der beim Schreiben das Gefühl hatte, er tue es für die Nachwelt, wie Thukydides und Tacitus,[3] mit denen er in der Tat auch verglichen wurde;[4] zumindest in einer Hinsicht gelang ihm dies auch, denn Müller war es, der, mehr als irgend jemand anders, den Mythos vom Volk der Schweizer in die Welt setzte, so sehr, daß auch noch wir Heutigen, wenn wir an die Schweiz denken, dies unwissentlich in seinen Begriffen und Bildern tun. Aber auch noch in anderer Hinsicht wirkte er über die Grenzen seiner eigenen Epoche hinaus. Er, der in einer Zeit schrieb, die, bis Napoleon sie eines Besseren belehrte, kosmopolitischen Anschauungen und utopischen Visionen einer harmonischen Welt huldigte, hatte ein instinktives Gespür für die dämonischen Seiten der Macht, und in allem, was er publiziert hat, schwingt die dringliche Mahnung an seine Leser mit, vor dieser Seite der Macht nicht den Blick zu verschließen und den Umgang mit ihr zu erlernen. Und schließlich nahm er, zu einer Zeit, da die Fäden der Weltpolitik noch in Europa zusammenliefen, jenen Kulturpessimismus vorweg, der insbesondere das deutsche Denken so stark prägen sollte, so daß es nicht übertrieben ist, zu sagen, sein Leben und seine Lehren seien in starkem Maß von dem Gefühl durchdrungen gewesen, daß das europäische Zeitalter zu Ende ging und ein Übergang der Dominanz an neue, heranwachsende Imperien jenseits der Karpaten und des Atlantiks bevorstand.

Aus allen diesen Gründen gehört Müller zu den interessanteren Vertretern der Geistesgeschichte seiner Zeit. Im vorliegenden Zusammenhang soll jedoch nur von seinen politischen Ambitionen und ihrem Scheitern die Rede sein.

I

Johann Müller (das Adelsprädikat kam erst später hinzu)[5] kam am 3. Januar 1752 im schweizerischen Schaffhausen zur Welt, wo sein Vater als Pastor und Lehrer an der Lateinschule wirkte. Er besuchte das örtliche Gymnasium und zog als Achtzehnjähriger nach Göttingen, in der Absicht, dort Theologie zu studieren. Er geriet jedoch unter den Einfluß August Ludwig Schlözers,[6] der sein bereits ausgeprägtes Interesse an der Geschichte vollends entfachte und ihn zu dem Versuch überredete, eine Arbeit über die Kriege eines antiken Germanenstammes zu schreiben. Was dabei herauskam, ein in lateinisch geschriebenes Werk mit dem Titel *Bellum Cimbricum*,[7] zeigte, daß der junge Mann seine Quellen beherrschte und es geschickt verstand, aus ihnen zu schöpfen; nicht nur Schlözer war angetan, sondern auch ein späterer Leser, der als strenger Richter bekannte Niebuhr.[8] Für Müller stand damit fest, welche akademische Richtung er einschlagen würde. Er kehrte in die Schweiz zurück und stürzte sich in archivalische Forschungen; seinen Lebensunterhalt verdiente er mit anspruchslosen Gelegenheitsarbeiten als Nachhilfelehrer und Gesellschafter, die ihm ein Freund mit guten Beziehungen vermittelte.[9] 1778 machte er Furore mit einer sprühenden Vorlesungsreihe über Universalgeschichte, und 1780 veröffentlichte er den ersten Band des Werkes, das nach seiner Vollendung den Titel *Geschichten Schweizerischer Eidgenossenschaft*[10] erhielt.

Mit diesem Werk erntete Müller Erfolge, wie sie zu seiner Zeit einem Gelehrten normalerweise nicht zuteil wurden; sie waren jedoch wohlverdient. Keine bis dahin vorliegende Geschichte der Schweiz hatte so fest auf dem Boden gesicherter Tatsachen gestanden, und was auch immer spätere Historiker an Müllers nicht übermäßig kritischen Methoden bemängelten,[11] Friedrich Gundolf hatte recht, als er 1923 schrieb, es sei Müller dank seiner archivalischen Wühlarbeit gelungen, «das erste saftige und genaue Bild des Mittelalters [vorzulegen], von dem beinah nur verschwommene, rittertümelnde, schlaffe Schemen oder trockene Notizen umliefen».[12] Damit nicht genug, war es das erste Geschichtswerk in deutscher Sprache, das literarische Qualitäten besaß. Aufgebaut wie ein Roman oder ein Epos, erzählte es in einer Abfolge dramatischer Szenen und brillanter Charakterstudien die Geschichte eines freiheitsliebenden Volkes im Kampf um die Verteidigung seines Geburtsrechts gegen äußere Feinde.[13] Halb vergessene Gestalten wie Rudolf von Habsburg und Ludwig von Erlach wurden hier zu Figuren aus Fleisch und Blut; der Rütli-Eid wurde vor dem geistigen Auge des Lesers noch einmal geschworen, und die Heldengestalt des Wilhelm Tell gab ihr Debüt und setzte sich im allgemeinen Bewußtsein fest. (Ohne die Vorarbeit Müllers wäre das Schillersche Drama undenkbar gewesen.[14]) Hier vollzog sich die Verwandlung der Waffengänge von Morgarten und Sempach in politische Symbole für ein gespaltenes Volk, das wenig von seiner Vergangenheit wußte und voller Angst in seine Zukunft blickte. Das war eine Geschichtsschreibung neuer Art, beseelt von einem Temperament, das seine Wirkung auf kaum einen Leser verfehlte und das sehr wohl Goethe zu seinem berühmten Ausspruch angeregt haben könnte: «Das beste, was wir von der Geschichte haben, ist der Enthusiasmus, den sie erregt.»[15] Der beispiellose Erfolg, den Müller mit dem ersten Band seines Werkes erntete, beschränkte sich nicht auf sein eigenes Land, sondern erstreckte sich auch auf Frankreich und die deutschen Länder, in denen der Autor als «Klopstock der deutschen Geschichte» gefeiert wurde.[17] Über Nacht rückte Müller ins erste Glied der europäischen Historiker auf, mit besten Aussichten auf eine gesicherte und ehrenvolle Zukunft auf einem Universitätslehrstuhl.

Allein, das war nicht die Art von Karriere, wie Müller sie für sich anstrebte. Die Lehrtätigkeit interessierte ihn nicht; schon die Privatstunden, die er in der Schweiz gegeben hatte, hatten ihn gelangweilt. «Mich bringen meine Collegien um!» schrieb er 1779 an seinen Freund Bonstetten. «Es ist eine unerträgliche Pein, wöchentlich viermal vom Urtheil eines Dutzends junger Leute abhängen.»[18] Einen viel größeren Reiz als die Aussicht auf eine Hochschulkarriere übte auf ihn die Welt der Politik aus. Schon 1772 hatte er ein Exemplar seines gerade erschienenen Buchs über die Cimbern an Kaiser Joseph II. geschickt, dazu einen – nie beantworteten – Begleitbrief, in dem er sich um eine Stellung bei Hofe bewarb. «Große Taten lesen, sehen, bewundern und selbst keine tun», schrieb er, «im Jahrhundert großer Männer leben und mittelmäßig und eine Null sein – Annalen der Menschheit schreiben und selbst keinen Platz in denselben verdienen – Sire! das ist mir unmöglich.»[19] Der Erfolg seiner Schweizer Geschichte änderte nichts an dieser Einstellung. Er hoffte vielmehr, mit diesem Erfolg im Rücken sein Ziel nunmehr erreichen zu können, und zwar diesmal nicht in Wien, sondern in Potsdam.

II

Im Februar 1781 erhielt Müller dank eines Empfehlungsschreibens des französischen Philosophen D'Alembert eine Audienz bei König Friedrich II. von Preußen. Es war ein äußerst erregendes Erlebnis für den jungen Gelehrten, eines, von dem er lange zehrte und das sein Denken für die nächsten 25 Jahre maßgeblich beeinflussen sollte – bis fast (aber, wie wir sehen werden, nicht ganz) an sein Lebensende. Er taumelte aus der Begegnung mit dem König in einem Zustand schierer Ekstase: «O Friedrich! Friedrich!» schrieb er in einem Brief an seinen engsten Freund. «Ich werde dich niemals vergessen, so wie ich dich in jenem göttlichen Augenblick sah; müßte ich hundert Jahre alt werden, ohne dich je wiederzusehen, würde ich mich doch immer daran erinnern, daß ich Cäsar und Alexander gesehen habe.

Je suis amoureux du roi.»[20] Er wußte nun ganz genau, wie sein weiteres Leben aussehen sollte: Er wollte dem König dienen, als Hofhistoriker und vielleicht auch als Mitglied im Kreis der königlichen Berater.

Zwischen denen, die die Macht bewundern, und denen, die sie ausüben, klappt die Verständigung nur in Glücksfällen. Friedrich hatte keinen Bedarf an einem Ratgeber in Geschichte, außerdem hatte der streitbare junge Mann mit seinem gebrochenen Schweizer Französisch wenig Eindruck auf den König gemacht. «Dieser Herr Mayer ist hier gewesen», schrieb er an D'Alembert, «Ich gestehe, daß ich ihn pedantisch fand. Er hat Forschungen über die Cimbern und Teutonen getrieben, was ich ihm nicht als Verdienst anrechne, und hat auch eine Analyse der Universalgeschichte geschrieben, in der er gewissenhaft wiederholt, was andere besser als er geschrieben oder gesagt haben. Wenn er nur kopieren will, wird das zu einer Vermehrung der Bücher *ad infinitum* führen, ohne daß das Publikum etwas dabei gewinnt. ... Doch unsere Deutschen leiden an einer Krankheit namens *logon diarrhoea* ...»[21]

Obwohl die erhoffte Berufung nach Berlin ausblieb, kehrte Müller nicht in die Schweiz zurück. Er akzeptierte einen Ruf an das Collegium Carolinum in der Hauptstadt des mit Preußen verbündeten Reichsfürstentums Hessen-Kassel, wo er für die Jungoffiziere, die dort studierten, Vorlesungen über Diplomatiegeschichte hielt und gelegentlich auch als Berater des Fürsten in außenpolitischen Fragen fungierte; hier wähnte er sich in einer strategisch günstigen Position für den Fall, daß der preußische König es sich anders überlegen sollte.[22] Müllers Anstellung in Kassel war das erste in einer Reihe von Ämtern dieser Art, die er von jetzt an bis zu seinem Lebensende bekleiden würde, Ämter von nachrangiger politischer Bedeutung, die jedoch immer mit so zeitraubenden Verpflichtungen verbunden waren, daß seine historische Forschungsarbeit darunter erheblich litt, mit der Folge, daß er am Ende mit keiner seiner größeren Arbeiten fertig wurde. Müller erkannte dies und klagte selbst nicht selten darüber; er nahm sich sogar vor, der Welt der Politik den Rükken zu kehren, brachte es aber nie über sich.[23]

Man täte Müller unrecht, wenn man die Ursache hierfür einzig in seinem persönlichen Ehrgeiz und seiner Überzeugung suchen würde, daß er eines Tages ein ihm angemessenes politisches Amt übertragen bekäme. Kein Zweifel, er war ein eitler Mensch, aber es spielten noch andere Dinge mit. Was seine Haltung ganz wesentlich beeinflußte, war seine durch und durch pessimistische Einschätzung der Zeit, in der er lebte, eine Einschätzung, die sich mit einer bestimmten Auffassung von den Aufgaben des Historikers in solchen Zeiten verband. Schon lange hatte er das Gefühl – und sich seinem alten Lehrer Schlözer bereits 1774 in diesem Sinne offenbart – «Europa ... sinkt zurück in die Nacht der Tyrannei. ... Ich sehe unsere Zeit schwanger an großen Veränderungen, und unser Jahrhundert das Glück oder Verderben vieler folgenden bereiten.»[24] 1782 vertiefte er diesen Gedanken in zwei bemerkenswerten Briefen an seinen Freund Bonstetten und an den Kritiker Jacobi. In offensichtlicher Anknüpfung an Montesquieu und Machiavelli, die er ebenfalls zu seinen Lehrmeistern zählte,[25] erklärte er, die Vielfalt der Kulturen und Staatssysteme, auf der die europäische Zivilisation beruhe, lasse sich nur bewahren, wenn die Regierungen sich in ihren Machtansprüchen zügelten und die Völker weiterhin mutig ihre Freiheiten verteidigten. Der Augenschein zeige jedoch, daß die Tugenden des Volkes von einer zunehmenden Genußsucht und die politische Tatkraft von innerer Zerstrittenheit aufgezehrt würden – er verwies auf die wachsende Zwietracht in der Schweiz –, während auf der anderen Seite militärischer Despotismus und hegemoniale Ambitionen überall auf dem Vormarsch seien. Die Teilung Polens 1772 sei ein warnendes Zeichen für die Bedrohtheit der Freiheit in Europa gewesen;[26] der Tod Friedrichs von Preußen, mit dem über kurz oder lang zu rechnen sei, werde zweifellos unheilvolle Veränderungen nach sich ziehen. Der einzige Lichtschimmer am weltpolitischen Horizont sei die Revolution in Amerika,[27] doch dieser neue Hort der Freiheit könne Europa nicht vor dem drohenden Untergang bewahren, wenn es seine Rettung nicht selbst in die Hand nehme. Es sei also eine düstere Zeit, in der man lebe, doch «was für eine Zeit für einen Historiker: alle Leidenschaften in Bewegung, ... und die Auflösung von allem, was sich seit 500 Jahren vorbereitet hat! ... Was für eine Zeit, mein bester Freund, und welche Pflichten sie uns auferlegt.»[28] Denn wer könnte die Gefahren klarer erkennen als der Historiker, könnte überzeugender darlegen, daß Europa, wenn es davor bewahrt bleiben sollte, unter die Vorherrschaft einer einzelnen Macht zu fallen, eine neue geistige Orientierung und Führung finden müsse – einen zweiten Gustav vielleicht oder einen neuen Wilhelm III.? Wenn aber der Untergang Europas unabwendbar sein sollte, dann war es gewiß die Pflicht des Historikers, «den Ursprung und Fortgang, die Verkettung und Wirkung der großen Torheiten, durch die wir wurden, was wir sind, mit Wahrheit und Freiheit, Würde und Leben, mit Aufopferung toter Gelehrsamkeit, zur Warnung der kommenden Geschlechter in der neuen Welt auszuzeichnen».[29]

Hieraus folgte, daß, welcher Fall auch eintreten mochte, der Historiker möglichst nahe an den Ereignissen bleiben mußte, und daran hielt sich Müller. In einem Brief an seinen Bruder stellte er die rhetorische Frage, ob er in einem Augenblick, da die Welt in Bewegung geraten sei, «ruhig zu Geneva Collegien halten könnte».[30] So übersiedelte er nach vier Jahren in Kassel 1786 nach Mainz, wo er in die Dienste des Fürstbischofs trat, zunächst als Hofrat und Bibliothekar,[31] später als einer der einflußreichsten außenpolitischen Ratgeber des Fürsten.[32] Als während der expansionistischen Phase der Französischen Revolution Mainz 1792 von einer französischen Armee besetzt wurde,[33] floh er mit dem Kurfürsten nach Wien und stand bald danach in österreichischen Diensten, wo er zehn Jahre lang blieb, als Kurator der kaiserlichen Archive, als Verfasser politischer Pamphlete und hin und wieder auch als vertraulicher diplomatischer Agent der Regierung.[34] Soweit er dazu kam, arbeitete er weiter an seiner *Schweizer Geschichte*, von der 1786 der erste Band in überarbeiteter Fassung, 1786 ein zweiter und 1796 ein dritter Band erschien; doch vorrangig war für ihn im allgemeinen seine politische Betätigung.

Sein Pessimismus im Hinblick auf die Zukunft Europas verstärkte sich im Verlauf der Jahre. In Mainz verfaßte er, angeregt von dem Fürstenbund, den Friedrich II. als Abwehrriegel gegen die bayerischen Pläne Josephs II. gebildet hatte, seine längste politische Abhandlung – ein beredtes Plädoyer für einen weiteren Ausbau dieses Bundes und für ein auf der Zusammenarbeit zwischen Österreich und Preußen beruhendes politisches Machtgleichgewicht, das Europa den Frieden sichern und die für seine moralische Wiedergeburt erforderlichen Voraussetzungen schaffen würde[35] –, aber weniger als ein Jahr nach der Veröffentlichung dieser Schrift mußte er sich eingestehen, daß der Geist des Fürstenbunds mit dem Tod seines Urhebers erloschen und daß damit alle seine Hoffnungen zunichte waren.[36] Unter dem Eindruck der Erstürmung der Bastille in Paris im Juli 1789 sprach er vom «schönste[n] Tag seit dem Untergang der römischen Weltherrschaft»[37] und äußerte die Hoffnung, die Ereignisse in Frankreich würden eine elektrisierende Ausstrahlung auf die deutschen Länder entfalten und dort neue Lebenskräfte wecken; doch bald schon machte er seinem Verdruß über den «Freiheitsschwindel und [die] sophistische Gottlosigkeit» in Paris Luft,[38] spuckte Gift und Galle über die «Narren und Ungeheuer»,[39] die dort am Werk seien und für die das Schauspiel der Guillotine zum Bedürfnis geworden sei,[40] und zeigte sich bitter enttäuscht über das Ausbleiben einer wirksamen politischen oder militärischen Reaktion der mitteleuropäischen Mächte auf den französischen Expansionismus.[41] Das Erlebnis dieser ungenügenden Wehrhaftigkeit gegenüber der Gefahr von außen festigte in ihm zusehends die Überzeugung, daß Europa führungslos umhertrieb. «Die Welt geht mehr und mehr durch einander», schrieb er seinem Bruder. «Wohl sagt der 146ste Psalm: ‹Verlasset euch nicht auf Fürsten!›»[42] Er war sich sicher, daß es zu diesem Abgleiten in die Barbarei und in den Verfall nicht gekommen wäre, wenn Friedrich von Preußen noch lebte. «Durch die Kraft seines Spottes, durch den Flammenblick seiner großen Augen, durch das Wort seines Gebotes, wären sie zerstreut worden, die Urheber, und mutterseelnackt in all ihrer Mittelmäßigkeit und Büberei da gestanden, wie die ersten Eltern nach dem Apfelbiß. Gott sey Dank für den 12. Februar 1781! Da sah ich einen König.»[43]

Wo aber würde sich ein neuer Friedrich finden? Nicht in Wien, wo seit dem Tod von Müllers erstem Förderer, Kaunitz, Führungsqualitäten bei Hofe offenbar nicht gern gesehen waren. Mußte man geduldig abwarten, bis der richtige Herrscher kam, klarsichtig genug, um den traurigen Zustand Europas zu erkennen, und temperamentvoll genug, um die Massen zu seiner Rettung mobilisieren zu können?[44] Oder sollte man sich damit abfinden, daß Europa seine Rolle ausgespielt hatte, daß «das Edelste ... über den Ocean oder nach Asien gerettet»[45] werden mußte? In dieser Situation wurde dem von Resignation und Zweifeln geplagten Müller ein neues Amt angeboten, das ihn zurück in die Hauptstadt seines Idols Friedrich führte.

III

Ende 1803 kam der österreichische Minister Cobenzl auf die Idee, einen direkten diplomatischen Draht zum russischen Außenministerium einzurichten, unter Umgehung des russischen Botschafters in Wien, dem er politisch mißtraute. Cobenzl bat Müller, sich nach Dresden zu begeben und mit einem Russen, der dort als Legationsrat amtierte und mit dem er korrespondierte, dahingehende Gespräche zu führen. Müller freute sich über die Gelegenheit, eine Zeitlang von Wien wegzukommen; er war der politischen Intrigen am dortigen Hof müde, hatte Probleme mit der Zensur[46] und war jüngst auch noch in ein ziemlich undurchsichtiges Gerichtsverfahren verwickelt worden, das einige peinliche Schlaglichter auf sein Privatleben geworfen hatte. So akzeptierte er den Auftrag und brachte ihn erfolgreich zu Ende. Von Dresden aus reiste er nach Weimar weiter, wo er bei Goethe einkehrte und mit dem Großherzog persönliche Unterredungen führte; dann ging es weiter nach Berlin. Der König bereitete ihm einen großzügigen Empfang und bot ihm wenige Tage später an, als Geheimer Kriegsrat in den preußischen Staatsdienst einzutreten, Mitglied der Berliner Akademie zu werden und die Geschichte des Hauses Brandenburg zu schreiben.[47] Müller griff ohne Zögern zu.

Nach der abgestandenen und beengenden Wiener Luft empfand er den «freien Geist» Berlins als beglückend, wie er an Friedrich von Gentz schrieb;[48] und in der Tat, kaum hatte er sich eingerichtet, da verfiel er in eine Phase lebhafter literarischer Aktivität, in deren Verlauf er den vierten Band seiner *Schweizer Geschichte* vollendete und eine Reihe historischer Aufsätze zu Papier brachte, die vor der Akademie verlesen wurden.[49] Doch das wirklich Aufregende in Berlin war die Politik, und ihr verschrieb sich Müller bald mit Haut und Haaren. Er wohnte in einem Gartenhaus am Schiffbauerdamm, schrieb tagsüber und dinierte abends mit Hardenberg und Struensee, mit den Brüdern

Alexander und Wilhelm von Humboldt und hin und wieder auch mit seinem jungen Bewunderer Alexander von der Marwitz.[50] In den letzten Monaten des Jahres 1804 wurde er als reguläres Mitglied in den Kreis um Prinz Louis Ferdinand aufgenommen, dem seine höchste Bewunderung galt und in dem er die Verkörperung des friderizianischen Geistes sah – bei seiner Schwäche für Heroen mochte er in ihm vielleicht gar einen *Fridericus Redivivus*[51] sehen. Im Berlin des Jahres 1804 war der Prinz eine politische Größe. Früher als andere hatte er die Bedrohung erkannt, die die Machtübernahme Napoleons in Frankreich in sich barg. Er hielt die Schaukelpolitik von König Friedrich Wilhelm III. für selbstmörderisch und scharte all jene um sich, die derselben Ansicht waren. Stein war ein häufiger Gast in seinem Salon, und auch der neu ernannte österreichische Botschafter Metternich gehörte zu seiner Clique, die sich zu einer Lobbygruppe für eine österreichisch-preußische Allianz entwickelte, die vielleicht in der Lage sein würde, Napoleon von weiteren Eroberungsabenteuern in Mitteleuropa abzuschrekken. Müller fand herzliche Aufnahme im Kreis dieser Aktivisten, die sich an seine Fürstenbund-Abhandlung von 1787 erinnerten oder davon gehört hatten; er wiederum stellte ihrer Sache seine Feder zur Verfügung: In einer Artikelserie verurteilte er das «beständige Gegeneinander der beiden großen deutschen Staaten» mit einer Vehemenz, über die Gentz in Wien entzückt war,[52] und von Müller stammte wahrscheinlich auch der Entwurf für eine Denkschrift, die Louis Ferdinand gegen Ende des Jahres an den König schickte und in der er auf eine rasche Verständigung mit Österreich drängte.[53]

Nichts davon beeindruckte den König, der entschlossen war, alles zu unterlassen, was sein Land in einen Krieg verwickeln konnte. Preußen hielt sich aus den diplomatischen Plänkeleien des Frühjahrs und Sommers 1805 ebenso heraus wie aus dem darauffolgenden kurzen und dröhnenden Krieg, der Napoleon zum faktischen Beherrscher des Erdteils machte. Austerlitz stürzte Müller für einen Augenblick in tiefe Niedergeschlagenheit – «Nun ... nun ist Europa hin; die schönsten Länder der gesitteten Welt, alle Würde der Völker, alle Mittelpunkte wissenschaftlicher Bildung, alle Hoffnungen der Humanität sind hin»[54] –, aber er erholte sich schnell wieder. In welch euphorische Stimmungen er sich in jenen Tagen in Berlin zu versetzen vermochte, ersieht man daraus, daß er, der früher der Überzeugung gewesen war, Napoleon könne nur von den verbündeten Kräften Österreichs und Preußens gestoppt werden, jetzt meinte, Preußen könne dies alleine schaffen, und wenn die preußische Armee erst einmal ins Feld ziehe, werde der Geist Friedrichs II. triumphieren.[55] 1806 war er ein Herz und eine Seele mit der patriotischen Partei, nicht weniger kriegerisch gestimmt als Stein und Prinz Louis Ferdinand und emsig beschäftigt, immer neue für den König bestimmte Denkschriften zu erstellen, in denen er auf Mobilmachungsschritte drängte und sich dafür aussprach, Kabinettsräte, die bekanntermaßen versucht hatten, Napoleon gefällig zu sein, aus dem königlichen Dienst zu entlassen.[56] Zum ersten Mal seit seiner diplomatischen Tätigkeit in Mainz hatte er das Gefühl, auf sinnvolle Weise am geschichtlichen Prozeß mitzuwirken. Es war sehr aufregend und manchmal sogar spaßig; aber es endete an einigen düsteren Oktobertagen, als er erfuhr, daß sein Held Louis Ferdinand bei Saalfeld gefallen und die Armee Friedrichs bei Jena und Auerstedt untergegangen war.

Man hätte den Eindruck haben können, niemand habe die Brücken gründlicher hinter sich abgebrochen als Johannes von Müller. Es war bekannt, daß er zu den engsten Beratern des unversöhnlichsten Napoleon-Gegners gehört hatte, und in Dutzenden von Briefen an seine Freunde hatte er keinen Zweifel daran gelassen, daß er den Korsen verabscheute, daß ein Siegeszug Napoleons seiner Überzeugung nach das Ende der europäischen Kultur bedeuten würde und daß er persönlich entschlossen war, sich eher nach Kasan oder Irkutsk ins Exil abzusetzen, als «vor Attila Bonaparte, der gierigen, höhnenden Familie und Umgebung mich beugen».[57] Aber andererseits war Müller natürlich Historiker und mußte als solcher die Dinge langfristig sehen. Keine Woche nach Jena schrieb er einem Freund im Tone fröhlicher Resignation: «Ich finde in der Geschichte, daß, wenn zu einer großen Veränderung die Zeit da war, alles dawider nichts half; die wahre Klugheit ist Erkenntnis der Zeichen der Zeit.»[58] Und vierzehn Tage später eröffnete er seinem Bruder:

Gott, ich sehe es, hat ihm das Reich, die Welt, gegeben. Nie wurde dies offenbarer als durch diesen Krieg, der, mit unbegreiflicher Unvorsichtigkeit geführt, ihm einen Sieg aufgedrungen hat, welcher nur jenen alten bei Arbela oder Zama verglichen werden kann. Da das Alte, Unhaltbare, Verrostete, einmal untergehen sollte, so ist das größte Glück, daß der Sieg ihm und einer Nation gegeben ward, welche doch milde Sitten und für Wissenschaften, mehr als andere, Empfänglichkeit und Schätzung hat. So wenig Cicero, Livius, Horaz dem großen Cäsar oder dem glücklichen August verborgen haben, daß sie vormals wider ihn gewesen, so wenig habe ich verhehlt, bisher von einer anderen Partei, oder vielmehr in einer andern Ansicht gewesen zu seyn, die ich, da nun Gott entschieden, willig aufgebe, bereit, bei der großen Weltumschaffung wo nicht mitzuwirken, doch sie wenigstens ganz unparteiisch zu beschreiben. Es ist eine unaussprechlich erhebende Beschäftigung des Geistes, von den Trümmern des gefallenen Europa den Blick auf den ganzen Zusammenhang der Universalgeschichte zu werfen, die Ursachen der Dinge aufzusuchen, und kühn den Schleier ein wenig zu lüpfen, der die wahrscheinliche Zukunft deckt.[59]

Das war eine Kehrtwende, wenn es denn je eine gab; aber damit nicht genug. Am 15. November 1806 schrieb Müller an seinen Freund Karl Theodor von Dalberg, den ehemaligen Koadjutor von Mainz. Er wiederholte im Tenor und weitgehend auch im Wortlaut, was er im Brief an seinen Bruder ausgeführt hatte, nannte Napoleon einen Helden, wie es seit Jahrhunderten keinen gegeben habe, und fügte – wohl um Dalbergs Einfluß auf Bonaparte wissend – die suggestive Bemerkung hinzu, der französische Kaiser verdiene einen «historien du genre antique; vous savez que j'appartiens à ces anciens siècles».[60] Dalberg hatte die Dienste nicht vergessen, die der Historiker seinerzeit in Mainz geleistet hatte. Nur fünf Tage später, nachdem Napoleon in Berlin Einzug gehalten hatte, wurde Müller zur Audienz beim Eroberer geladen.

Wir haben nur Müllers eigenen Bericht über diese Begegnung[61] und keinen Grund, ihn für glaubwürdiger zu halten als seine Darstellung der Audienz bei Friedrich II. Dennoch wird aus der Schilderung deutlich, daß Napoleon, der, wie andere Machtpolitiker, durchaus um die Nützlichkeit der Intellektuellen wußte (denn sie sind es, die die Camelots dieser Welt kreieren), den größten Historiker Deutschlands auf wohlberechnete Weise becircte. Er rühmte seine Werke, demonstrierte sein eigenes Interesse an der Geschichte, indem er mit großer Geste in den Schubladen der Jahrhunderte kramte, und vergaß nicht, sein Interesse an der Freiheit Europas zu unterstreichen und zu beteuern, er wolle eben diese Freiheit schützen, indem er dem schwergeprüften Kontinent eine umfassende föderale Struktur überstülpte. Napoleon erreichte sein Ziel: Wie schon einmal, taumelte Müller in einem Stadium der Verzückung aus der Begegnung mit einem Mächtigen heraus.

Seit der Audienz bei Friedrich 1781 hatte ich nie eine mannichfaltigere Unterredung, wenigstens mit keinem Fürsten; wenn ich nach der Erinnerung richtig urtheile, so muß ich dem Kaiser in Ansehung der Gründlichkeit und Umfassung den Vorzug geben; Friedrich war etwas voltairisch. ... Es war einer der merkwürdigsten Tage meines Lebens. Durch sein Genie und seine unbefangene Güte hat er auch mich erobert.[62]

Müller war sogar bereit, öffentlich Zeugnis von dieser Eroberung abzulegen; er tat dies am 29. Januar 1807 in der Berliner Akademie, in dem er, auf französisch, einen Vortrag mit dem Titel «De la gloire de Frédéric» hielt, worin er dem ruhmreichen Andenken des Königs das erbärmliche Niveau seiner Nachfolger gegenüberstellte und dann, den Blick auf die in den ersten Reihen sitzenden französischen Offiziere richtend, ausrief: «Frédéric, ... tu verras la victoire et la grandeur et la puissance suivre toujours celui qui te ressemble le plus.»[63]

IV

In den Augen der meisten von Müllers bisherigen Freunden war das der Gipfel an Verrat. Nur die wenigsten dachten wie Goethe, dessen politisches Temperament allerdings nicht sehr ausgeprägt war; er bewunderte Müllers Akademie-Vortrag als eine rhetorische Glanzleistung und machte sich stillschweigend daran, ihn ins Deutsche zu übersetzen.[64] So wie Gentz, der sich von Müller in einem Brief lossagte und ihm vorhielt, sein Leben sei «eine fortgesetzte Kapitulation»[65], reagierten jedoch fast alle anderen. Es war klar, daß Müller sich in Berlin unmöglich gemacht hatte, und so hielt er nach einer neuen Beschäftigung Ausschau; widerstrebend, und nur weil er das Geld brauchte, akzeptierte er die Berufung auf einen Lehrstuhl an der Universität Tübingen. «Le monde entière change», schrieb er verzagt an seinen Freund Dalberg, «*magnus ab integro saecolorum nascitur ordo*

– il est un peu triste de ne le voir que du coin d'un collège.»[66] Der Kelch ging jedoch an ihm vorüber: Auf halbem Weg nach Tübingen erreichte ihn ein Kurier Napoleons mit dem Angebot, als Minister und Erster Staatssekretär in die Dienste Jerômes, des Königs von Westfalen, einzutreten.

So hatte er also endlich ein seinen Begabungen entsprechendes Amt gefunden, in das er seine historische Weisheit einbringen konnte. Wirklich? Nun, sehr schnell stellte sich heraus, daß er keinen wirklichen Einfluß auf die Politik nehmen konnte, die in Paris festgelegt und vor Ort von kaiserlichen Präfekten umgesetzt wurde. Seine Amtspflichten waren zwar zeitraubend, aber größtenteils nur zeremonieller Art.[67] In seiner Enttäuschung ersuchte er um eine Neuverteilung der Aufgaben und wurde auf den Posten des Unterrichtsministers versetzt. Das war noch schlimmer; ja, es war eigentlich der Gipfel des Hohns für einen Mann, der sein Leben lang vor dem Eingebundensein in den grauen Alltag des Universitätslebens geflohen war. Als Wilhelm von Humboldt einige Jahre später in eine ähnliche Situation geriet, erklärte er, als Dienstherr von Professoren fühle man sich wie der Direktor einer Truppe von Wanderschauspielern.[68] Müller waren nicht nur fünf Universitäten und fünfzig Gymnasien und 3000 Volksschulen mit ebenso vielen Lehrkörpern unterstellt, sondern auch noch die Körperschaften der Schüler und Studenten. Die Professoren, die normalerweise nur ungemütlich wurden, wenn es um Beförderungen und Gehälter ging,[69] entwickelten unter französischer Oberherrschaft kompliziertere Beschwerdeverfahren, die Studenten eine gefährliche Unberechenbarkeit. Müller hatte sich mit jungen Leuten immer schwergetan und hatte 1795 festgestellt: «Es ist einmal in den Gemüthern der Studenten, daß sie sich alles erlauben zu dürfen glauben, und ich gestehe, daß mir diese ihre Stimmung für die Zukunft mehr Sorge macht, als die Waffen der Franzosen».[70] Jetzt beschworen sie mit ihrer vaterländischen Agitation die Gefahr herauf, daß eben diese Waffen gegen die Freiheit der Universitäten aufgeboten würden. Müller fand sich so unversehens in einer peinlichen Lage. Indem er jede Art von politischer Organisation und Aktivität an den Universitäten erschwerte, versuchte er die Franzosen von ihrer offenkundigen Absicht abzubringen, einige Universitäten ganz zu schließen und das gesamte höhere Bildungswesen Westfalens zu zentralisieren. Doch vermochte er weder die Unterstützung der universitären Kräfte zu gewinnen noch sich die der Franzosen zu bewahren; im Mai 1809 ließ König Jerôme, der von den Klagen seines Unterrichtsministers über politische Einmischung genug hatte, diesen wissen, er wolle «keine Gelehrten mehr; [die Universität] Halle solle verbrannt, die Universitätsstädte ... zerstört werden, er wolle nur Soldaten und Dummköpfe».[71] Müller zeigte Format. «Aujourd'hui», schrieb er dem König, «en annoncant que [Votre Majesté] 'ne veut que des ignorants et qu'elle réserve un sort funeste aux villes à universités, elle m'a donné ma démission. Sa volonté est ma loi; j'accepte.»[72]

Der Rücktritt blieb eine Symbolhandlung ohne weiterreichende Folgen. Zwar erinnerte Napoleon sich an den Historiker, mit dem er in Berlin gesprochen hatte, und schrieb an Jerôme: «Es macht mich zornig, daß Monsieur Müller dich verläßt. Er fühlte sich zweifellos sehr geschmeichelt mit seinem Amt, aber vermutlich gab man ihm nicht genug Spielraum, als daß er darin sein Glück hätte finden können.»[73] Sehr verstimmt war der Kaiser allerdings nicht. Der Mohr Müller hatte seine Schuldigkeit getan, dem neuen Regime in Westfalen eine Zeitlang einen Hauch von Achtbarkeit zu verleihen, und konnte jetzt gehen. Auch sonst hielt sich das Mitleid mit dem Historiker in Grenzen; kaum jemand nahm Notiz, als er, von seinen Enttäuschungen gebeutelt, an Wundrose erkrankte und Ende Mai 1809 starb.

V

Zwei Jahre zuvor hatte Müller, unterwegs nach Westfalen, seinem Freund Dalberg geschrieben: «je vais descendre de la réputation d'un homme qui a bien fait son métier à celle d'un sécretaire d'Etat qui fera bien des fautes et qui finira par être disgracié. Que ne puis-je rester historien! des sécretaires d'Etat il y en a toujours eu, et il y a des siècles qui n'eurent pas d'historien.»[74]

Gleichwohl ging er seinen Weg weiter; und wenn wir einmal das Moment persönlicher Eitelkeit beiseite lassen, das bei allen seinen Entscheidungen eine wichtige Rolle spielte, erkennen wir, daß es letzten Endes seine Berufsauffassung als Historiker war, die ihn dazu nötigte. Er, der erste Historiker der Neuzeit, der Geschichtsbücher nicht für die gelehrten Kollegen schrieb, sondern, wie die klassischen Historiker, an denen er sich orientierte, für das Volk, wollte immer inspirieren und instruieren, wollte Beispiele aufzeigen, an denen die Menschen lernen konnten, es besser zu machen, wollte in verwirrenden Zeiten Handlungsanleitungen geben;[75] gerade aber seine Überzeugung von der pädagogischen Aufgabe des Historikers machte es ihm unmöglich, sich aus den großen politischen Bewegungen seiner Zeit herauszuhalten.

Daß Müller nicht die Voraussetzungen für eine sinnvolle und wirksame politische Betätigung mitbrachte, wird nur allzu deutlich, wenn man nachverfolgt, wie er sich von Hof zu Hof hangelte; der tiefste Grund lag, so vermute ich, darin, daß er ein leichtgläubiger Mensch war. Wenn er bei seinen archivalischen Grabungen, die er so leidenschaftlich liebte, daß er einmal sagte, er freue sich auf den Tod, weil sich dann die Archive Gottes für ihn öffnen würden, eine Entdeckung machte, war er davon oft so überwältigt, daß seine Kritikfähigkeit auf der Strecke blieb. Diese einfache Begeisterungsfähigkeit gehört in der Tat zu den sympathischsten Eigenschaften des Historikers Müller, doch für den Politiker Müller war sie eindeutig ein schweres Handicap. Doch auch hier müssen wir unser Urteil mit Bedacht fällen. Wilhelm Dilthey schrieb in einem seiner frühen Aufsätze: «Die Geschichtsschreiber einer Nation stehen in unmittelbarer Wechselbeziehung zu dem politischen Leben derselben als irgend ein anderer Kreis rein intellektueller Thätigkeit.»[76] In einem Zeitalter, in dem alle bisherigen Gewißheiten in Frage gestellt wurden, in dem praktisch jegliche politische Legitimität abhanden gekommen war, in dem alles ebensogut in die allgemeine Monarchie wie in die allgemeine Katastrophe münden zu können schien, hatte Johannes von Müller das Pech, in einem Land zu leben, dem es sowohl an einer festverwurzelten historischen Tradition fehlte als auch an einem gemeinsamen politischen Erfahrungsschatz, aus dem es Leitlinien für das politische Handeln hätte beziehen können. Wir sollten es nicht verwunderlich finden, daß ein Mann wie Müller bei seinem Bemühen, sich zum Präzeptor des deutschen Volkes aufzuschwingen, all jene Unzulänglichkeiten und Ambivalenzen vorexerzierte, die dieses Volk als ganzes im Angesicht kritischer Bedrohungen offenbarte; nicht unbeachtet bleiben sollte auch die Tatsache, daß er mit seiner pathetischen Suche nach einem Idol etwas vorwegnahm, das sich im 19. und 20. Jahrhundert als das hervorstechende Symptom der politischen Unmündigkeit der Deutschen erweisen sollte.

Fünftes Kapitel

Heinrich von Kleist
Der Kampf gegen Napoleon

Im Januar 1949 schrieb Thomas Mann an einen Korrespondenzpartner:

> Das Eintreffen des Kleist-Buches muß ich Ihnen doch noch bestätigen und Sie meiner sehr ernsten Beschäftigung damit versichern. Von «liebevoller» Beschäftigung kann ich nicht sprechen, da mir vieles an diesem Dichter, gerade in Ihrer eindringlichen Darstellung, doch recht entsetzlich ist und ich mir zu seinem Genius unter dem Eindruck dieser Lektüre weniger als je ein Herz fassen kann ... In der «Hermannsschlacht», wo der furor nationalistisch wird, merkt man ..., welches hysterischen (Goethe sagte: hypochondrischen) Geistes er im ganzen ist, und zieht erschrocken die Fühler ein.[1]

Eine Meinungsäußerung, für die man Verständnis haben kann. Zwar gilt Heinrich von Kleist im allgemeinen als größter deutscher Dramatiker, und seine Erzählungen sind sprachliche Meisterwerke, auf Mann aber, den Verehrer von Ordnung und Rationalität, konnten Kleists gewundener Lebensweg und der düstere Fatalismus seiner Werke nur anarchisch und krankhaft wirken, und die neurotische Heftigkeit von Kleists politischen Schriften muß ihn 1949 besonders schmerzlich berührt haben, so kurz nach der Vollendung seines *Dr. Faustus*, in dem er sich mit den dunklen Kräften der Irrationalität auseinandersetzte, die seinem Land zum Verhängnis geworden waren.

Dennoch ist sein Urteil ganz und gar nicht fair. Kleist war trotz allem, was man gegen ihn ins Feld führen kann, eine interessantere Figur als viele seiner Zeitgenossen, die in puncto Rationalität einen untadeligen Ruf genießen. Auch unter denjenigen deutschen Literaten, die in der Napoleonischen Epoche den Weg in die Politik fanden, gehört Kleist zu den interessantesten, nicht zuletzt weil sich an seinem Lebensweg anschaulich jene seltsame Pendelbewegung von der Neutralität zum Engagement demonstrieren läßt, die eine so auffällige Eigenart der neueren deutschen Geistesgeschichte gewesen ist und die so wechselhafte Folgen gezeitigt hat.

I

Wäre Kleist seinen frühesten Neigungen treu geblieben, er hätte eher Anspruch auf die Sympathien Thomas Manns erheben können. Allein, er hatte, obwohl er der Sproß einer sehr namhaften Familie war, der die preußische Krone seit dem 30jährigen Krieg 18 Generäle und 2 Feldmarschälle verdankte, Familientradition, Offizierskarriere und preußische Loyalität in den Wind geschlagen und sich durch nichts von der Überzeugung abbringen lassen, daß seine eigene geistige und ästhetische Entwicklung wichtiger sei als alles andere auf der Welt und daß es außerhalb der Sphäre seines eigenen Ichs nichts gebe, für das es sich einzusetzen lohne.[2] Unter Schmerzen und Opfern hatte er sich jene Form von Freiheit verschafft, die ihn in die Lage versetzen würde, sich voll und ganz der Literatur zu verschreiben, und war in diesem Prozeß genau jener vollkommen unpolitische Mensch geworden, zu dem Thomas Mann sich später stolz stilisierte. Allein, nachdem er dies alles geschafft hatte, kehrte er auf das zuvor verlassene Terrain zurück und stürzte sich in politischen Aktivismus, mit einer Leidenschaft, die ihn am Ende verzehrte.

Wie können wir diese Kehrtwende erklären? Michael Hamburger hat vermutet, die Ursache liege in der eigentümlichen Stellung des Schriftstellers in der deutschen Gesellschaft: der Tatsache, daß er als solcher, anders als sein Pendant in England oder Frankreich, keinen Status in der Gesellschaft gehabt habe und zu einem Leben in Isolation und Unsicherheit verurteilt gewesen sei; Kleist habe sich zwar aus freien Stücken für eine solche Existenz entschieden, sei aber psychisch nicht in der Lage gewesen, sie lange durchzuhalten; und am Ende habe er seine Einsamkeit durch extremen Nationalismus und patriotischen Aktivismus zu kompensieren versucht.[3] Diese Diagnose trifft auf die Rolle der Künste in Deutschland ganz allgemein genauer zu als auf Kleists eigene Motivlage. Es wäre treffender, zu sagen – wie Eugene Anderson es schon vor dem Zweiten Weltkrieg in

Heinrich von Kleist

der vielleicht besten Einführung in das politische Denken Kleists getan hat[4] –, daß es in erster Linie Napoleon war, der Kleist zum politischen Aktivisten werden ließ, und in zweiter Linie sein Verantwortungsgefühl für die Bewahrung der kulturellen Tradition des deutschen Volkes.

Aber selbst Anderson unterschätzt den zwanghaften Charakter des Kleistschen Hasses auf Napoleon, ebenso wie er die grundlegende Irrationalität seines gesamten politischen Denkens unterschätzt. Der Dichter hatte nämlich kein Verständnis für geschichtliche Wirkungszusammenhänge, für so etwas wie Staatsräson oder Großmacht-Diplomatie, wie überhaupt für die Komplexitäten des politischen Prozesses. Er sah überall nur das Wirken von Persönlichkeiten, und die bedeutendste und für ihn zugleich böseste Persönlichkeit seiner Zeit war der Mann, den er den «Allerwelts-Konsul» nannte.[5] In Augenblikken persönlicher Verzweiflung oder Frustration neigte er dazu, in Napoleon den Verursacher seiner Nöte zu sehen.[6] So 1803, als der Brunnen seiner Kreativität versiegte und er dies auf die allgemeine Unsicherheit, für die Bonaparte mit seinen politischen Ambitionen gesorgt habe, und auf deren schädliche Ausstrahlungen auf das künstlerische Schaffen schob; so quälend saß ihm dieser Gedanke im Nacken, daß er den Entschluß faßte, sich erst freiwillig zu der Truppe zu melden, die Napoleon für die Invasion Englands aufstellte, und anschließend Selbstmord zu begehen – gewiß eine seltsame Art, gegen die Gefährdung der Literatur durch den Bonapartismus zu demonstrieren.[7]

Er kam über diese Verirrung hinweg, nicht aber über seinen mit Faszination gepaarten Haß auf den französischen Despoten, einen Haß, der sich in den darauffolgenden beiden Jahren sogar noch rapide steigerte, besonders nachdem Napoleon sich 1805 mit seinen glanzvollen Siegen im sogenannten Dritten Koalitionskrieg zum unumstrittenen Herrscher des Kontinents aufgeschwungen hatte. In einem ziemlich hysterischen Brief an seinen Freund Rühle von Lilienstern, geschrieben am Vorabend der Schlacht von Austerlitz, bezeichnete er Napoleon als den «bösen Geist der Welt» und fragte sich mißmutig, weshalb die französischen *émigrés* nicht den Mut gehabt hätten, ihm eine Kugel in den Kopf zu schießen. Dieser Brief markiert so etwas wie einen Wendepunkt in Kleists Beziehung zur Politik,[8] denn erstmals nach vielen Jahren identifizierte er sich wieder mit dem preußischen Staat und dessen Zukunft, übte heftige Kritik am Wankelmut Friedrich Wilhelms III. und dessen Scheu vor einem Zusammengehen mit Österreich und Rußland; eine Fortführung dieser Politik werde, so prophezeite Kleist, in die Katastrophe führen. Unter Verweis darauf, daß Napoleon soeben ungestraft die Neutralität Preußens verletzt hatte, fragte Kleist, weshalb der König nicht

> seine Stände zusammenberufen, warum [er] ihnen nicht, in einer rührenden Rede (der bloße Schmerz hätte ihn rührend gemacht) seine Lage eröffnet [hatte]? Wenn er es bloß ihrem eignen Ehrgefühl anheim gestellt hätte, ob sie von einem gemißhandelten Könige regiert sein wollen, oder nicht, würde sich nicht etwas von Nationalgeist bei ihnen geregt haben? Und wenn sich diese Regung gezeigt hätte, wäre dies nicht die Gelegenheit gewesen, ihnen zu erklären, daß es hier gar nicht auf einen gemeinen Krieg ankomme? Es gelte Sein, oder Nichtsein; und wenn er seine Armee nicht um 300000 Mann vermehren könne, so bliebe ihm nichts übrig, als bloß ehrenvoll zu sterben.[9]

Selbst wenn der König diesen Brief gelesen hätte, ist nicht anzunehmen, daß ihm vieles davon eingeleuchtet haben würde, ja man kann sich vorstellen, daß er über die Verhaltensmaßregeln, die Kleist für ihn parat hatte, entsetzt gewesen wäre. Wie auch immer, er blieb bei seinem Kurs und mußte, nachdem er 1805 den Übergang ins Lager der Verbündeten nicht gewagt hatte, 1806 alleine kämpfen und die Vernichtung seiner Armeen bei Jena und Auerstedt erleben.

Es ist die Vermutung geäußert worden, Kleist habe zu diesem Zeitpunkt das Interesse an der Politik bereits wieder verloren und sich mit so viel Leidenschaft in die Abfassung seiner Tragödie *Penthesilea* gestürzt, daß dieses militärische Debakel ihn kalt gelassen habe;[10] bei dieser Abwendung von der Politik wäre es vielleicht, so besagt diese Hypothese weiter, für alle Zeiten geblieben, wenn nicht seine Hoffnungen, sich in Dresden als Verleger und Buchhändler etablieren zu können, 1808 zunichte geworden wären.[11] Dies würde, wenn es zuträfe, den Vergleich mit einem anderen berühmten Dichter herausfordern: Gottfried Benn, der nach Jahren der politischen Passivität 1933 zum Aktivisten wurde, weil er es der deutschen Republik heftig übel nahm, daß sie ihm die finanziellen Belohnungen vorenthielt, die er verdient zu haben glaubte.[12] Allerdings war bei Kleist die Anteilnahme an der Politik, bei allen Pausen, die er einlegte, stärker als bei Benn. Sein Engagement kam nicht als abrupte Entscheidung, seine Motive waren erhabener. Ihm war von 1806 an klar, daß die preußische Niederlage bei Jena den Auftakt zur Ausdehnung der französischen Herrschaft über ganz Mitteleuropa bedeutete und daß Napoleon, sobald seine Eroberungen abgesichert wären, in der Lage sein würde, die deutschen Staaten nach Belieben auszuplündern. «Wir sind», schrieb Kleist kurz nach der Schlacht an seine Schwester, «die unterjochten Völker der Römer.»[13] Würden aber nicht, wenn dem so war, die Unterjochten zu Opfern eines nicht nur politischen, sondern auch kulturellen Imperialismus werden? Würden sie nicht unter Druck geraten, ihre Moral, ihre Sitten und Gebräuche, ihre Kleidung, ihre Literatur nach französischen Normen auszurichten? Kleist hegte diese Befürchtung. «Wer weiß», schrieb er im August 1808, «ob jemand noch, nach hundert Jahren, in dieser Gegend deutsch spricht.»[14] Wenn diese Gefahr wirklich drohte, durfte ein deutscher Künstler dem nicht untätig zusehen. Goethe und Alexander von Humboldt mochten zu solcher Abgehobenheit fähig sein, andere, wie der bekannte Historiker Johannes von Müller und der Verleger C. D. Voß, wandelten sich unter dem Eindruck der Niederlage von Jena zu willentlichen Gefolgsleuten Napoleons.[15] Kleist aber empfand eine Verpflichtung zum Widerstand.

Sein langjähriger Freund Rühle von Lilienstern, der ihm in den Dresdener Jahren nahestand, berichtete in seinen Memoiren, nach dem Frieden von Tilsit habe sich «dieser edle Geist um den Sturz des Vaterlandes mehr und mehr in Schwermut verzehrt».[16] Die Briefe des Dichters künden von dieser Gemütsverfassung. «Was sind dies für Zeiten», schrieb er im Sommer 1807 seiner Cousine Marie von Kleist. «Sie haben mich immer in der Zurückgezogenheit meiner Lebensart für isoliert von der Welt gehalten, und doch ist vielleicht niemand inniger damit verbunden als ich.»[17] Es ist anzunehmen, daß sein Engagement zu diesem Zeitpunkt mehr ein herbeigesehntes als ein reales war, auch wenn gewisse Anzeichen dafür sprechen, daß er in der letzten Phase dieser Zeitspanne Geheimbotschaften von einer Gruppe patriotischer Verschwörer in Berlin empfing.[18] Allein, auch wenn sein Abscheu gegen Napoleon stärker war denn je,[19] waren kaum Möglichkeiten für ein wirksames Vorgehen gegen den Korsen in Sicht, solange dessen Truppen unverwundbar ganz Europa kontrollierten. «Wie trostlos ist die Aussicht, die sich uns eröffnet», klagte der Dichter. «Zerstreuung, und nicht mehr Bewußtsein, ist der Zustand, der mir wohl tut.»[20]

Dann jedoch trafen, im Sommer 1808, die Nachrichten von der französischen Kapitulation bei Baylén in Spanien und von Wellingtons Sieg bei Torres Vedras ein, die zeigten, daß Napoleon doch nicht unbesiegbar war. Diese elektrisierenden Neuigkeiten erschütterten das ganze Gefüge des napoleonischen Deutschlands und setzten die Kräfte frei, die zur Wiedereröffnung des Krieges gegen Österreich 1809 führten. Diese Entwicklung bescherte auch Kleist die lang erwartete Chance einer wirksamen politischen Einflußnahme, und er ergriff sie mit Begeisterung und überraschender Militanz. Die Früchte dieses Aufbruchs waren sein patriotisches Drama *Die Hermannsschlacht* und die Kriegsgedichte und politischen Essays, die er für die glücklose Zeitschrift *Germania* verfaßte.

II

Was das Stück betrifft, so fühlt man sich gezwungen, zuzugeben, daß es, trotz der wunderbaren Flüssigkeit seiner Verse und trotz seiner spannenden Handlung ziemlich unerfreulich ist. Oberflächlich betrachtet war es ein Denkmal für den Sieg Hermanns des Cheruskers über Quinctilius Varus im Jahre 9 n. Chr. im Teutoburger Wald, in Wahrheit aber war es ein nur dünn verpacktes Lehrstück für die Zeitgenossen, in dem die Römer für die Franzosen, Varus für Napoleon, die uneinigen Germanenfürsten für die Mitglieder des Napoleonischen Rheinbunds und seine Heldenfiguren Hermann und Marbod für Preußen und Österreich standen. Das Stück atmete durch und durch einen Nationalismus, wie er in brutalerer und kompromißloserer Ausprägung bis ins 20. Jahrhundert von keinem deutschen Patrioten mehr artikuliert werden sollte, mit Ausnahme vielleicht der rabiateren Äußerungen des Turnvaters Jahn. Es ist nicht uninteressant, sich klarzumachen, daß, während Kleist an diesem Stück schrieb, Fichte in Berlin seine *Reden an die deutsche Nation* hielt. Fichte forderte darin eine geistliche und geistige Wiedergeburt als Vorbedingung für die Befreiung Deutschlands;[21] dagegen zog Kleist – durch den Mund seines Helden – über jene «Schwätzer» her, die über die Befreiung Deutschlands lediglich theoretisierten;[22] er forderte von seinen Landsleuten einen Ausbruch barbarischer Wildheit, einen *furor teutonicus,* durch den sich eine neue, mit Blut getaufte Nation konstituieren sollte.

Das war eine bemerkenswerte Verwandlung. 1799 hatte Kleist das Schwert abgelegt, um der Menschenliebe zu frönen, und 1801 hatte er die Franzosen heftig dafür getadelt, daß sie jede Schuld an den im Namen Frankreichs verübten Verbrechen von sich wiesen.[23] Jetzt schien er den Standpunkt zu vertreten, daß im Kampf um und für das Vaterland jedes Verbrechen zu rechtfertigen sei und daher auch niemand sich schuldig machen könne.[24] Hermann, der diese Position vertritt, gehört sicher zu den unsympathischsten Heldenfiguren der deutschen Literatur. Er ist ein Intrigant, ein systematischer Lügner, für den Verträge dazu da sind, gebrochen zu werden. (Ein deutscher Kritiker bemerkte 1905, Kleist habe auf bewundernswerte Weise den Umgang Bismarcks mit Napoleon III. vorweggenommen.[25]) Er lädt Varus ein, seine Zelte in seinem Herrschaftsgebiet aufzubauen, in der Hoffnung, die Übergriffe der römischen Truppe würden die Germanen rebellisch machen; als es nicht zu Übergriffen kommt, erfindet er kurzerhand welche:

> Ich aber rechnete, bei allen Rachegöttern,
> Auf Feuer, Raub, Gewalt und Mord,
> Und alle Greul des fessellosen Krieges!
> Was brauch ich Latier, die mir Gutes tun?
> Kann ich den Römerhaß, eh ich den Platz verlasse,
> In der Cherusker Herzen nicht
> Daß er durch ganz Germanien schlägt, entflammen:
> So scheitert meine ganze Unternehmung![26]

Er bietet sich dem Varus als Bündnispartner für den Krieg gegen den Nachbarstamm der Sueven an, um dann aus dem Hinterhalt über die Römer herzufallen und sie bis zum letzten Mann abzuschlachten. Es gebe schließlich, wie er seiner Frau Thusnelda vor der Schlacht erklärt, keine guten Römer, es sei denn tote. Als sie ihm widerspricht und sagt, sie kenne auch gute, antwortet er:

> Das sind die Schlechtesten! der Rachekeil
> Soll sie zuerst, vor allen andern treffen![27]

Thusnelda läßt sich offenbar überzeugen, denn sie sorgt unverzüglich dafür, daß der Legat Ventidius, dessen galante Aufmerksamkeiten ihr keineswegs unliebsam gewesen sind, von einem Bären getötet und zu großen Teilen verspeist wird.[28] Als heutiger Leser des Stückes neigt man eher zur Sympathie für die römische Seite,[29] insbesondere mit Varus in dem Augenblick, da er erkennt, was ihm blüht, und voller Trauer sagt:

> O Hermann! Hermann!
> So kann man blondes Haar und blaue Augen haben,
> Und doch so falsch sein, wie ein Punier?[30]

Wenn der Fanatismus der *Hermannsschlacht* einer Steigerung fähig war, dann lieferte Kleist sie in den *Politischen Dichtungen*, die er verfaßte, nachdem Österreich im Frühjahr 1809 den Schritt in den Krieg getan hatte. Schon vor Beginn der Kampfhandlungen schrieb er Elogen auf Kaiser Franz I. und Erzherzog Karl als das Duumvirat, das die deutsche Nation in die Freiheit führen werde.[31] (Wobei seine Neigung, die Politik zu dramatisieren, ihn wieder einmal auf Abwege führte, denn er nahm den Umstand, daß seine beiden Heroen einander nicht ausstehen konnten – was alle Welt wußte – ebensowenig zur Kenntnis wie die Tatsache, daß keinem von ihnen an der Freiheit Deutschlands viel lag.) Er komponierte auch ein «Kriegslied der Deutschen», in dem er dafür eintrat, die Franzosen auszurotten wie Bären, Panther und andere gefährliche Räuber, die einst die Wälder Europas unsicher gemacht hatten.[32] Kaum hatte der Schießkrieg begonnen, da beantragte Kleist bei der österreichischen Regierung die Lizenz zur Herausgabe einer patriotischen Zeitschrift, die *Germania* heißen sollte; und während der Zeitpunkt ihres Erscheinens näherrückte, beschwor er in weiteren Dichtungen zunehmend gespenstischere Bilder herauf, so etwa in seinem berüchtigten Gedicht «Germania an ihre Kinder» die Idee, den Rhein mit einigen neuen und schönen Windungen zu schmükken, indem man ihn hier und dort mit französischen Leichen aufstaute.[33] Sein eigenartiger *Katechismus der Deutschen* zeichnete sich durch eine völlig hemmungslose Attacke auf seinen Erzfeind Napoleon aus, den er darin unter anderem als «einen der Hölle entstiegenen Vatermördergeist» beschimpfte, der «herumschleicht, in dem Tempel der Natur, und an allen Säulen rüttelt, auf welchen er gebaut ist».[34]

Der Nutzeffekt dieser so frenetischen Rhetorik war gleich Null, und die Zeitschrift, für die sie gedacht war, wurde zur Totgeburt. Die Sonne, die nach Aspern die Kleistschen Hoffnungen aufblühen ließ, ging in der Schlacht von Wagram wieder unter. Der Dichter ahnte die kommende Niederlage voraus und versuchte verzweifelt, sie abzuwenden. In einem zwischen den beiden Schlachten geschriebenen kurzen, aber emotionsgeladenen Essay mit dem Titel *Über die Rettung von Österreich* beschwor er den Glauben an eine noch bestehende Siegeschance, die jedoch nur genutzt werden könne, wenn die österreichische Regierung sich über alle dynastischen Interessen erhebe und in irgend eine Beziehung zu den Massen des deutschen Volkes trete. «Zuvörderst», schrieb er, «muß die Regierung von Österreich sich überzeugen, daß der Krieg, den sie führt, weder für den Glanz noch für die Unabhängigkeit, noch selbst für das Dasein ihres Thrones geführt werde, ... sondern für Gott, Freiheit, Gesetz und Sittlichkeit, für die Besserung einer höchst gesunkenen und entarteten Generation, kurz für Güter, die über jede Schätzung erhaben sind, und die um jeden Preis, gleichviel welchen, gegen den Feind, der sie angreift, verteidigt werden müssen.» Wenn so erst einmal der Standpunkt des Eigennutzes überwunden sei, müsse der Kaiser die Wiederbegründung des Deutschen Reichs proklamieren, alle Deutschen zwischen sechzehn und sechzig zu den Waffen rufen, bekanntgeben, daß jeder mit der Waffe in der Hand angetroffene Deutsche, der gegen die nationale Sache kämpfe, mit dem Tode bestraft würde, und versprechen, daß, sobald der Sieg errungen sei, ein allgemeiner Reichstag einberufen würde, um dem Reich eine neue Verfassung zu geben.[35]

Das waren keine praktizierbaren Vorschläge, und wenn Kleist sie ernst meinte, zeigte das nur, wie weit er der Realität des Jahres 1809 entrückt war. Die österreichische Politik dieser Jahre war, wie Kleists Freund Dahlmann später schrieb, so kompliziert und verschlungen, daß Kaiser Franz I. offenbar eher willens war, sich in die Niederlage zu fügen, als die für seinen eigenen Thron möglicherweise schädlichen Konsequenzen eines weiteren Sieges des Erzherzogs Karl nach dem Muster von Aspern zu riskieren. Er hatte auch erst recht nicht die Absicht, eine deutsche *levée en masse* mit allen ihren potentiellen Gefahren heraufzubeschwören.[36] Österreich schloß also Frieden, und bald darauf wurde Napoleon in Wien als Verbündeter und Schwiegersohn des österreichischen Kaisers empfangen. Für Kleist war dies ein vernichtender Schlag, und eine jener ironischen Wendungen, an denen sein Leben so reich war, ließ ihn die Niederlage noch bitterer empfinden: Anfang 1809 hatte er seine *Hermannsschlacht* an den Direktor des Wiener Burgtheaters geschickt, in der Hoffnung, sie werde zur Aufführung gelangen und zur Hebung des Kriegsglücks beitragen. Das Stück wurde aber nie aufgeführt. Statt dessen präsentierte das Burgtheater, nachdem der Friede wiederhergestellt war, Kleists Drama *Das Käthchen von Heilbronn*, ein politisch unverfängliches Märchen über eine bedingungslose Liebe; jedwede Freude, die der Autor darüber empfunden haben mag, daß seine Dichtkunst nun wenigstens öffentlich dargeboten wurde (was zu seinen Lebzeiten selten vorkam), wurde ihm durch den Umstand vergällt, daß die Aufführung im Rahmen der Festlichkeiten anläßlich der Verheiratung Napoleon Bonapartes mit Erzherzogin Marie Louise in Wien stattfand.[37]

III

«Ich bin gänzlich außerstand zu sagen, wie ich mich jetzt fassen werde», schrieb Kleist im Herbst 1809 an seine Halbschwester.[38] Die Versuchung, endgültig zu resignieren, muß groß gewesen sein, ähnlich wie bei dem Sänger in seinem Gedicht *Das letzte Lied*, das er nach der Niederlage verfaßte:

> Er singt die Lust, fürs Vaterland zu streiten,
> Und machtlos schlägt sein Ruf an jedes Ohr –
> Und da sein Blick das Blutpanier der Zeiten

Stets weiter flattern sieht, von Tor zu Tor,
Schließt er sein Lied ...[39]

Er wehrte diesen Impuls aber ab und wandte den Blick nordwärts. Schon in seiner Schrift *Über die Rettung von Österreich* hatte er den Gedanken angedeutet, die eigentlich angemessene Antwort auf die nationale Notlage lasse sich womöglich zwangloser in Preußen geben als in Österreich, da sich dort das Herrscherhaus vielleicht von den patriotischen Leidenschaften der Massen beeinflussen lassen werde. Von dieser Hoffnung erfüllt, kehrte er nach Berlin zurück, gründete eine aufregende neue Zeitung, schrieb sein letztes und bestes Stück, *Prinz Friedrich von Homburg*, und erlebte das endgültige Scheitern seiner politischen Hoffnungen.

Bei der Zeitung handelte es sich um die *Berliner Abendblätter*, die Kleist im Herbst 1810 in Zusammenarbeit mit seinem Freunde Adam Müller zu verlegen begann. Diese Tageszeitung, die erste in Berlin und eine der ersten in Deutschland, verdient mehr Aufmerksamkeit, als wir ihr hier widmen können. Ihre Lektüre ist noch heute ein Genuß, vor allem wegen ihrer lebendigen Schilderungen der Berliner Gesellschaft und Unterwelt (letzteres auf der Grundlage amtlicher Polizeiberichte) und ihrer ausführlichen Artikel über kulturelle und wissenschaftliche Themen; außerdem enthält sie einige der schönsten Anekdoten aus Kleists Feder sowie seinen berühmten Aufsatz über das Marionettentheater. Für unsere Thematik ist es wichtig, daß Kleist, wie er mit dem *Gebet des Zoroaster* in der ersten Ausgabe und noch unverhohlener in einer Erklärung in der Ausgabe vom 22. Oktober 1810 deutlich machte, die vorrangige Aufgabe der *Berliner Abendblätter* in der «Beförderung der Nationalsache überhaupt» sah.[40]

Damit brockten sich die Herausgeber rasch eine Abfolge von Streitigkeiten mit den Behörden ein. Die preußische Regierung unter Hardenberg bemühte sich 1810/11, alles zu vermeiden, was Napoleon hätte mißfallen und ihn zu direkten Eingriffen in die preußische Politik hätte veranlassen können, mit möglicherweise negativen Folgen für die von der Regierung energisch vorangetriebene wirtschaftliche und militärische Erholung des Landes. Da war es nicht eben hilfreich, wenn eine Berliner Zeitung genüßlich über schwere französische Verluste in Spanien und Portugal berichtete (auch wenn sie dies in Form kunstvoll formulierter Dementis tat, die das zu Berichtende als unwahr hinstellten); oder wenn sie die Wirksamkeit des französischen Kontinentalsystems lobte, indem sie darauf hinwies, daß es in Württemberg zur Verdoppelung aller Preise geführt habe. Die neue Zeitung machte sich auch keine Freunde, wenn sie dem Lieblings-Theatermann des Königs, Iffland, eine phantasielose Stückeauswahl für die Berliner Bühnen bescheinigte, der neugegründeten Berliner Universität vorwarf, sie huldige kosmopolitischen anstelle von nationalen Ideen, oder wenn sie erklärte, die Finanzpolitik der Regierung sei angesichts der Notwendigkeiten der Situation unrealistisch.[41] Wie Kanzler Hardenberg vorwurfsvoll schrieb: «Bei aller Freiheit, die man unparteiischen Diskussionen über Gegenstände der Staatsverwaltung bewilligt, [kann es] nicht gestattet werden ..., daß in Tageblättern Unzufriedenheit mit den Maßregeln der Regierung aufgeregt werde.»[42] Die Regierung beantwortete all dies damit, daß sie Kleist jene Privilegien strich – insbesondere den Zugang zu den Polizeiberichten –, die die Grundlage für die Popularität seiner Zeitung gebildet hatten; gleichzeitig setzte die amtliche Zensur ihm so hartnäckig zu, daß er schließlich die Lust weiterzukämpfen verlor und das Blatt einstellte.[43]

Wie Kleist bei all den Schwierigkeiten, die er während der kurzen Lebensdauer seiner Zeitung mit der Zensurbehörde hatte, mit einer positiven Reaktion auf sein zweites politisches Projekt in dieser Zeit rechnen konnte, ist nur schwer zu verstehen. Die Rede ist von seinem «vaterländischen Drama»[44] *Prinz Friedrich von Homburg*, an dem er seit 1809 mit Unterbrechungen gearbeitet hatte und das er im Juni 1811 fertigstellte – zu diesem Zeitpunkt jedenfalls schickte er es an einen Drucker und zugleich an Prinz Wilhelm von Preußen, der dem Stück seinen Segen geben und es vielleicht auch protegieren sollte.[45] Dieses großartige Drama einfach nur als ein politisches Theaterstück zu behandeln, würde ihm selbstverständlich nicht gerecht; es ist, wie seine ungebrochene Popularität bis in die heutige Zeit beweist, viel mehr als das: ein Werk über Leben und Tod, Traum und Wirklichkeit, über das Problem des menschlichen Seins, über Selbstverwirklichung durch Selbsterkenntnis. Es hatte aber auch eine politische Dimension und wäre zum Zeitpunkt seiner Entstehung ein potentiell wirksameres Propagandamittel gewesen als *Die Hermannsschlacht*.

Der Held des Dramas ist ein junger Kavalleriekommandeur im Heer des Großen Kurfürsten, der im Verlauf der Schlacht von Fehrbellin einen schweren Verstoß gegen die Disziplin begeht, weil er bei der Einsatzbesprechung vor der Schlacht, durch Liebes-Tagträumereien abgelenkt, nicht aufgepaßt hat. Obgleich er gerade mit seinem Zuwiderhandeln gegen die Befehle den Sieg der preußischen Waffen sichert, verurteilt ein Militärgericht ihn zum Tode. Als der Prinz begreift, daß das Urteil ernst gemeint ist, überfällt ihn schwerste Todesangst, und er fleht seine Geliebte und die Kurfürstin an, sich für ihn zu verwenden. Der Kurfürst läßt den Verurteilten daraufhin wissen, er habe das Todesurteil in der Überzeugung gesprochen, nur seine Pflicht zu tun, und habe mit des Prinzen Zustimmung gerechnet. Falls aber Friedrich das Gefühl habe, ihm sei Unrecht geschehen, brauche er dies nur zu sagen, und er werde sein Schwert wiederbekommen. Angesichts dieser ihm dargebotenen Chance, sein Leben zu retten, geht der Prinz in sich und verkündet in einem rhetorisch beeindruckenden Monolog:

> Ich will das heilige Gesetz des Kriegs,
> Das ich verletzt', im Angesicht des Heers,
> Durch einen freien Tod verherrlichen![46]

Als er mit verbundenen Augen die Vollstreckung des Urteils erwartet – in der ruhigen Überzeugung, daß er sich selbst überwunden und erfüllt hat:

> Nun, o Unsterblichkeit, bist du ganz mein![47]

– übertönen plötzlich Trompeten den Klang des Todesmarsches, die Binde wird ihm von den Augen genommen, eine Lorbeerkrone wird ihm aufgesetzt, und der versammelte Hof ehrt ihn als den Sieger von Fehrbellin.

Der *Prinz von Homburg* markierte einen bedeutsamen Fortschritt im politischen Denken Kleists. Schon vorher hatte sich in seinen späteren Werken – in der *Penthesilea* zum Beispiel oder in der Erzählung *Michael Kohlhaas* – eine Konzentration auf die Idee des Rechts abgezeichnet, eine Entwicklung, die sich sowohl in der Substanz der Werke manifestierte (der Einsicht der Protagonisten in die Notwendigkeit, sich dem Gesetz zu beugen) als auch in ihrem Stil, der, im Gegensatz zur leidenschaftlichen Heftigkeit des Inhalts, immer mehr an Strenge und Diszipliniertheit gewann. Der *Prinz von Homburg* verkörperte den Abschluß dieser Entwicklung; Kleist räumte darin, durch den Mund seines Helden, ein, daß die Freiheit, der er sein Leben lang nachgejagt war, nur zu sinnvoller Wirkung kommen konnte in der Versöhnung mit und in der Unterordnung unter eine höhere Autorität. Auf der persönlichen Ebene markierte das Stück so etwas wie die Rückkehr von einer Odyssee des Denkens, eine Rückkehr zu den Dingen, vor denen er als junger Mann geflohen war: zur Einsicht in berechtigte Einschränkungen der individuellen Freiheit, zu einem kantianischen Pflichtgefühl, zum Gedanken des Dienstes am Staat.[48] Auf der politischen Ebene sollte das Stück der Befreiungsbewegung Ansporn verleihen, indem es Preußen als das Land des Kampfesmuts und der Aufklärung, der durch Ordnung abgesicherten Freiheit, der durch Recht und Gesetz gefilterten Menschlichkeit, der von patriotischem Unternehmensgeist beseelten Disziplin darstellte.[49]

Ein Theaterstück kann freilich nur wirksam werden, wenn es aufgeführt oder veröffentlicht wird, und das war beim *Prinz von Homburg* nicht der Fall. Der Drucker schickte es zurück, der Prinz von Preußen ließ nichts von sich hören. Das Drama wurde zu Lebzeiten Kleists nie aufgeführt, und als es später dann doch auf die Bühne kam – erstmals 1821 in Wien und 1828 in Berlin –, wurde es sehr bald nach der Premiere wieder abgesetzt, beide Male aus dem Grund, den Kleists früherer Heros, Erzherzog Karl von Österreich, so formulierte: «[Es muß] auf die Armee demoralisierend wirken ..., wenn ein Offizier so feig um sein Leben bittet.»[50] Denselben Gedanken äußerte übrigens später auch Hegel,[51] ebenso wie, noch später, Bismarck, der 1889 gestand, das Stück gefalle ihm nicht, da die Hauptfigur in seinen Augen ein «schwaches Rohr» sei.[52]

Es mag dafür, daß Kleists letztes Stück nach seiner Fertigstellung offiziell totgeschwiegen wurde, noch andere Gründe gegeben haben – es war nicht die Angst des Prinzen vor dem Tod, die es 1811 zu einem heißen Eisen machte, sondern vielmehr die Szene, in der der Oberst Kottwitz als Sprecher einer Gruppe von Offizieren, die das Todesurteil gegen Prinz Friedrich empörend finden, seinem Fürsten vorwirft, am Buchstaben des Gesetzes zu kleben, und eindringlich erklärt:

> Was kümmert dich, ich bitte dich, die Regel,
> Nach der der Feind sich schlägt: wenn er nur nieder
> Vor dir, mit allen seinen Fahnen, sinkt?
> Die Regel, die ihn schlägt, das ist die höchste!
> Willst du das Heer, das glühend an dir hängt,
> Zu einem Werkzeug machen, gleich dem Schwerte,
> Das tot in deinem goldnen Gürtel ruht?
> Der ärmste Geist, der in den Sternen fremd,
> Zuerst solch eine Lehre gab! Die schlechte,
> Kurzsichtge Staatskunst, die, um eines Falles,
> Da die Empfindung sich verderblich zeigt,
> Zehn andere vergißt, im Lauf der Dinge,
> Da die Empfindung einzig retten kann![53]

Im Stück stößt Kottwitz mit seinem Argument auf den Widerspruch sowohl des Kurfürsten, der Gesetz und Staat verkörpert, als auch des Prinzen. Es ist jedoch denkbar, daß im Berlin des Jahres 1811 das Publikum diesen Widerspruch nicht registriert und die Rede als politisches Manifest aufgefaßt hätte. Sie spiegelte nämlich bemerkenswert präzise die Ansichten jener Gruppe patriotischer und potentiell rebellischer Offiziere wider, die, mit Neidhardt von Gneisenau als Wortführer, gegen die vorsichtige Politik Hardenbergs opponierte. Es war wohlbekannt, daß diese Dissidenten verärgert waren über die Restriktionen, die eine «schlechte, kurzsichtige Staatskunst» ihnen auferlegte, und einige von ihnen machten aus ihrer Kritik an der mangelnden Kampfbereitschaft ihres Fürsten nicht den geringsten Hehl. Niemand in der Regierung oder bei Hofe konnte ein Interesse daran haben, daß die Argumente dieser Aufrührer von den Theaterbühnen herab ertönten und damit weitere Verbreitung fanden.

Daß die Überzeugungen, die Kottwitz im Stück vertrat, denen Gneisenaus so sehr ähnelten, war schwerlich ein Zufall. Zwischen Kleist und Gneisenau bestand seit langem eine Geistesverwandtschaft. 1808, als der Dichter gerade dabei war, die *Hermannsschlacht* zu schreiben, legte der Offizier seinem König eine ausführliche Denkschrift vor, in der er nicht nur den Namen des historischen Hermann ins Spiel brachte,[54] sondern auch dafür eintrat, einen Krieg gegen Napoleon zu beginnen, wie Kleists Hermann ihn gegen Varus führte:

> Einen Krieg, bei Mana! ...
> ... der in Deutschland rasselnd,
> Gleich einem dürren Walde, um sich greifen,
> Und auf zum Himmel lodernd schlagen soll![55]

Und als 1811 die rapide Verschlechterung des Verhältnisses zwischen Frankreich und Rußland die Patrioten mit neuer Hoffnung erfüllte, der Wind könne sich möglicherweise gegen Napoleon drehen, preschte Gneisenau erneut vor, mit einem leidenschaftlichen Aufruf zu einer *levée en masse* und der Forderung, den Franzosen unverzüglich den Krieg zu erklären. Der König wies das Ansinnen mit dem schriftlichen Kommentar zurück: «Als Poesie gut», worauf Gneisenau antwortete: «Religion, Gebet, Liebe zum Regenten, zum Vaterland, zur Tugend sind nichts anderes als Poesie, keine Herzenserhebung ohne poetische Stimmung. Wer nur nach kalter Berechnung handelt, wird ein starrer Egoist. Auf Poesie ist die Sicherheit der Throne gegründet.»[56]

Das klang ganz nach Kleist, und es läßt einen leicht nachempfinden, weshalb Gneisenau zum Idol und Hoffnungsträger des Dichters in dessen letzten Lebensmonaten aufrückte. Auch auf Kleist übten die Gerüchte über einen bevorstehenden Bruch zwischen Frankreich und Rußland eine belebende Wirkung aus, und der Gedanke, daß Preußen im Bunde mit Rußland einen Befreiungskrieg führen könnte, bewog ihn im September 1811 zu einem – von Marie von Kleist übermittelten – Ersuchen an den preußischen König um Wiederaufnahme in das preußische Offizierskorps. Bedenkt man, wieviel der Dichter sich schon geleistet hatte, so reagierte Friedrich Wilhelm ausgesprochen großzügig. Er versprach, ihm, falls es zum Krieg kommen würde, ein Kommando zu verschaffen – er hoffe jedoch, so vertraute er Marie an, die Gelegenheit werde sich nie ergeben.[57] Kleist war sogleich voll glühender Begeisterung; er stand seit einiger Zeit in Kontakt mit Angehörigen der Patriotischen Partei; er hatte Gneisenau kennengelernt und begonnen, für ihn zu schreiben – was, darüber wissen wir nichts. Er träumte davon, in dem Kreuzzug, den der General führen würde, eine Stabsposition zu bekleiden. Allein, diese Hoffnungen zerstoben schneller, als sie aufgekeimt waren. Friedrich Wilhelm und Hardenberg sahen eher die Gefahren als die Chancen eines möglichen französisch-preußischen Krieges; sich machten sich keine Illusionen über die Stärke Preußens. Eingekeilt zwischen den schwerbewaffneten Staaten des Rheinbunds und einer starken französischen Garnison in Frankfurt an der Oder, waren die militärischen Aussichten Preußens in einer Allianz mit Rußland gleich Null. Französische Truppen würden binnen zweier Tage in Berlin stehen, während die Russen zehn Tage ununterbrochenen Marschierens benötigen würden, um die Weichsel zu erreichen.[58] Aus Wien war keine Hilfe zu erwarten, und der dortige preußische Botschafter, Wilhelm von Humboldt, warnte vor einem preußischen Zusammengehen mit Rußland, da Österreich vielleicht nicht die Kraft aufbringen würde, sich französischen Bündnisforderungen zu widersetzen.[59] Es gab auch im Lande keine eindeutigen Anzeichen für die Bereitschaft zu einem allgemeinen Sturm gegen Napoleon: «Keiner würde kommen», lautete der lakonische Kommentar des Königs zum Ersuchen Gneisenaus, das Volk zur Erhebung aufzurufen.[60]

Da ein Neutralitätskurs ebenfalls Gefahren bergen würde, wenn es zum Krieg käme, entschied Hardenberg sich für die einzige ihm verbleibende Option: In der dritten Septemberwoche kam das Gerücht auf, der König werde ein Militärbündnis mit Frankreich schließen.

Wie diese Aussicht auf mich wirkt, [schrieb Kleist an seine Cousine Marie] können Sie sich leicht denken; es ist mir ganz dumpf und stumpf vor der Seele, und es ist auch nicht ein einziger Lichtpunkt in der Zukunft, auf den ich mit einiger Freudigkeit und Hoffnung hinaussähe. Vor einigen Tagen war ich noch bei G[neisenau] und überreichte ihm, nach Ihrem Rat, ein paar Aufsätze, die ich ausgearbeitet hatte; aber das alles scheint nur, wie der Franzose sagt, *moutarde après diner.* Wirklich, es ist sonderbar, wie mir in dieser Zeit alles, was ich unternehme, zugrunde geht; ... G[neisenau] ist ein herrlicher Mann ... Ich bin gewiß, daß wenn er den Platz fände, für den er sich geschaffen und bestimmt fühlt, ich, irgendwo in seiner Umringung, den meinigen gefunden haben würde. Wie glücklich würde mich dies, in der Stimmung, in der ich jetzt bin, gemacht haben! Denn es ist eine Lust, bei einem tüchtigen Manne zu sein; Kräfte, die in der Welt nirgends mehr an ihrem Orte sind, wachen, in solcher Nähe und unter solchem Schutze, wieder zu einem neuen freudigen Leben auf. Doch daran ist nach allem, was man hier hört, kaum mehr zu denken.[61]

Die Gerüchte über ein bevorstehendes Bündnis mit Frankreich waren wohlbegründet, und so sah Kleist sich mit einer letzten tragikomischen Wendung konfrontiert: Falls es nun zum Krieg käme, könnte er zu den Fahnen gerufen werden, aber nicht für den Kampf gegen Napoleon, wie er gehofft hatte, sondern unter dem Kommando des Franzosenkaisers! Das war der Schlag, der ihm den Rest gab. «Die Allianz, die der König jetzt mit den Franzosen schließt», schrieb er am 10. November 1811 an Marie, «ist auch nicht eben gemacht mich im Leben festzuhalten.»[62] Der Gedanke an den Tod beschäftigte ihn in der Tat schon seit Wochen; doch würde er ihn, soviel stand für ihn fest, nicht in Napoleons Diensten auf dem Schlachtfeld suchen, in einer unrühmlichen Wiederbelebung seines Selbstmordvorhabens von 1803. Er würde selbstbestimmt sterben, und er tat dies am 21. November 1811 am Ufer des Kleinen Wannsees bei Berlin.

IV

Die Phase der politischen Aktivität im Leben Heinrich von Kleists war nicht seine glücklichste Zeit. Es ist daher nur allzu verständlich, daß viele seiner Bewunderer darin eine Verirrung gesehen haben, die zur Zersplitterung seiner Kräfte führte, ihn von seiner unerfreulichsten Seite zeigte – als blutrünstigen Parolendrescher, vaterländischen Extremisten und Verbreiter nationalistischer Ressentiments – und die schließlich ihren Beitrag zu dem emotionalen Aufruhr leistete, der ihn dazu bewog, sich mit 34 Jahren das Leben zu nehmen. Daß sein politisches Engagement alle diese Wirkungen zeitigte, ist unbestreitbar, aber es für eine Abirrung vom eigentlichen Weg des Dichters zu halten, würde weder der Ernsthaftigkeit seines Anliegens noch der Hochgradigkeit seines Engagements gerecht. Die Politik wurde für ihn zu einem ebenso notwendigen Bestandteil seiner Selbstverwirklichung wie das Schreiben. Nachdem er sich zunächst jene der Welt entrückte Sphäre geschaffen hatte, die er brauchte, um sich zum Künstler zu bilden, wurde er, vielleicht ein bißchen spät, der Tatsache gewahr, daß in einer Zeit, in der ganz Europa in einen zähen Kampf um «der Menschheit große Gegenstände, um Herrschaft und um Freiheit»[63], verwickelt war, wie Schiller es ausdrückte, der Künstler nicht abseits stehenbleiben konnte, denn der Ausgang dieses Kampfes würde auch über seine Zukunft – wie über die Zukunft aller Kunst – entscheiden. Niemand, der die Kleistschen Briefe gelesen hat, wird Michael Hamburgers psychologisches Argument überzeugend finden, Kleists politischer Aktivismus sei eine Kompensationsleistung für seine Einsamkeit gewesen, und schon gar nicht seine Einstufung Kleists als reaktionär.[64] Nein, der politische Tatendrang des Poeten war viel eher Ausdruck der Überzeugung, daß die Zeitläufte politisches Engagement verlangten. Bertolt Brecht hat in einem seiner Gedichte geschrieben:

> Was sind das für Zeiten, wo
> ein Gespräch über Bäume fast ein Verbrechen ist,
> weil es ein Schweigen über so viele Untaten einschließt?[65]

Zwischen den Zeilen der Briefe, die Kleist von 1805 an schrieb, meint man immer wieder die Frage herauszulesen: «Was sind das für Zeiten, in denen man nicht eine Seite Lyrik schreiben kann, ohne daß der Schatten Napoleons darauf fällt?»[66]

Natürlich war Kleist sowohl seiner Ausbildung als auch seinem Naturell nach so ungeeignet wie kaum ein anderer, eine politische Rolle zu spielen oder auch nur eine politische Lagebeurteilung abzugeben. Er war ungeduldig und kompromißlos – ein wahrhaft bedingungsloser Mensch – und vor allem ein Dramatiker, der gleichsam Drehbücher für die aktuelle politische Entwicklung schrieb und dann von der Geschichte und deren Akteuren erwartete, daß sie sich danach richteten. Hieraus erklären sich die groteske Rhetorik des Jahres 1808, die idealistischen, aber undurchführbaren Vorschläge von 1809 und die exzessive Verzweiflung über die Geschehnisse des Jahres 1811 – die sich, wie phlegmatischere Männer wie Hardenberg und Wilhelm von Humboldt erkannten, durchaus auf das von Kleist herbeigesehnte Ziel zubewegten, wenn nicht im preußischen Stechschritt, so doch in gemächlichem Tempo.

Über Kleist haben viele, namentlich die Kritiker der modernen Schule, gesagt, seine Dramen und die besten seiner Erzählungen seien ihrer Zeit um hundert Jahre voraus gewesen. Ähnliches ließe sich auch über seine politische Haltung sagen. In seiner Grundeinstellung zu den Fragen der Politik wirkt er durchweg eher wie ein deutscher Intellektueller des 20. Jahrhunderts als wie ein Zeitgenosse Napoleons, und es ist vielleicht an der Zeit, ihn in dieser Beziehung als einen Vorläufer der Expressionisten der Weimarer Periode einzuordnen, anstatt in ihm einen Vertreter oder Verwandten der romantischen Schule zu sehen, eine Zuordnung, die ohnehin nie sehr überzeugend gewesen ist.[67] Wie bei Kleist, fand bei den Expressionisten eine Entwicklung statt von der Politikabstinenz zum Engagement, von der Geringschätzung des politischen Prozesses bis zur heftigen Einmischung in ihn; wie Kleist hatten sie eine zutiefst irrationale Art, an politische Fragen heranzugehen, verwarfen die Regeln der Vernunft und die Neigung der Berufspolitiker zum Kompromiß und zur abwägenden Vorsicht und traten statt dessen für einfache und oft katastrophale Lösungen ein; wie er waren sie von der unauslöschlichen Überzeugung durchdrungen, mit Leidenschaft ließen sich alle Probleme lösen; wie er dramatisierten sie die Politik und sahen in jeder bedeutenden oder unbedeutenden Situation den Schauplatz eines Kampfes um «Gott, Freiheit, Gesetz und Sittlichkeit, für die Besserung einer höchst gesunkenen und entarteten Generation».[68]

Das war ein Politikverständnis – man zögert, es kleistisch zu nennen, und sollte ihm vielleicht das schlichte und einfache Attribut deutsch verleihen –, das selten zu positiven Ergebnissen führte und nicht selten großes Unheil anrichtete. Andererseits war es von einer gewissen eigentümlichen Vornehmheit und half immer wieder einmal mit, einen *Prinz Friedrich von Homburg* hervorzubringen.

Sechstes Kapitel

Wilhelm von Humboldt als Diplomat

Vor einigen Jahren bekam das *American Foreign Service Journal* einen Artikel über preußische und deutsche Diplomaten zugesandt, in dem der Name Humboldt erwähnt wurde. Die Redaktion dekorierte den Text, als sie ihn veröffentlichte, mit einer Abbildung, die Alexander von Humboldt zeigte, den Entdecker und Naturphilosophen.[1] Es war ein nur zu verständliches Versehen; Alexander von Humboldt war in Amerika ungleich besser bekannt als sein älterer Bruder Wilhelm, und die zahlreichen Städte und Landkreise, in denen der Name Humboldt fortlebt, sind, ebenso wie der Humboldt-Strom, nach Alexander benannt worden. Es verwundert dennoch ein wenig, wenn eine akademische Zeitschrift, die sich mit der Diplomatie befaßt, den Naturforscher mit dem Staatsmann Humboldt verwechselt[2] – man mag hierin ein Indiz für die allgemeine Unkenntnis und Unterschätzung der Fähigkeiten und Leistungen Wilhelm von Humboldts als Diplomat sehen. Nicht einmal Spezialisten für das Napoleonische Zeitalter oder für den Wiener Kongreß waren hiergegen gefeit. So verweist etwa Sir Charles Webster in seinem Werk über Castlereagh nur beiläufig auf Humboldt und erweckt dabei einen irreführenden Eindruck von dessen Zielen und von seinem Verhältnis zu seinen Vorgesetzten.[3]

Sir Harold Nicolson, der sonst ein Gespür für Diplomaten von Format hat, erwähnt in seiner 300seitigen Darstellung des Wiener Kongresses Humboldt nur fünfmal, und in Henry A. Kissingers noch dickerem Buch über die Diplomatie der Jahre nach 1812 taucht der Name Humboldt lediglich im Register auf.[4]

Das ist nicht besonders großzügig einem Mann gegenüber, der Anspruch darauf hätte, als das größte diplomatische Talent in Preußens Diensten vor Bismarck genannt zu werden, und Humboldts Zeitgenossen wäre es gewiß merkwürdig erschienen. In den Augen derer, die 1814/15 die Verhandlungen in Wien miterlebten, war er einer von «zwei Athleten ..., die einander gegenüberstehen ...; die übrigen Gesandten werden wenig genannt und scheinen wenig Effekt zu machen.» (Der andere war Talleyrand.)[5] Friedrich von Gentz hat erklärt, die Repräsentanten der in Wien vertretenen Mächte hätten Humboldt als den «bedeutendsten» Teilnehmer der Verhandlungen empfunden, und Talleyrand, dessen Sympathie für seinen großen Gegenspieler sich in Grenzen hielt, sagte, Europa verfüge nur über drei oder vier Diplomaten von Humboldts Format und Kompetenz.[6]

Bei solchen zeitgenössischen Urteilen ist sicherlich ein Schuß Schmeichelei in Rechnung zu stellen, doch wenn man die relativ kurze diplomatische Phase in der wechselhaften Laufbahn Humboldts unter die Lupe nimmt, finden sie ihre Bestätigung. Es fällt dabei zugleich ein erhellendes Licht auf einige der gleichsam angeborenen Probleme der Diplomatie im allgemeinen und der preußisch-deutschen Diplomatie im besonderen.

I

Wie sein bedeutenderer Nachfahr Bismarck betrat auch Humboldt die Bühne der internationalen Politik spät und widerstrebend. Zuvor hatte er 1791, als 23jähriger, der praktischen Politik den Rücken gekehrt, nach nicht einmal einem Jahr als Auskultator (juristischer Praktikant) am Berliner Kammergericht; in den darauffolgenden achtzehn Jahren war er trotz der Stürme und Krisen, die sein Land bewegten, vor allem seiner eigenen ästhetischen Ausbildung nachgegangen und hatte seine Erfüllung in Reisen und theoretischen Literatur-, Kunst- und Sprachstudien gesucht. Seine Jahre als preußischer Gesandter in Rom von 1802 bis 1809 bedeuteten keine Abkehr von dieser bewußten Politikferne, denn er hatte in der päpstlichen Hauptstadt nur wenige Pflichten zu erfüllen, die sein Lesepensum und seine Sprachstudien nur unwesentlich zu beeinträchtigen vermochten.

Wäre es nach ihm gegangen, sein Leben wäre weiterhin in diesen angenehmen Bahnen verlaufen;[7] dafür, daß es anders kam, waren zwei Männer verantwortlich: Napoleon, der im Frieden von Tilsit dem preußischen Reich den größten Teil sei-

Wilhelm von Humboldt

ner katholischen Ländereien abnahm und so eine preußische Gesandtschaft in Rom überflüssig machte,[8] und Stein, der am Vorabend seiner Entlassung als preußischer Staatsminister Humboldt die Leitung der Kultus- und Unterrichtsbehörde anbot – auf eine Weise, die Humboldt keine Wahl ließ, als zuzusagen. Dieses Amt, in dem Humboldt dem preußischen Staat die Dienste leistete, die man gewöhnlich mit seinem Namen verbindet, erwies sich als Übergangsetappe zwischen der akademischen und der diplomatischen Phase seiner Laufbahn: Im Juni 1810 erfuhr er aus dem Mund des neuen Staatskanzlers Hardenberg zu seiner Überraschung, daß der preußische König ihn zum Botschafter in Wien ernannt hatte.

Man kann nicht behaupten, die Nachricht habe ihn mit überschäumender Freude erfüllt. Seine Begeisterung war noch gedämpfter als die Bismarcks, als er 1851 zum Gesandten beim Frankfurter Bundestag ernannt wurde. Noch drei Jahre später vertraute Humboldt seiner Frau brieflich an, wie sehr er das Abfassen diplomatischer Noten verabscheue[9] und daß es ihm, auch wenn er sich daran gewöhnt habe, gegen die Natur gehe, ebenso wie alle anderen Seiten des Botschafterlebens:

> Die Unbestimmtheit des Geschäfts, die ewige Abhängigkeit von fremdem Impuls, der so oft eintretende geschäftige Müßiggang und die Vornehmlichkeit, alles dies ist mir eigentlich durchaus zuwider. Nur die Freiheit und die Liebe zur Fremde, die Neigung, das Vaterland von fern anzusehn, haben mich je dazu bringen können …[10]

Damit nicht genug, geriet er auch noch in die für den tätigen Diplomaten denkbar unerquicklichste und frustrierendste Lage: daß weder seine eigene Regierung Vertrauen zu ihm hatte noch die, bei der er akkreditiert war. Sehr wahrscheinlich war der Hauptgrund für seine Ernennung der Wunsch Hardenbergs, ihn aus Berlin abzuschieben, bevor seine Ideen zur Reform der Ministerien die Regierung in Verlegenheit bringen würden. Zu Hilfe kam dem Kanzler bei diesem Schachzug das Gerücht (das nachzuprüfen er sich nicht die Mühe machte), Humboldt sei Mitglied des Tugendbundes, einer 1808 gegründeten moralischen Weltverbesserungsgesellschaft, die in den unverdienten Ruch verschwörerischer und revolutionärer Absichten geraten und, um Clausewitz zu zitieren, zu einem «Hirngespinst» geworden war, «womit man den Hof und die Einwohner Berlins unaufhörlich schrecken will».[11] Unglücklicherweise fiel derlei Unsinn am Hofe Franz' I. auf ebenso fruchtbaren Boden wie in der Umgebung Friedrich Wilhelms III., und so lief Humboldt nach seiner Ankunft in Wien eine Zeitlang Gefahr, zum politischen Paria zu werden.

Es war in dieser Situation nicht gerade hilfreich, daß Hardenberg ihn nur unzulänglich über die Entwicklungen in Berlin informierte und nicht selten Sondergesandte mit diplomatischen Missionen betraute, die eigentlich Sache der Botschaft hätten sein müssen.[12] Dem Prestige Humboldts am Wiener Hof kamen solche Praktiken schwerlich zugute. Er beschrieb später die Situation, in der er sich am Beginn seiner Botschaftertätigkeit befand, mit Worten, die man ebensogut einigen Botschaftern Bismarcks (oder auch einigen von John Foster Dulles) in den Mund legen könnte:

> In der Art, wie ich hier gestellt war, da ich von den wahren Intentionen des Königs und Ew. Excellenz nichts kannte, die Eröffnungen des Grafen Metternich weniger als offizielle Eröffnungen wie als freundschaftliche Mitteilungen empfing, deshalb allzu spät und oft unregelmäßig, und oft nicht wagte, in den Berichten an die Regierung davon Gebrauch zu machen, konnte ich in keiner Art für den Dienst des Königs wirken und war selbst als einfacher Beobachter meiner Berichte nicht sicher, die nur verstanden werden konnten, wenn man beständig diese besondere Lage im Auge hatte und sie unter diesem Gesichtspunkt betrachtete. Diese Lage war mir äußerst peinlich.[13]

Das war vielleich überzogen formuliert. Noch im Verlauf seines ersten Jahres in Wien gelang es Humboldt, sowohl den Argwohn seiner Vorgesetzten in Berlin zu zerstreuen als auch das Mißtrauen seiner Wiener Gastgeber. Seine erstklassigen gesellschaftlichen Referenzen sicherten ihm das Entrée in die besten Häuser Wiens (namentlich die von politischer Bedeutung), und sein leichthändiges, zwangloses und angenehmes Auftreten (wie Callières es einer früheren Diplomatengeneration als das ihrem Metier angemessenste und wirksamste empfohlen hatte[14]) entzog den Gerüchten, die über ihn in Umlauf waren, schließlich den Boden. Wichtiger noch war die Tatsache, daß er das Vertrauen Metternichs gewann, vor allem wohl dadurch, daß er in seinen Berichten den zur Diskreditierung des österreichischen Kanzlers in die Welt gesetzten Gerüchten keinen Raum gab und sich von der Anti-Metternich-Fronde in Wien fernhielt. Eine der ersten und vernünftigsten Einschätzungen, zu denen Humboldt bald nach seinem Eintritt in den Dschungel der österreichischen Politik gelangte, besagte, daß Metternich gewitzter sei als alle seine Rivalen und sich in seinem Amt halten werde, eine Ansicht, die 1810 nicht viele teilten.[15] Als Metternich dessen gewahr wurde, honorierte er es damit, daß er sich dem preußischen Botschafter so weit öffnete, wie es gegenüber dem Vertreter einer ausländischen Macht überhaupt möglich war.[16]

Das Verhältnis Humboldts zu seiner eigenen Regierung wandelte sich im Verlauf der ersten achtzehn Monate seiner Amtszeit erheblich, was vor allem etwas mit der Qualität seiner Depeschen zu tun hatte – daran ändern auch seine späteren abfälligen Bemerkungen über die Mühsal ihrer Abfassung nichts. Er bewerkstelligte in ihnen mehr, als das Stehvermögen Metternichs zutreffend vorauszusagen. Die entscheidende Frage, über die sich der Berliner Hof 1811 eine fundierte Meinung bilden mußte, lautete: Wie würde sich die österreichische Regierung verhalten, wenn die Verschlechterung des Verhältnisses zwischen Frankreich und Rußland schließlich in einen Krieg zwischen diesen Mächten mündete? Auf der Grundlage seiner Gespräche mit Metternich und seiner klugen Einschätzung der finanziellen und militärischen Ressourcen Österreichs lieferte Humboldt die richtige Antwort in einer Reihe von Noten, die den Zorn der patriotischen Partei in Berlin entfachten und ihren Verfasser zumindest vorübergehend vom Tugendbund-Verdacht befreiten.[17] Es sei unwahrscheinlich, schrieb er, daß Österreich im Falle eines französisch-russischen Krieges sich französischen Bündnisforderungen entziehen werde, zumal die russische Balkanpolitik in Wien das lebhafteste Mißtrauen hervorgerufen habe.[18] Die preußische Regierung müsse sich daher davor hüten, ihre Politik auf die Erwartung zu gründen, Österreich werde neutral zu bleiben suchen oder sich auf das Risiko einer bewaffneten Intervention einlassen. Sie dürfe sich, so klar auch ihre Sympathien im Falle eines Krieges verteilt sein mochten, nicht vorschnell zu Rußland bekennen. Diese Argumentation, die Humboldt das ganze Jahr 1811 hindurch in variierter und verfeinerter Form vortrug, deckte sich mit den Gefühlen Friedrich Wilhelms, und so trugen die Berichte seines Wiener Botschafters nicht wenig dazu bei, daß er sich im Februar 1812 entschloß, dem Drängen Napoleons nachzugeben und ein Bündnis mit ihm einzugehen, das zu einem geringen Preis die Sicherheit Preußens vorerst zu garantieren versprach, bis in Europa wieder klarere machtpolitische Verhältnisse herrschen würden. So sehr Humboldt diesen Schritt persönlich bedauert haben mag, so deutlich zeigte sich die Fundiertheit seiner Lageeinschätzung, als die österreichische Regierung am 14. März 1812 ein ähnliches Bündnis mit Frankreich schloß.

Am Ende seiner diplomatischen Laufbahn schrieb Humboldt: «Nichts ist bei allem politischen Beginnen so wichtig als die Dinge gerade so aufzufassen, wie sie sind, es sei nun, daß man sie so lasse oder weiter zu führen versuche.»[19] Seine eigenen Berichte aus Wien erfüllten diese Forderung beispielhaft, und das galt insbesondere nach dem Ausbruch der Feindseligkeiten zwischen Frankreich und Rußland. Der Krieg ließ die Hoffnungen der Patrioten in Berlin wiedererwachen, und als Napoleon bei Borodino und in Moskau seine ersten Niederlagen hinnehmen mußte und seinen großen Rückzug antrat, schossen abenteuerlichste Erwartungen ins Kraut, was und wie die deutschen Mächte zu seinem Untergang beitragen könnten. Gegen die Begeisterung des Augenblicks war auch Humboldt nicht gefeit, doch ließ er sich durch sie nicht seine Urteilskraft trüben. Der in Preußen so verbreitete Haß auf Frankreich sei, so betonte er, Metternich und dem österreichischen Hofe fremd. Das Metternichsche «System», wie er es zu Beginn des russischen Krieges beschrieben habe, ziele nicht auf die Vernichtung der französischen Macht ab, sondern auf ihre Zurückdrängung in den Rahmen einer gerechten und gleichgewichtigen europäischen Ordnung, die die Unabhängigkeit der europäischen Großmächte sichern würde.[20] Der Rückzug Napoleons aus Rußland ändere an dieser Grundauffassung des Kanzlers nichts. Die Gegner Napoleons könnten nicht mit österreichischer Beihilfe rechnen, wenn sie anstelle eines Interessenkrieges einen Ideenkrieg führen wollten oder in ihrem Eifer, Napoleon zu stürzen, das europäische Gleichgewicht gefährdeten, das Metternich wiederherstellen wolle. Die österreichische Politik werde in den kommenden Monaten auf jeden Fall weiterhin eine tastende und schwankende sein, so daß die preußische Regierung, soweit möglich, gut beraten wäre, sich nicht festzulegen, bevor die Österreicher es tun würden. Ein Bündnis mit Rußland könne ungünstige Folgen nach sich ziehen, falls die österreichische Regierung sich entschlösse, ihre wachsenden militärischen Ressourcen Napoleon zur Verfügung zu stellen.[21]

Dieses Mal konnte Humboldt mit seinem Rat nicht durchdringen; zu mächtig war die Strömung, die Preußen in Richtung Krieg trieb. Wie er selbst einsah,[22] konnte Preußen seine Politik nicht ausschließlich an langfristigen Einschätzungen der österreichischen Interessenlage ausrichten – die sich zuspitzende militärische Situation mochte die hübschesten Berechnungen zunichte machen und den Staat vor so unabweisbare Gefahren oder Gelegenheiten stellen, daß die Politik faktisch auf dem Schlachtfeld gemacht werden müsse. Der Vormarsch der russischen Truppen nach Europa, die De-facto-Meuterei des Generals Yorck bei Tauroggen, die einem Überlaufen preußischer Truppen auf die russische Seite gleichkam, und die Begeisterung, mit der dies in ganz Ostpreußen begrüßt wurde, all dies ließ dem König kaum eine Wahl: Mitte März befand sich Preußen im Krieg mit Napoleon.

II

Diese Entwicklung veränderte die Rolle Humboldts und wertete sie auf. Bis dahin war er lediglich Berichterstatter über Situationen und Perspektiven gewesen; jetzt, da es für Preußen und Rußland zum dringenden Anliegen wurde, die Österreicher zum Eintritt in die antifranzösische Koalition zu bewegen, wurde er zusätzlich zum Anwalt. Er stand von nun an bis zum Abbruch der Prager Konferenz im August in ständiger Fühlung mit Metternich und bemühte sich, ihm in informellen Verhandlungen, bei denen er alle diplomatischen Register zog, eine verbindliche Bündniszusage abzuringen. Gleichzeitig mußte er, wie sich herausstellte, einen fast ebenso großen Teil seiner Energie und Überredungskunst aufwenden, um im eigenen Lager die Kräfte der Ungeduld einerseits und die resignativen Tendenzen andererseits zu bekämpfen. Ungeachtet der Tatsache, daß sein späteres Wirken auf dem Wiener Kongreß das einzige Teilstück seiner diplomatischen Laufbahn war, dem westliche Historiker Aufmerksamkeit zollten, sah Humboldt selbst, wahrscheinlich zu Recht, in den Geburtshelfermühen des Jahres 1813 die bedeutsamste Leistung seines öffentlichen Lebens.[23]

Erschwert wurde seine Aufgabe wieder einmal durch habsburgische Ängste vor revolutionärem Überschwang. Die Verlautbarungen Steins und seiner Vertrauensleute in Ostpreußen, die großen Töne, die einige der großmäuligen Offiziere aus dem Blücher-Gneisenau-Lager spuckten, vor allem aber die unüberhörbaren Drohungen mit einer Bestrafung jener deutschen Kleinfürsten, die mit Napoleon kollaboriert hatten, und die Ausmalung eines auf ihre Kosten zu errichtenden deutschen Einheitsstaates irritierten Kaiser Franz und seine Berater, so daß Humboldt sich genötigt sah, auf eine Mäßigung der Rhetorik zu drängen. Während es, so schrieb er, in den Kollegien der Verbündeten offenbar üblich sei, von der Befreiung Deutschlands und Europas zu reden, ziehe man es am Wiener Hof vor, «nur von politischen Systemen, von Großmächten zu sprechen»; selbst der Name Deutschland falle selten.

> Ich bin weit entfernt, das hier zu billigen, aber ich wage zu sagen: wenn ich den Geist der uns von den alliierten Heeren zukommenden Schriftstücke betrachte und das Ziel erwäge, die Fürsten Deutschlands zum Kampfe zu gewinnen, neige ich mehr der Art die Dinge anzusehen zu, die man hier adoptiert hat. Ich halte es hier für meine Pflicht, diese Verschiedenheit auszugleichen und zu beweisen, daß man im Grunde über das Ziel und die Resultate doch vollständig einig sei.[24]

In seinen Unterredungen mit Metternich bemühte sich Humboldt, den Kanzler davon zu überzeugen, daß Preußen und Rußland ebenfalls an der Herstellung eines lebensfähigen Mächtegleichgewichts in Europa interessiert seien, daß ein solches aber nur dann sicher erreicht werden könne, wenn Österreich sich in einem kühnen Schritt auf ihre Seite stelle. Damit unnötig lange zu warten, würde nur zu einer Verlängerung des Napoleonischen Abwehrkampfes führen und es schwieriger machen, ein europäisches Gleichgewicht herzustellen, das geeignet war, Österreich und Preußen Sicherheit zu bescheren. Darunter würde, so gab Humboldt zu verstehen, das Bild, das die Nachwelt sich von der Staatskunst Metternichs machen würde, leiden.[25]

Im Grunde wußte Humboldt ganz genau, daß diese Argumente Metternich nicht von dem ausgeklügelten Kurs abbringen würden, den er steuerte. Seinem untrüglichen Blick für militärische Tatsachen war der zügige Ausbau der österreichischen Militärmacht nicht verborgen geblieben, und er wußte, daß Metternich in wenigen Monaten eine Armee von 150000 Mann in der Hinterhand haben würde. Der Kanzler war nicht so töricht, sich auf irgendwelche Abmachungen einzulassen, bevor er mit dieser Trumpfkarte günstige Konditionen erreichen konnte, und so hatte es wenig Sinn, sich über seine wohlerwogene Unempfänglichkeit für die alliierten Offerten und über den Zynismus aufzuregen, mit dem er die Beziehungen zu Frankreich vorerst weiterpflegte, wie Humboldt am 1. Mai 1813 in einer meisterhaften Depesche ausführte:

Ich verhehle nicht, daß man, wenn man das derzeitige Verhalten des Wiener Hofes in allen Details analysiert, noch immer auf Dinge stößt, die entweder schwer erklärbar sind oder Anlaß zum Argwohn geben, aber ich würde glauben, meine Pflicht zu vernachlässigen, wenn ich diesen Dingen zu gründlich nach- und nicht geraden Wegs auf das Ziel losginge, nämlich einfach die Frage stellte, was der wesentliche Kern der österreichischen Position, und welche Vorgehensweise gegenüber dem hiesigen Kabinett wirklich praktikabel und geeignet sei, zu einem möglichst günstigen Ergebnis zu führen.[26]

Es sei schade, schrieb er, daß Österreich nicht in die Koalition eingetreten sei, es bringe aber nichts, fügte er mit einem verklausulierten Hinweis auf die wachsende militärische Stärke Österreichs hinzu, dem Kaiser deswegen gram zu sein. Die Verbündeten sollten daran denken, daß, wenn der Zeitpunkt für eine Neuordnung Europas da sei, alle maßgeblichen Mächte zusammenarbeiten müßten. Bis dahin sei es ein Gebot der Klugheit, ein enges und freundschaftliches Verhältnis zur österreichischen Regierung aufrechtzuerhalten.

Bis in den Mai hinein sah Humboldt sich mehrmals gezwungen, die alliierten Draufgänger zur Geduld mit Österreich und zum Verzicht auf Drohgebärden zu ermahnen; danach, unter dem Eindruck der unerwarteten und beunruhigenden Siege Napoleons bei Großgörschen und Bautzen, fand er sich in der

Rolle dessen wieder, der vor Panikreaktionen warnen mußte. In dieser Situation jetzt flehentlich nach österreichischer Unterstützung zu rufen oder Wien die Nichteinhaltung von Zusagen vorzuwerfen, von denen Metternich wahrscheinlich nachweisen konnte, daß er sie nie gemacht hatte, wäre gleichermaßen fruchtlos. Statt dessen gelte es, den Österreichern klarzumachen, daß die jüngst erlittenen Rückschläge nicht entscheidend gewesen waren und den Siegeswillen der Verbündeten nicht mindern würden. Dies müsse in einer Sprache vorgetragen werden, die zeige, daß man zuversichtlich glaube, daß Österreich, sobald es militärisch gerüstet war, nicht zögern werde, sich den Verbündeten anzuschließen. «Es gibt eine Art, Vertrauen auszudrükken», schrieb Humboldt an Hardenberg, «welche den verpflichtet, der das Vertrauen eingeflößt hat, und dieser Art muß man sich bedienen.»[27] Zugleich könne es nicht schaden, Metternich unter der Hand wissen zu lassen, daß jeder Versuch von seiner Seite, einen Frieden mit Napoleon herbeizuführen, der den Interessen der Verbündeten nicht gerecht würde, von diesen abgelehnt werden müsse und daß sie dann den Kampf ohne Österreich aufnehmen würden, mit möglicherweise nachteiligen Folgen für das Habsburger Herrscherhaus.[28]

Im Juni 1813 verlagerte sich das Zentrum der diplomatischen Aktivität in Europa von Wien an die böhmisch-schlesische Grenze. Metternich und sein Kaiser hatten sich, in der Hoffnung, den nach Bautzen im alliierten Lager herrschenden Katzenjammer für ein vorteilhaftes Arrangement mit Napoleon nutzen zu können, nordwärts begeben, um in enger Fühlung sowohl mit dem verbündeten Hauptquartier als auch mit dem in Dresden residierenden französischen Kaiserhof bleiben zu können. Hardenberg hatte postwendend Humboldt die Erlaubnis erteilt, die Botschaft in Wien einem Geschäftsträger anzuvertrauen und sich bei ihm im schlesischen Reichenbach einzufinden. Hier mußte der Botschafter feststellen, daß in der königlichen Entourage Streit und Ratlosigkeit herrschten; während die Stein-Blücher-Gneisenau-Fraktion für eine Politik des Krieges *à outrance* eintrat, offenbarten der König und seine engsten Berater Ancillon und Knesebeck alle Anzeichen der Bereitschaft, Frieden um jeden Preis zu schließen. Humboldt schlug sich unter diesen Umständen auf die Seite der Militärs und bekräftigte, was er zuvor von Wien aus empfohlen hatte. «Glaube mir», schrieb er am 13. Juni an seine Frau, «daß ich nicht müßig bin, und daß ich nur zum Kraftvollen rate» – was er so nachdrücklich tat, daß Stein ihm ein Kompliment machte: «Er hat mir heute gesagt, daß ich wie ein St. Elmsfeuer wäre, das sich auf den Masten der Schiffe zeige, wenn Sturm ist.»[29]

Vermutlich um diese Zeit herum begann Metternich das Vertrauen, das er zuvor in Humboldt gesetzt hatte, zu verlieren und in ihm einen anstrengenden Verhandlungspartner zu sehen. Der österreichische Kanzler setzte darauf, daß der Einfluß der Hasenfüße im alliierten Hauptquartier ihm helfen würde, einen Kompromißfrieden mit Napoleon zu erlangen; Sinn und Zweck des Waffenstillstands, den er mit Napoleon im Juni schloß und der anschließend bis zum 10. August verlängert wurde, war es, die Position dieser Männer zu stärken. Diese Taktik verfing jedoch nicht, weil es Humboldt mit Rückendekkung Hardenbergs gelang, die alliierte Zustimmung zu den Metternich-Arrangements an die Bedingung zu knüpfen, daß Österreich sich verbindlich verpflichtete, an ihrer Seite in den Krieg einzutreten, falls Napoleon den Friedensschluß zu Bedingungen verweigerte, die wesentlich härter waren, als Metternich sie gestellt hätte, wenn es allein nach ihm gegangen wäre. Die internen Grabenkämpfe, die im Verlauf der komplizierten Verhandlungen in Ratiborschitz, Gitschin, Opotschina und Dresden im Juni und Juli 1813 abliefen, sind nicht eingehend dokumentiert; bekannt ist allerdings, daß Humboldt sich beständig bemühte, den Einfluß Metternichs auf den preußischen Hof zu schwächen, etwa indem er Hardenberg dazu brachte, dem König zu erklären, er werde eher zurücktreten, als einen Friedensvertrag ohne Sicherheitsgarantien für Deutschland zu unterzeichnen, und indem er alles tat, um den von Natur aus pessimistischen Generaladjutanten von Knesebeck durch einen der jüngeren und kämpferischen Soldaten wie Boyen oder Grolman ersetzt zu sehen.[30]

Anfang Juli, nach der Lektüre einer Denkschrift von Knesebeck, in der dieser die Bereitschaft angedeutet hatte, durch Abrücken von solchen Kriegszielen wie der Auflösung des Napoleonischen Rheinbundes oder der Annektierung Magdeburgs durch Preußen den Preis für den Frieden zu senken, verfaßte er eine vernichtende Gegenstellungnahme, in der er einmal mehr sein Wissen um das Wesen der Macht unter Beweis stellte. «Es erscheint mir», schrieb er,

> in bezug auf Staaten ganz allgemein schwierig, die Unabhängigkeit von der Macht zu trennen ... Der gegenwärtige Augenblick ist gewiß der kritischste, in dem sich die preußische Monarchie je befunden hat, und nichts wäre verwerflicher, als das Wohlergehen des Staates durch falschen Enthusiasmus oder überzogene Ansprüche aufs Spiel setzen zu wollen. Es ist freilich nicht nur der Krieg, der Staaten zerstört; zu einem viel sichereren Verhängnis kann ihnen der Friede werden, wenn er sie, indem er ihnen die Mittel zu ihrer Selbstverteidigung nimmt, zur leichten Beute ihrer Feinde werden läßt.[31]

Eher als sich auf gefährliche Friedensbedingungen einzulassen, müsse Preußen bereit sein, den Krieg weiterzuführen, notfalls mit Rußland als einzigem Bündnispartner. Friedrich Wilhelm III., hin und her gerissen zwischen seiner Sehnsucht nach Frieden und der Hoffnung, sein Land stärker und reicher machen zu können, entschied sich widerstrebend für die Position Humboldts, umgestimmt vielleicht durch das zusätzliche Argument des Botschafters, in diesem Moment Härte zu zeigen, bedeute kein großes Risiko, da die Logik der Ereignisse Österreich zwingen werde, an der Seite Preußens in den Krieg einzutreten.

Das Ende des Waffenstillstands brachte eine Konferenz, die im August 1813 in Prag stattfand und auf der Metternich als Vermittler zwischen Napoleon und seinen Gegenspielern agierte, nachdem er zuvor vertraulich zugesagt hatte, sich den Verbündeten anzuschließen, falls der französische Kaiser deren Friedensbedingungen ablehnen würde.[32] Da die Regierungen Preußens und Rußlands dank Hardenberg und Humboldt den bei der Begründung ihres Bündnisses vereinbarten Programmpunkten treu geblieben waren – der völligen Demontage der französischen Position in Deutschland –, kam für Napoleon ein Friedensschluß nicht in Frage; er brauchte allerdings einige Wochen, um dies klar zum Ausdruck zu bringen. Am 10. August konnte daran jedoch kein Zweifel mehr bestehen, und die Beziehungen zu Frankreich wurden abgebrochen. Was auch immer Metternich gehofft oder befürchtet haben mochte, jetzt mußte er den Krieg erklären. Wie Enno Kraehe bemerkt hat: «Jede andere Entscheidung hätte ihn sein persönliches Prestige gekostet, seine Verhandlungsfähigkeit für immer untergraben und einen ... Frieden auf Kosten Österreichs herausgefordert.»[33]

Humboldt konnte nicht anders, als diese Entwicklung bis zu einem gewissen Grad als persönlichen Triumph zu empfinden. Am 11. August schrieb er seiner Frau: «Ich stehe auf dem Punkt, den ich zu erreichen wünschte. Ich habe jetzt *eine* wichtige Sache im Leben durchgesetzt; wenn ich das sage, meine ich indes doch nicht, daß ich sie eigentlich gemacht hätte. Andere Menschen haben ebensoviel als ich beigetragen, die Umstände mehr, und Napoleon am meisten.»[34] Zwei Jahre später ging er in einem Brief an Hardenberg noch ein Stückchen weiter und versuchte sich an einer rückblickenden Einschätzung seiner diplomatischen Tätigkeit während der gesamten Zeitspanne zwischen seiner Berufung auf den Wiener Botschafterposten und dem Scheitern der Prager Konferenz. «Hier», schrieb er,

> wo es darauf ankam, die gehörige Mitte zwischen Vertrauen und Mißtrauen, sorgloser Verurteilung und unzeitigem Eifer zu halten, wo man sich gleich großer Verantwortlichkeit aussetzte, wenn man durch die Erregung von Vertrauen hernach fehlschlagende Erwartungen machte, oder durch Erweckung von Mißtrauen selbst zu diesem Fehlschlagen beitrug, glaube ich, ohne Anmaßung, behaupten zu können, daß ohne mich die Sache nicht oder minder gut zu stande gekommen wäre.[35]

Dies erscheint nicht unbillig. Humboldt hatte zur Geduld mit Österreich geraten, als Ungeduld bei Metternich kein Umdenken bewirkt hätte, und zu Festigkeit, als das Gegenteil davon zu einem verhängnisvollen Frieden hätte führen können. Er konnte mit Recht von sich sagen, daß er mitgeholfen hatte, Österreich zu tragbaren Bedingungen für das Bündnis zu gewinnen. Allein, dieser Erfolg hatte einen Preis: Seine unbeugsame Haltung in der Frage der Friedensbedingungen und sein Auftreten gegen die Kleinmütigen am preußischen Hof hatte bei seinem eigenen König wieder den Argwohn gegen ihn geweckt und den Gerüchten über seine Tugendbund-Sympathien neue Nahrung gegeben.[36] Andererseits hatte seine hartnäckige Verteidigung der Interessen Preußens bei Metternich nicht nur Respekt, sondern auch Abneigung gegen ihn hervorgerufen. Der österreichische Kanzler ließ sich von Erinnerungen an unterhaltsame mitternächtliche Spaziergänge mit Gentz und Humboldt durch die Straßen und über die Brücken Prags[37] nicht in seinen Ressentiments gegen den preußischen Gesandten beirren und auch nicht in seiner Entschlossenheit, Humboldt keine Gelegenheit mehr zu geben, ihm nochmals in die Quere zu kommen.

III

Die Diplomaten begaben sich jetzt zu den Schlachtfeldern, und die darauffolgenden Monate standen im Zeichen des Waffengeklirrs auf der einen Seite und eines heftigen Gezerres zwischen den Verbündeten um politische und strategische Fragen auf der anderen.[38] Es war, um einen Ausdruck aus unserer Zeit zu gebrauchen, die Stunde der Falken und der Tauben; erstere, angeführt von Stein, den Spitzen der schlesischen Armee und Zar Alexander von Rußland (in seinen optimistischen Momenten), wollten Deutschland vollständig befreien und den Krieg nach Frankreich hineintragen, während letztere – Metternich und der Oberbefehlshaber Schwarzenberg, Friedrich Wilhelm III. und Knesebeck, Bernadotte von Schweden – eine möglichst schnelle Einigung mit Napoleon und ein Ende des Waffengangs anstrebten, noch bevor der Krieg den Rhein erreichte. Humboldt sympathisierte mit der Partei der Falken. Die Dynamik des Krieges und der Schlachtenlärm munterten ihn auf; er spürte, daß er hier einen bedeutsamen geschichtlichen Vorgang miterlebte und mitgestalten konnte, und äußerte sich kritisch über diejenigen, die daran keinen Anteil nahmen (wie Goethe, der sich um die Verleihung einer Medaille durch Kaiser Franz bemühte, um die vergessen zu machen, die Napoleon ihm umgehängt hatte, oder wie Alexander von Humboldt, der in Paris das Ende des Krieges abwartete). In Wilhelms Kopf überschlugen sich die Visionen von einem neuen Deutschland, das erstehen konnte, wenn man nur einen «weichen Frieden» verhinderte.[39]

Diese kriegerische Hochstimmung, die später einer gewissen Ernüchterung weichen sollte, hatte wenig Einfluß auf die Entscheidungen der verbündeten Mächte in den Feldzügen des Winters und des Frühjahrs. Metternich dachte an Prag zurück und hatte keine Lust, sich in seiner Politik der Friedenssuche von einem dazwischenfunken zu lassen, den die Franzosen inzwischen einen «homme passionné» nannten und zu dem er selbst kein «Geschäftsvertrauen» mehr besaß.[40] Er versuchte, Hardenbergs latenten Argwohn gegen seinen Botschafter wiederzubeleben, indem er behauptete, Humboldt intrigiere um das Amt des Staatskanzlers; er schaffte es, Humboldt von den alliierten Unterredungen in Frankfurt und aus den wichtigen Verhandlungen vom Januar 1814 in Langres fernzuhalten;[41] und als die angeschlagene Gesundheit Hardenbergs es notwendig machte, Humboldt zum preußischen Vertreter auf der Konferenz von Châtillon im Februar zu ernennen – die die letzte Hoffnung des österreichischen Kanzlers auf einen Kompromißfrieden verkörperte –, ersuchte Metternich die preußische Regierung, seinem alten Gegenspieler ausdrückliche und bindende Weisungen mit auf den Weg zu geben. «Er hat die Art», schrieb er, «die Sache ein wenig als Spaß zu behandeln, ... ich kenne Humboldt genug, um zu wissen, daß, wenn Sie ihm nicht fest befehlen, er menagieren und sich eine Hinterpforte gegenüber den Jakobinern von Nord und Süd offen halten wird.»[42]

Dank der Wachsamkeit Metternichs erlebte Humboldt das diplomatische Geschäft am Rande des Frühjahrsfeldzugs eher als Zuschauer mit denn als Akteur; in den großen Fragen wurde er nicht um Rat gefragt, und wenn er Vorschläge machte, wurden sie nicht aufgegriffen. Er hatte durchaus die Wahrheit auf seiner Seite, als er im April 1814, nachdem er erfahren hatte, daß ihm in Paris der Ruf vorauseilte, einen Kompromißfrieden mit Napoleon verhindert zu haben, dies als einen unverdienten Vorwurf bezeichnete und hinzufügte: «Ich bin fest überzeugt, daß, wäre ich auch nie dagewesen, die Dinge um kein Haar anders gegangen sein würden.»[43] Er hatte während des Feldzugs den Großteil seiner Zeit mit der Erledigung von Verwaltungskram und mit der Ausarbeitung der Grundzüge einer neuen deutschen Verfassung verbracht, die, so glänzend sie formuliert war, nie in praktische Politik übersetzt wurde.[44] Den gescheitesten diplomatischen Gedanken, den er in dieser Zeit vortrug – ein Vorschlag an Hardenberg, Preußen solle mit seinen Verbündeten im Hinblick auf territoriale und finanzielle Entschädigungen rasche und harte Abmachungen treffen, noch bevor die Friedensverhandlungen in Gang kamen –, ignorierte der Staatskanzler, bis die Gelegenheit verstrichen und in der Angelegenheit nichts mehr zu machen war.[45]

Dies erwies sich als schwerwiegendes Versäumnis, wie deutlich wurde, als Napoleon gestürzt war und die Verbündeten in den langwierigen Prozeß der Friedensstiftung eintraten, der im April 1814 in Paris begann, im Juni in London seine Fortsetzung und im Herbst mit dem großen Kongreß zu Wien seinen Höhepunkt und Abschluß fand. In Paris mußte ein angewiderter Humboldt mit ansehen, wie die Alliierten seines Königs um Einfluß auf die neue Bourbonen-Regierung wetteiferten und dabei wenig Rücksicht auf deutsche Sicherheitserfordernisse und auf die finanziellen Ansprüche nahmen, deren Berechtigung die preußische Regierung unklugerweise als selbstverständlich vorausgesetzt hatte.[46] Humboldt empfand keine Befriedigung bei dem Gedanken, daß sich diese Situation hätte vermeiden lassen, wenn man seinem Rat gefolgt wäre. Seine Erbitterung wuchs während der Verhandlungen in London, bei denen der Zar es rundweg ablehnte, über territoriale Entschädigungen auch nur zu reden, während Metternich sich in Unverbindlichkeit flüchtete; und er sah mit unguten Gefühlen dem großen diplomatischen Finale in Wien entgegen, war ihm doch klargeworden, daß die Solidarität innerhalb der Allianz restlos zerbrochen war und in keiner der für den Entwurf einer neuen europäischen Ordnung wesentlichen Fragen grundlegende Übereinstimmung bestand.[47]

Nachdem die Wiener Verhandlungen begonnen hatten, äußerte Humboldt dieselbe Klage, die auch in unserem Jahrhundert nach allen großen Kriegen zu hören war:

> So kommen die üblen Folgen, die das Aufschieben vieler Dinge von einer Epoche zur andern gehabt hat, zutage, man kann jetzt nicht mehr aufschieben, und weiß nun nicht aus der Verlegenheit zu kommen.
>
> Während des ganzen Krieges hat man schlechterdings nur immer Napoleons Sturz vor Augen gehabt, ... und alles nur mit Begierde ergriffen, was jenen Zweck noch sicherer zu machen schien, sowie alles entfernt, was ihn nur einen Augenblick in Zweifel gesetzt hätte. Darum hat man sich nie vorher in dem einzigen richtigen Moment über Polen mit Rußland vereinigt und hat nie gegen Bayern und Württemberg die rechte Sprache geführt. Alles das rächt sich jetzt schmählich, und es erwachsen Schwierigkeiten, wo man sonst ganz ebenen Pfad gehabt hätte.[48]

Soweit sich diese Fehler mit diplomatischer Technik und administrativem Geschick wettmachen ließen, bügelte Humboldt sie aus. Was er und die Geheimräte der Hardenbergschen Kanzlei leisteten, war enorm. Von Humboldt selbst stammte der Plan für das Procedere der Verhandlungen, der den Wiener Kongreß davor bewahrte, sich in heilloser Kompliziertheit zu verirren, und der festlegte, auf welche Weise Entscheidungen der Großmächte den anderen teilnehmenden Staaten mitgeteilt und aufgezwungen würden.[49] Und Humboldts Mitarbeiter waren es, die den allergrößten Teil der statistischen Erhebungen und Berechnungen besorgten, auf deren Grundlage die europäische Landkarte neu gezeichnet wurde. Mit ihrem Fleiß erregten sie zuweilen den Mißmut oder Zorn der anderen Delegationen, und Talleyrand deutete einmal auf den Statistiker Hoffmann und fragte: «Wer ist denn der kleine Mann da, der alle Köpfe zählt und seinen eigenen verliert?»[50]

Allein, keine prozeduralen Pläne, keine statistischen Arbeitsunterlagen, keine der Lageanalysen zu jedem erdenklichen Thema – von der militärischen Bedeutung der deutsch-schweizerischen Grenze bis zu den Schiffahrtsrechten auf internationalen Gewässern – vermochten etwas auszurichten gegen die vertrackten Probleme, die die europäischen Mächte entzweiten. Sie waren territorialer Natur, und das brisanteste unter ihnen resultierte aus dem Wunsch des Zaren Alexander, ganz Polen zu kassieren, und aus der Hoffnung der preußischen Regierung, das Königreich Sachsen annektieren zu können. Diese Ansprüche hätten fast dazu geführt, daß der Wiener Kongreß nicht mit einer gesamteuropäischen Regelung geendet, sondern in einen erneuten Krieg gemündet hätte, eine Entwicklung, die letzten Endes nur durch eine Geheimallianz zwischen Österreich, Großbritannien und Frankreich gegen die beiden Anspruchsteller abgewendet wurde. Preußen mußte sich in der Folge nicht nur seine sächsischen Ambitionen abschminken, sondern auch erleben, wie seine Vorschläge für eine neue deutsche Verfassung kastriert wurden.

Der Historiker Treitschke führte diese Rückschläge auf das schwache Auftreten der preußischen Diplomatie in Wien zurück und verwies dabei insbesondere auf eine von Humboldt am 20. August 1814 verfaßte Denkschrift, in der der Botschafter sich über die Furcht Metternichs vor den polnischen Plänen des Zaren äußerte und das österreichische Interesse an einer gemeinsamen österreichisch-englisch-preußischen Front gegen diese Pläne hervorhob. Humboldts Argument lautete, die Ambitionen Alexanders stellten auch eine Bedrohung für Preußen dar, dessen Regierung demzufolge in dieser Angelegenheit Metternich loyale Unterstützung gewähren solle. Im Gegenzug könne sie dann von ihm Unterstützung für ihre Ansprüche auf Sachsen erwarten, ungeachtet der Bedenken bestimmter österreichischer Generäle gegen eine Kontrolle der Erzgebirgspässe durch Preußen.[51]

Treitschke bezeichnete diese Denkschrift als «ein merkwürdiges Schriftstück, das mit überraschender Klarheit beweist, wie gröblich selbst ein großer Kopf von entschiedener politischer Begabung die diplomatischen Verhältnisse des Augenblicks verkennen kann». Ein von «Metternichs glatter Zunge» getäuschter Humboldt habe, so unterstellte der Historiker, seinerseits Hardenberg in die Irre geführt, so daß dieser, anstatt seinem russischen Waffengefährten die Treue zu halten, «den Staat einer beschämenden Niederlage entgegen[geführt]» habe.[52] Diese Deutung atmet all die emotionale Kraft und Leidenschaft, zu der der große preußische Historiker fähig war, wird aber dem Denken Humboldts keineswegs gerecht; das Argument, bei vollständiger Loyalität gegenüber Rußland hätte Preußen Sachsen, Mainz und alle anderen Objekte seiner Begierde bekommen, ist alles andere als zwingend. Humboldt hatte im Verlauf der Frühjahrsfeldzüge und der Verhandlungen in Paris und London genügend Erfahrungen mit der Unberechenbarkeit und Unzuverlässigkeit des Zaren gesammelt, um ihm zu mißtrauen, und abgesehen davon fand er es an der Zeit, Preußen aus der russischen Vormundschaft herauszuführen, in der es sich seit dem Vertrag von Kalisch im Februar 1812 befunden hatte: Preußen sollte wieder eine selbständige Politik machen. Weit davon entfernt, sich von Metternich täuschen zu lassen, hatte er dessen Unbehagen angesichts der territorialen Expansion Rußlands richtig erfaßt und war zu der Überzeugung gelangt, daß Preußen, wenn es zum Abbau dieser Besorgnisse beitrug, damit die Grundlage für eine funktionierende österreichisch-preußische Zusammenarbeit in Mitteleuropa legen konnte; daraus wiederum könne, so glaubte er, eine deutsche Verfassung resultieren, die dem im Befreiungskrieg erwachten Nationalbewußtsein gerecht würde, und ein lebensfähiges europäisches Machtgleichgewicht, innerhalb dessen sowohl Rußland als auch Frankreich eine gebührend kontrollierte Rolle spielen würden. Man sollte sich vergegenwärtigen, daß so kenntnisreiche Beobachter wie Gentz und Carl August von Weimar überzeugt waren, Metternich sei bereit, als Gegenleistung für eine Unterstützung der von Humboldt in Aussicht gestellten Art die preußischen Ansprüche auf Sachsen anzuerkennen; und daß Hardenberg, dem man zwar Faulheit, nicht aber Naivität nachsagen konnte, die Humboldtsche Konzeption uneingeschränkt bejahte und sie sich zu eigen machte.[53]

Niemand kann sagen, ob dem Humboldt-Plan Erfolg beschieden gewesen wäre. Fest steht lediglich, daß Hardenberg, bevor der Streit um die Zukunft Polens und Sachsens voll zum Ausbruch kam, die Unterstützung der Briten bereits in der Tasche hatte und daß die in der Humboldtschen Denkschrift umrissene Kombination im Begriff stand, Gestalt anzunehmen. Doch Alexander verfügte über eine Waffe, gegen die kein Kraut gewachsen war: Beobachter des Wiener Geschehens mokierten sich über die Beflissenheit, mit der der preußische König dem Zaren in allen Dingen entgegenkam, aus Dankbarkeit für das, was er 1812 für Preußen getan hatte.[54] Diese falsch verstandene Loyalität ließ den Plan Humboldts scheitern. Anfang November bestellte Friedrich Wilhelm seinen leitenden Minister zu sich und untersagte ihm jegliche weiteren Konsultationen mit Großbritannien und Österreich über die polnische Frage. Hardenberg war erstaunt, gab aber klein bei; Humboldt zeigte größeren Kampfgeist und remonstrierte bei seinem Fürsten nachdrücklich gegen dieses fast klassische Beispiel für eine von Sentimentalität diktierte Politik. Dies brachte jedoch keinen anderen Erfolg als den, daß der Zar wütend wurde und dem preußischen König erklärte, Humboldt sei von den Juden bestochen worden.[55] Das königliche Machtwort verurteilte die preußische Politik zur Immobilität, stieß die Briten vor den Kopf und befreite Metternich von allen Verpflichtungen Preußen gegenüber. Die Folge war, daß der österreichische Kanzler nicht nur die preußischen Ansprüche auf Sachsen zu Fall brachte, sondern darüber hinaus in den langwierigen Verhandlungen über die deutsche Frage, die die letzten Monate des Kongresses beherrschten, den süddeutschen Staaten half, das Humboldtsche Projekt einer deutschen Verfassung systematisch und wirksam zu demontieren.

Im Juni 1815, als die Wiener Verhandlungen sich auf ihr Ende zuschleppten, sah Humboldt sich in allen seinen Hoffnungen enttäuscht und fühlte sich mit seiner Kraft am Ende. «Der vorige Krieg», schrieb er an seine Frau,

> war das eigentlich Große und Schöne, und er ist wie ein junger und kräftiger Baum plötzlich ins Welken gekommen. Der Pariser Friede verderbte ihn zuerst, der Kongreß nachher ... Ich habe in keiner Zeit meines Lebens mehr besonnene Kräfte besessen, aber auch in keiner so lebendig den Wunsch gefühlt, von allen Geschäften zurückzutreten.[56]

IV

Nachdem Humboldt hatte erleben müssen, wie sein politisches Konzept in Wien durch die romantischen Anwandlungen seines Königs zunichte gemacht worden war, mußte er nun bei seiner letzten wichtigen Verhandlungsmission eine unnötige Erschwerung seiner Aufgabe durch die Militärs hinnehmen und eine Erfahrung machen, die nach ihm auch Bismarck, Bethmann Hollweg und Stresemann nicht erspart bleiben sollte: wie schwierig es in Deutschland war, das Militär in Schranken zu halten.

Er durchlitt diese Erfahrung in Paris, im Verlauf der Friedensverhandlungen, die sich an die Hundert Tage Napoleons und seine zweite Absetzung anschlossen. Da Hardenberg gesundheitlich nicht auf der Höhe war, spielte Humboldt in den Gesprächen, die im Juni und Juli 1815 in der französischen Hauptstadt stattfanden, die Rolle des preußischen Verhandlungsführers. Er trat an in der Hoffnung, für Deutschland militärisch günstigere Grenzen herausholen zu können, als sie im Vorjahr in Paris festgelegt worden waren; des weiteren strebte er für Preußen, dessen Heer im abschließenden Feldzug gegen Napoleon eine maßgebliche Rolle gespielt hatte, eine großzügige finanzielle Entschädigung sowie Garnisonen an Mosel und Saar an. Er trug sorgfältig seine Argumente zusammen[57] und brachte sie mit derselben schneidenden Schärfe und Autorität vor, die er in den Auseinandersetzungen mit Talleyrand in Wien an den Tag gelegt hatte.

Von Anfang an war klar, daß solche Forderungen bei den übrigen Mächten auf wenig Gegenliebe stoßen würden; dennoch kann man annehmen, daß Humboldt auf weniger taube Ohren gestoßen wäre, wenn die preußische Militärführung in Frankreich sich nicht so aufgeführt hätte, wie sie es tat. Die Unzufriedenheit der Soldaten über die in ihren Augen ungenügende diplomatische Ummünzung ihrer militärischen Erfolge hatte sich seit dem ersten Pariser Frieden kontinuierlich verstärkt, ebenso wie ihre Neigung, politische Signale auszusenden. Zum Zeitpunkt der Londoner Konferenz von 1814 hatten die Briten mit Sorge registriert, wie widerstrebend die preußischen Truppen der Weisung nachkamen, die Niederlande zu räumen;[58] und in der Zeit des Wiener Kongresses hatte Talleyrand seinem König berichtet, der preußische General Grolman habe ohne Rücksprache mit seiner Regierung in einem Brief an Wellington erklärt, das preußische Heer werde einem Verzicht auf Leipzig niemals zustimmen.[59] Diese Dinge waren jedoch harmlos im Vergleich zu dem, was die preußischen Militärs sich nach ihrem Einzug in Frankreich 1815 leisteten: Truppenbefehlshaber erhoben von der Zivilbevölkerung Abgaben, setzten sich über örtliche Behörden hinweg und nahmen eigenmächtig Verhaftungen vor; die Klagen und Ermahnungen Hardenbergs stießen im Hauptquartier Blüchers auf taube Ohren. Im preußischen Oberkommando herrschte ein Geist der Rachsucht und Aufmüpfigkeit, der die Verbündeten Preußens zutiefst beunruhigte und sie deswegen unempfänglich machte für die diplomatischen Vorstöße der preußischen Regierung.[60]

Humboldt, der zu den Heerführern, insbesondere zu Gneisenau und Grolman, stets ein herzliches Verhältnis gehabt hatte, war ebenso beunruhigt wie die Verbündeten. «Bei der Armee», schrieb er an seine Frau, «geht man sehr, sehr oft zu weit ... So muß man oft verteidigen, was man, wenn man die Kraft dazu hätte, lieber hinderte.»[61] Und im Anschluß an eine Aufzählung militärischer Maßnahmen gegenüber der Zivilbevölkerung stellte er nochmals fest: «Ich kann es nicht genug wiederholen, daß diese Dinge weder dem Staat, noch der Armee nützlich sind und vielmehr den Franzosen Waffen gegen uns in die Hände geben.»[62] Es war schön und gut für Blücher, wenn er glaubte und behauptete, er hätte bessere Friedensbedingungen herausholen können als die Diplomaten; was er dabei freilich vergaß, war, daß Preußen, wenn es nicht gegen ganz Europa kämpfen wollte, um alles zu erlangen, was auf seinem Wunschzettel stand (und dafür reichten seine Kräfte nicht), verhandeln mußte und daß man in Verhandlungen normalerweise nicht alles durchsetzen kann, was man sich vorgenommen hat.[63] Dies versuchte Humboldt Gneisenau – und durch ihn den anderen Truppenführern – klarzumachen, doch er drang nicht durch; er folgerte daraus, daß das Ergebnis der Friedensverhandlungen dank der Militärs für Preußen ungünstiger ausfallen werde, als selbst die Pessimisten es befürchtet hatten. So kam es denn auch: Der am 20. November 1815 unterzeichnete Friedensvertrag berücksichtigte nur wenige der Forderungen Preußens.

Im Februar 1814 hatte Humboldt in Châtillon bekannt, das Friedenstiften gehöre zu den undankbarsten Aufgaben auf der Welt. «Es kommt hier der wahre Widerstreit des an sich Wünschenswürdigen und des unter den Umständen Erreichbaren zur Sprache, und man entgeht nie dem Vorwurf, unter dem Erreichbaren geblieben zu sein.»[64] Diese Einsicht bewahrheitete sich jetzt in bezug auf ihn selbst, und natürlich konnte es nicht ausbleiben, daß ausgerechnet die Militärs, die am meisten dazu beigetragen hatten, ihm seine Aufgabe zu erschweren, ihm jetzt einen Mangel an Entschlossenheit und Mut vorwarfen. Die Männer, denen er während des Feldzugs von 1814 den Rücken freigehalten hatte, sagten sich nun von ihm los, und sogar seine Freundschaft mit Gneisenau ging in die Brüche.[65]

Er sollte noch mehr als das verlieren. Mit seinem Auftreten in Paris, das in dem Maß, wie er das Scheitern der preußischen Ambitionen voraussah, eine zunehmend bittere und sarkastische Färbung annahm, verscherzte er sich vollends die Sympathie des Zaren, verärgerte Briten und Österreicher und zog sich die Abneigung des in Frankreich eingesetzten Bourbonen-Regimes zu; wie er bald feststellen mußte, hatte dies für ihn einige unerfreuliche persönliche Konsequenzen. Er hatte gehofft, sein nächster Botschafterposten werde der in Paris sein; nun aber war er hier zur *persona non grata* avanciert, und praktisch war seine diplomatische Laufbahn sogar zu Ende, sieht man von einigen routinemäßigen und höchst langweiligen Missionen im Jahr darauf ab. Und schließlich gab es für ihn, dank des nach wie vor großen Einflusses des Zaren auf den König, auch in der preußischen Innenpolitik keine Karrieregipfel mehr zu erklimmen, wie er im Zuge der Verfassungskrise von 1819 feststellen mußte, die das Ende seiner öffentlichen Laufbahn brachte.

V

James Joll hat einmal ein Buch über Intellektuelle in der Politik geschrieben; er spricht darin von den «Schwierigkeiten und Frustrationen, die dem Manne der Theorie in der Welt der Praxis begegnen ..., wo keines seiner intellektuellen Konzepte präzise anwendbar ist» und wo beständig die «Kompromisse, Halbwahrheiten und persönlichen Verzichtleistungen des politischen Lebens» sein Feingefühl verletzen.[66] Kaum jemand wird Wilhelm von Humboldt absprechen, daß er ein Intellektueller war, und dennoch machte ihm erstaunlicherweise während seiner gesamten diplomatischen Laufbahn keines dieser Probleme zu schaffen. Nie tat sich eine breite Kluft auf zwischen seinen wissenschaftlichen Neigungen und den Verpflichtungen seines Amtes, so daß er als lebendige Bestätigung für den Ausspruch Callières dienen kann, gebildete Köpfe eigneten sich gut für den Diplomatenberuf.[67] Humboldt ging, nach seinem etwas widerwilligen Debüt, an die diplomatische Praxis mit derselben lebhaften Neugierde und geistigen Tatkraft heran, durch die sich seine sprachwissenschaftlichen und literarischen Arbeiten auszeichnen, und er brauchte nicht lange, um sich in einem Metier, in dem damals talentierte Techniker dünn gesät waren, ein überragendes technisches Geschick anzueignen. Seine ästhetischen Studien hatten ihn gelehrt, alle Dinge in ihrer Einzigartigkeit, ihrem Zusammenklang und ihrer wechselseitigen Beziehung zueinander zu sehen, eine Gepflogenheit, die sehr zur Objektivität und Klarsichtigkeit seiner Analysen beitrug. Seinen Reisen, seiner Lektüre und seiner Weltkenntnis verdankte er es, daß er von Sentimentalität ebenso gründlich frei war wie nach ihm Bismarck und daß ihm frühzeitig klar wurde, daß das Leben weitgehend eine Abfolge von Kompromissen und Halbwahrheiten ist und man mit radikalen Formeln und absoluten Lösungen selten weit kommt. All dies machte ihn zu einem guten Diplomaten – auch wenn er nicht, wie er selbst manchmal zu glauben schien, der einzige gute Diplomat seiner Zeit in preußischen Diensten war.[68]

Humboldt kam nie in die Lage, höchste und letzte Verantwortung übernehmen zu müssen wie sein größter Nachfolger. Er blieb immer ein diplomatischer Praktiker im zweiten Glied, der sich zuweilen mit grauen Alltagsdingen herumschlagen mußte und gegen die allgegenwärtigen Frustrationen des Diplomatenhandwerks keineswegs gefeit war – das ungenügende Informiertsein über für die Bearbeitung eigener Vorgänge wichtige Dinge, die Notwendigkeit, Weisungen befolgen zu müssen, die man selbst für unklug hält, mit ansehen zu müssen, wie die eigene Regierung den Rat, den man ihr erteilt hat, zum späteren Schaden für das eigene Land in den Wind schlägt, von den Falken als Angsthase und von den Tauben als Kriegstreiber beschimpft zu werden, für die Fehler anderer den Kopf hinhalten zu müssen. Trotz alledem konnte Wilhelm von Humboldt am Ende seiner diplomatischen Laufbahn auf einige unbestreitbare Leistungen zurückblicken: In den schwierigen Jahren 1810 bis 1812 hatten seine unbestechlichen Berichte über die Interessenlage und die Neigungen Wiens verhindert, daß seine Regierung sich für einen politischen Kurs entschied, der möglicherweise verhängnisvoll gewesen wäre; in den Tagen nach Tauroggen hatte er mit seinem geduldigen Drängen und seinen taktischen Ratschlägen an die eigene Regierung einen wichtigen Beitrag dazu geleistet, daß Österreich schließlich in die große Allianz eintrat; und im Verlauf des langwierigen Friedensprozesses hatte er aus den Situationen, in die er sich gestellt sah, das Beste gemacht, wobei er sich, wie gesehen, nicht nur mit den unnachgiebigen Vertretern der anderen Mächte auseinanderzusetzen hatte, sondern auch mit einem nicht vollkommen verläßlichen Chefminister, einem ängstlichen und sentimentalen König und einer Gruppe gieriger und undisziplinierter Kommißköpfe. In Anbetracht all dessen stellen die Jahre seiner diplomatischen Laufbahn bestimmt nicht die am wenigsten bemerkenswerte Phase in Wilhelm von Humboldts außergewöhnlichem Lebenslauf dar.

Siebentes Kapitel

Hölderlin und die Barbaren

Seamus Heaney widmete seine Antrittsvorlesung als Professor für Dichtkunst an der Universität Oxford im Oktober 1989 der Frage, wie sich die Existenz der Literatur auf der Ebene der Kunst zur Existenz des Dichters als Bürger verhält. Die Antwort, so seine These, findet sich in der «heilenden Wirkung der Dichtkunst», ihrer Fähigkeit, der Gesellschaft die Augen über «Potentiale» zu öffnen, «die niedergehalten oder ständig durch die Verhältnisse bedroht werden». Der Dichter müsse mithelfen, «die Unausgewogenheiten der Welt zu beheben oder zu korrigieren»; er müsse «ein Vorbild aktiver Bewußtheit» sein, und seiner Kunst müsse es gelingen, «einerseits zu widerstehen und andererseits zu entwerfen, und um beides tun zu können, muß sie in sich die Koordinaten der Realität enthalten, in die sie hineingestellt ist und aus der heraus sie entsteht.»[1]

Das ist weniger eine Aufforderung zu politischem Engagement als allenfalls eine Erinnerung daran, daß dem Dichter die Politik nicht gleichgültig sein und er sich nicht über die Wahrnehmung seiner staatsbürgerlichen Pflichten erhaben dünken darf. Andererseits ist es auch nicht eine so bescheidene Forderung, wie es den Anschein haben könnte, und es hat in der Geschichte immer wieder einzelne Dichter, ja sogar ganze Kulturen gegeben, die sie verneinten. Wie wir gesehen haben, vertrat Thomas Mann 1915 den Standpunkt, dem «deutschen Bildungsbegriff [fehlt tatsächlich] das politische Element».[2] Über weite Strecken des 19. Jahrhunderts, und auch noch später, war sich das Gros der deutschen Schriftsteller hierin mit der Mehrheit ihrer Landsleute einig, was zur Folge hatte, daß diejenigen, die in dieser Zeit am Rad der deutschen Geschichte drehten, aus dem Lager der Dichter und Denker keine nennenswerte Opposition zu gewärtigen hatten.

Eine auffällige Ausnahme von dieser Regel bildete Friedrich Hölderlin. Der «Dichter in dürftiger Zeit», wie er sich selbst in seiner bewegenden Elegie *Brot und Wein* charakterisierte,[3] empfand sein Land als eine in feudaler Rückständigkeit steckengebliebene kulturelle Einöde, in der «die Barbaren um uns her ... unsere besten Kräfte [zerreißen], ehe sie zur Bildung kommen können ... *Nicht sowohl, daß sie so sind, wie sie sind, sondern daß sie das, was sie sind, für das einzige halten und nichts anderes wollen gelten lassen,* das ist das Übel.»[4] Hölderlin hielt es für die Pflicht des Dichters, die geistige Armut seiner Gegenwart bloßzulegen und seine Mitbürger dazu zu bringen, daß sie ihre Blicke auf die neuen Horizonte der Freiheit richteten. Seine Ode *Dichterberuf* beginnt mit einem kühnen Bekenntnis zur Aufgabe des Dichters, Beheber gesellschaftlicher Defizite zu sein –

> Und du, des Tages Engel! Erweckst sie nicht,
> Die jetzt noch schlafen? –

und endet in der Betonung seiner Verbundenheit mit der Gemeinschaft seiner Mitmenschen:

> Und gern gesellt, damit verstehn sie
> Helfen, zu anderen sich ein Dichter.
>
> Furchtlos bleibt aber, so er es muß, der Mann
> Einsam vor Gott, es schützet die Einfalt ihn,
> Und keiner Waffen braucht's und keiner
> Listen, so lange, bis Gottes Fehl hilft.[5]

Allein, die Gesellschaft, der er so gerne geholfen hätte, brachte Hölderlin weder Dankbarkeit noch Verständnis entgegen, und die Nachwelt erwies sich als ebenso unversöhnlich wie seine Zeitgenossen. Wenn die Barbaren seines eigenen Zeitalters ihm mit ihrer Gleichgültigkeit die Seele zerstörten, so häuften nachfolgende Generationen noch schlimmere Demütigungen auf seinen Namen, der den Hohn der Philister der Jahrhundertmitte ebenso über sich ergehen lassen mußte wie die Heiligsprechung durch nationalistische Neoromantiker in der Wilhelminischen Epoche und schließlich, nach dem Anbruch einer neuen barbarischen Ära, die brutale Vereinnahmung und Ausbeutung durch «Förderer» wie Martin Heidegger und Joseph Goebbels.[6]

Friedrich Hölderlin

I

Georg Lukács hat geschrieben, der Ruhm Hölderlins beruhe darauf, daß er der Dichter des Hellenismus gewesen sei, versäumte aber nicht zu betonen, daß der Hellenismus Hölderlins wenig mit dem trocken-akademischen Klassizismus des mittleren 19. Jahrhunderts gemein hatte.[7] Wenn dem so ist, dann deshalb, weil bei Hölderlin von Anfang an die Begeisterung für die Französische Revolution hinzukam, die entflammte, als er noch Student am Tübinger Stift war. Die Revolution war für ihn, wie für William Hazlitt, «der lichte Traum [seiner] Jugendjahre; das frohe Aufdämmern des Morgensterns der Freiheit; ein Frühling für die Welt, in dem die Hoffnungen und Erwartungen der Menschheit sich auf dieselbe frohe Bahn zu ergießen schienen wie [seine] ... und als vor den Augen des zurückgezogenen und nachdenklichen Studenten die Stufen, die zu menschlichem Glück und Ruhm zu führen schienen, aufstiegen wie die Sprossen von Jakobs Leiter, in strahlender und unendlicher Folge».[8] Hölderlin war überzeugt, die Revolution könne das Vehikel sein, um auch in Deutschland einen fruchtbaren Boden für eine kulturelle Hochblüte und ein Reich der Freiheit zu bereiten, nach dem Vorbild des alten Griechenlands, das er in seinen Elegien und Oden feierte. Er war daher von Anfang an Parteigänger der Französischen Revolution, nicht in der Art Georg Forsters, der in Mainz die erste deutsche Republik begründete und, als sie in Bedrängnis geriet, nach Paris ging, wo er in der Zeit der Schreckensherrschaft verstarb, sondern als einer, der an ihre Ideale glaubte, lebhaften Anteil an ihren Geschicken nahm und in Briefen an gleichgesinnte Freunde Auskünfte über ihm besonders sympathische revolutionäre Führer einholte.[9] Während der Rheinland-Kampagne von 1792 prophezeite er seiner Schwester: «Glaube mir, liebe Schwester, wir kriegen schlimme Zeit, wenn die Östreicher gewinnen. Der Mißbrauch fürstlicher Gewalt wird schröcklich werden. Glaube das mir! und bete für die Franzosen, die Verfechter der menschlichen Rechte.»[10] Valmy gab ihm ungeheuren Auftrieb, und auch wenn die französischen Armeen sich in der Folgezeit nicht seinen Erwartungen gemäß schlugen, schrieb er im September 1793 an seinen Halbbruder: «Die Freiheit muß einmal kommen, und die Tugend wird besser gedeihen in der Freiheit heiligem erwärmenden Lichte als unter der eiskalten Zone des Despotismus. Wir leben in einer Zeitperiode, wo alles hinarbeitet auf bessere Tage.»[11] Selbst die Verdrängung der Girondisten von der Macht, die seine Heroen gewesen waren, und der Übergang zur Jakobinerherrschaft und zum schrecklichen Regime des Terrors ließen ihn in seinen Überzeugungen nicht wankend werden. Seinem Freund Johann Gottfried Ebel, der enttäuscht und zutiefst unglücklich in Paris lebte, schrieb er im Januar 1797:

Es ist fast nicht möglich, unverhüllt die schmutzige Wirklichkeit zu sehen, ohne selbst darüber zu erkranken ... [Aber ich habe] *einen* Trost, daß nämlich jede Gärung und Auflösung entweder zur Vernichtung oder zu neuer Organisation notwendig führen muß. Aber Vernichtung gibt's nicht, also muß die Jugend der Welt aus unserer Verwesung wiederkehren. Man kann wohl mit Gewißheit sagen, daß die Welt noch nie so bunt aussah wie jetzt. Sie ist eine ungeheure Mannigfaltigkeit von Widersprüchen und Kontrasten ... Man könnte die Litanei von Sonnenaufgang bis um Mitternacht fortsetzen und hätte kaum ein Tausendteil des menschlichen Chaos genannt. Aber so soll es sein! Dieser Charakter des bekannteren Teils des Menschengeschlechts ist gewiß ein Vorbote außerordentlicher Dinge. Ich glaube an eine künftige Revolution der Gesinnungen und Vorstellungsarten, die alles Bisherige schamrot machen wird. Und dazu kann Deutschland vielleicht sehr viel beitragen. Je stiller ein Staat aufwächst, um so herrlicher wird er, wenn er zur Reife kömmt. Deutschland ist still, bescheiden, es wird viel gedacht, viel gearbeitet, und große Bewegungen sind in den Herzen der Jugend, ohne daß sie in Phrasen übergehen wie sonstwo.[12]

Doch die Ereignisse waren schon dabei, diese Hoffnungen Lügen zu strafen. Die Schreckensherrschaft in Paris hatte der ersten unschuldigen Revolutionsbegeisterung in Deutschland den Garaus gemacht, und die Thermidor-Reaktion löste Erleichterung aus und weckte allgemein den Wunsch nach einer Verständigung. Von denen, die in Tübingen Hölderlins engste Freunde gewesen waren, hatte sich Schelling bereits in einen reaktionären Konservatismus verabschiedet, und Hegel hatte dem Radikalismus seiner Berner Jahre den Rücken gekehrt und nutzte die Virtuosität seines dialektischen Denkens eher dazu, sich mit dem gewandelten Zeitgeist zu arrangieren, als dagegen anzukämpfen. Schiller, das Idol des jungen Hölderlin, hatte sein Augenmerk von der öffentlichen Bühne ab- und den inneren

Dingen zugewandt. Während in Paris der Terror wütete, schrieb er an seinen Briefen *Über die ästhetische Erziehung des Menschen*, und die implizite Botschaft seines Gedichts *Das Lied von der Glocke* (1799) – ebenso wie von Goethes *Hermann und Dorothea* (1796/97) – lautete, der einzelne tut gut daran, sich in turbulenter Zeit in die Sicherheit einer bürgerlichen Existenz zurückzuziehen. Diesen Gedanken unterstrich Goethe auch in seinem Drama *Die natürliche Tochter* (1803) sowie erst recht durch sein eigenes Verhalten: Wie sein Freund Knebel in einem Brief an Jean Paul Richter mitteilte, zeigte Goethe im Anschluß an das Debakel Preußens bei Jena nicht das geringste Interesse an der Politik, sondern vertiefte sich völlig in seine optischen Studien.[13]

Hölderlin dagegen blieb den Idealen treu, zu denen er sich als Student bekannt hatte. Es bestürzte ihn, daß die beiden Weimarer Geistesriesen sich offenbar auf einen Rückzug in den ästhetischen und wissenschaftlichen Elfenbeinturm verlegt hatten und das Land jenem Spießbürgertum überließen, dessen Loblied sie in der *Glocke* und in *Hermann und Dorothea* gesungen hatten. Was er empfand, läßt sich aus einem lyrischen Fragment erahnen, das zwischen seinen nachgelassenen Papieren gefunden wurde:

meinest du,
Es solle gehen,
Wie damals? Nämlich sie wollten stiften
Ein Reich der Kunst. Dabei ward aber
Das Vaterländische von ihnen
Versäumet und erbärmlich ging
Das Griechenland, das schönste, zugrunde.[14]

Was Lukács als den einsamen Kampf Hölderlins gegen einen solchen Niedergang Deutschlands schildert («unbekannt und unbeweint ist er als vereinsamter dichterischer Leonidas der Ideale der jakobinischen Periode am Thermophylä des einbrechenden Thermidorianismus gefallen»[15]) wirkt aufgebläht und übertrieben, wenn man sich die wirklichen Dimensionen der politischen Betätigung Hölderlins vergegenwärtigt. Abgesehen von seinem fortdauernden Kontakt zu kleinen Dissidentengruppen, die zumeist aus Schöngeistern bestanden, wie er selbst einer war, und von seiner peripheren Rolle in den Plänen seines Freundes Sinclair, im deutschen Südwesten eine Republik zu begründen,[16] war das politische Engagement Hölderlins literarischer Natur und kaum auf die Beeinflussung vieler Menschen angelegt. Immerhin, er tat, was einem Dichter möglich ist, und auch wenn seine Bemühungen damals weitgehend unbemerkt blieben, wirken sie nachgerade ehrenvoll im Vergleich zur Abstinenz seiner erlauchteren Zunft- und Zeitgenossen.

Allenthalben in Hölderlins Werk finden sich Hinweise auf eigene Zweifel an der Zulänglichkeit seines Engagements. In Gedichten wie *Gesang des Deutschen* und *An die Deutschen* beschwor er das antike Griechenland als Vorbild für ein denkbares künftiges Deutschland und bescheinigte seinem Land jene Tugenden der Geduld, des Fleißes und der Liebe, die es weiter pflegen müsse, wenn es diesem Vorbild gerecht werden wolle; zugleich quälte ihn aber unablässig der Gedanke an die Ohnmacht und Unbeweglichkeit seines Landes, und er dichtete:

Spottet ja nicht des Kinds, wenn es mit Peitsch und Sporn
Auf dem Rosse von Holz mutig und groß sich dünkt,
Denn, ihr Deutschen, auch ihr seid
Tatenarm und gedankenvoll.

Oder kömmt, wie der Strahl aus dem Gewölke kömmt,
Aus Gedanken die Tat? Leben die Bücher bald?[17]

Wie David Constantine es ausgedrückt hat: «Die Kluft zwischen der Welt der Tat und der Welt des Gedankens machte Hölderlin Kopfzerbrechen; indem er die Situation Deutschlands in diesen Kategorien beschrieb, beschrieb er zugleich seine eigene.»[18] In Gedichten wie *Der Tod fürs Vaterland* und *An Eduard* entschied er sich begeistert für den Weg der Tat, und der Ausgang des langen Zwiegesprächs zwischen Hyperion und Diotima in Hölderlins großem Briefroman spiegelt denselben Entschluß wider.

Man kann dieses Meisterwerk deutscher Prosa natürlich auf unterschiedliche Weise lesen, und der *Hyperion* ist gedeutet worden als erhabenster Ausdruck der Hölderlinschen Liebe zum klassischen Griechenland, als Aufforderung an eine kranke Menschheit, sich der heilenden Kraft der Natur zu überlassen, und, auf der persönlichen Ebene, als Eloge auf seine verlorene Geliebte Susette Gontard.[19] Doch außer all dem ist es auch ein politischer Roman, in Teilen eine Trauerklage um die zerronnene Revolution in Frankreich, in Teilen ein Appell an die deutsche Jugend, den Idealen der Revolution von 1789 treuzubleiben. Georg Lukács hat geschrieben, im Gegensatz zu Goethes Bildungsroman *Wilhelm Meisters Lehrjahre,* der die Anpassung an die bürgerliche Realität predige, sei *Hyperion*, der zum Widerstand gegen diese Realität aufrufe, der «Entwurf eines Citoyenromans».[20] Es ist, um es klarer auszudrücken, ein Roman über die Ausbildung zum *citoyen*, zum Bürger nicht einer Erwerbsgesellschaft, deren Mitglieder verdinglicht und jeglichen Idealismus' beraubt sind, sondern einer *Polis*, in der die freie Entwicklung aller Mitglieder das treibende Motiv eines jeden ist.[21]

Im Roman *Hyperion* begegnen wir einem jungen Griechen aus der letzten Dekade des 18. Jahrhunderts – einem Dichter allem Anschein nach[22] –, der darauf brennt, etwas für die Befreiung seines Landes zu tun, das unter türkischer Herrschaft steht. Er träumt von einer freien Gesellschaft, in der der Macht des Staates enge Zügel angelegt sind («Die rauhe Hülse um den Kern des Lebens und nichts weiter ist der Staat. Er ist die Mauer um den Garten menschlicher Früchte und Blumen»[23]) und die Grundsätze der Menschlichkeit und Bürgerpflicht das Verhalten der Menschen bestimmen – als Ethik einer «neuen Kirche», die aus «diesen befleckten veralteten Formen» der bestehenden hervorgehen werde.[24] Wie dies verwirklicht werden soll, weiß er nicht; er ist hin und her gerissen zwischen dem von seinem Freunde Alabanda vertretenen politischen Aktivismus und dem Rat seiner Geliebten Diotima, die ihn beschwört, für die bessere Gesellschaft, die er anstrebt, durch Werke des Friedens zu werben und zu einem Erzieher seines Volkes zu werden. Aus diesem Zwiespalt befreit ihn der Ausbruch des Volksaufstandes gegen die Türken im Jahr 1770: Hyperion entschließt sich, in den Krieg zu ziehen – «Eine Macht ist in mir und ich weiß nicht, ob ich es selbst bin, was zu dem Schritte mich treibt» –, und Diotima, die erkennt, daß es nicht in ihrer Macht liegt, ihn aufzuhalten, willigt mit den Worten ein: «Handle du; ich will es tragen.»[25]

Der Aufstand läuft aus dem Ruder. Der Idealismus, der die Kämpfer aus den Bergen, jedenfalls nach Hyperions Überzeugung, beseelt, verflüchtigt sich, nachdem erste, mühelos errungene Siege auf dem Peloponnes ihnen Tür und Tor öffnen für Plünderung und Vergewaltigung; in dem Augenblick, da sie ihren gierigen Instinkten nachgeben, fällt die Revolution in sich zusammen. Hyperion sucht den Tod in einer Seeschlacht, nicht ohne vorher Diotima brieflich von seiner Absicht zu unterrichten. Als er verwundet zurückkehrt, erfährt er, daß sie vor Kummer gestorben ist, und er wird zu einem einsamen Wanderer in einer Welt zerschmetterter Hoffnungen. Gegen Ende des Romans läßt Hölderlin seinen entwurzelten Helden nach Deutschland reisen; in einer berühmt gewordenen Passage, die eindeutig die persönliche Reaktion des Dichters auf den Niedergang der Französischen Revolution und den Triumph der Thermidor-Reaktion beschreibt, charakterisiert Hyperion die Deutschen als

> Barbaren von alters her, durch Fleiß und Wissenschaft und selbst durch Religion barbarischer geworden, ... in jedem Grad der Übertreibung und der Ärmlichkeit beleidigend für jede gutgeartete Seele, dumpf und harmonielos, wie die Scherben eines weggeworfenen Gefäßes ... ich kann kein Volk mir denken, das zerrißner wäre, wie die Deutschen. Handwerker siehst du, aber keine Menschen, Denker, aber keine Menschen, Priester, aber keine Menschen, Herrn und Knechte, Jungen und gesetzte Leute, aber keine Menschen ... Deine Deutschen ... bleiben gerne beim Notwendigsten, und darum ist bei ihnen auch so viele Stümperarbeit und so wenig Freies, Echterfreuliches. Doch das wäre zu verschmerzen, müßten solche Menschen nur nicht fühllos sein für alles schöne Leben, ruhte nur nicht überall der Fluch der gottverlaßnen Unnatur auf solchem Volke.[26]

Dies war sicherlich ein Beispiel für das, was Seamus Heaney die «heilende Wirkung der Dichtkunst» genannt hat, und der vielleicht offenste und kompromißloseste Aufruf an die Deutschen, sich mit ihrer Verfassung als Volk auseinanderzusetzen und ihr menschliches Potential zu entwickeln, den ein deutscher Dichter in der Ära der Revolution zu Papier brachte. Hölderlin schrieb anschließend sein wunderbares, wenn auch unvollendet gebliebenes poetisches Drama über Empedokles, den griechischen Philosophen und Führer der demokratischen Partei im sizilianischen Acragas (Agrigent) des 5. vorchristlichen Jahrhunderts, der wegen seiner radikalen sozialen Reformideen und seiner angeblichen Verletzung göttlicher Gebote aus seiner Stadt verbannt wurde und sich am Ende im Krater des Ätna opferte. Zu dem Zeitpunkt, da Hölderlin mit der Arbeit an diesem Stück begann, hofften die schwäbischen Radikalen noch immer auf die Errichtung einer südwestdeutschen Republik unter französischer Schirmherrschaft, und Pierre Bertaux vertrat die Auffassung, der *Empedokles* sei als eine Art poetischer Gründungsurkunde für die zu schaffende schwäbische Demokratie gedacht gewesen und unvollendet liegengeblieben, als dieses Projekt scheiterte; David Constantine neigte eher zu der Einschätzung, Hölderlin habe letzten Endes vor der Unmöglichkeit kapituliert, das Selbstmordmotiv auf zufriedenstellende Weise mit der politischen Handlung zu verbinden.[27] Doch selbst als Fragment ist der *Empedokles* ein erhabenes Werk; E. M. Butler verglich es einmal mit dem *Prometheus* von Aischylos und schrieb: «Der zweite Teil des *Faust* verblaßt daneben, und Shelleys *Prometheus Unbound* wirkt nicht so real.»[28] Seine politischen Passagen sind bewegend, so etwa die machtvolle Stelle, an der Empedokles die Bürger von Acragas dafür beschimpft, daß sie sich der Autorität der Priester, die seine Verbannung fordern, so feige unterwerfen:

Ha geht
Nun immerhin zu Grund, ihr Namenlosen!
Sterbt langsamen Tods, und euch geleite
Des Priesters Rabengesang! und weil sich Wölfe
Versammeln da, wo Leichname sind, so finde sich
Dann einer auch für euch; der sättige
Von eurem Blute sich, der reinige
Sizilien von euch; es stehe dürr
Das Land, wo sonst die Purpurtraube gern
Dem bessern Volke wuchs und goldne Frucht
Im dunkeln Hain und edles Korn, und fragen
Wird einst der Fremde, wenn er auf den Schutt
Von euern Tempeln tritt, ob da die Stadt
Gestanden?[29] –

oder in der Szene, in der er sich, nachdem sie nachgegeben und ihn um seine Rückkehr gebeten haben, weigert, die Krone aus ihrer Hand entgegenzunehmen:

Dies ist die Zeit der Könige nicht mehr.

...

Schämet euch,
Daß ihr noch einen König wollt; ihr seid
Zu alt; zu eurer Väter Zeiten wär's

Ein anderes gewesen. Euch ist nicht
Zu helfen, wenn ihr selber euch nicht helft.[30]

Für eine aktuelle Wirksamkeit solcher Appelle war es zu spät oder noch zu früh. Da Hölderlin von der Öffentlichkeit ignoriert und von Kollegen, die ihm bei der «Vermarktung» seiner Arbeiten hätten helfen können, im Stich gelassen wurde, da seine Pläne, eine literarische Zeitschrift zu gründen, fehlschlugen, seine großartigen Hymnen und Oden unverstanden und ohne Resonanz blieben, wurde sein Leben zu einem tragischen Scheitern; er fristete eine notdürftige Existenz als Hauslehrer, bis es 1806 mit seiner Gesundheit abwärts ging und der Wahnsinn seinen Geist verdunkelte. Gleichwohl blieb er noch vierzig Jahre am Leben.

II

Im 19. Jahrhundert war Hölderlin, wie Georg Herwegh 1839 in einem Aufsatz schrieb, «ein Verschollener».[31] Eine gesammelte Ausgabe seiner Gedichte gab es nicht, bis 1826 Gustav Schwab und Ludwig Uhland eine herausbrachten, doch auch dann wurden sie kaum gelesen. Der *Hyperion* hatte immer seine Bewunderer – Bettina von Arnim bekannte, es sei ihr lebenslanges Lieblingsbuch gewesen –, und über den ersten Teil von *Brot und Wein,* der 1807 separat unter dem Titel *Die Nacht* erschien, schrieb Clemens Brentano, er habe ihn hundertmal gelesen, und nie ohne Bewunderung und tiefe Gefühlsregung. Achim von Arnim veröffentlichte 1826 unter dem Titel *Ausflüge mit Hölderlin* einen langen Aufsatz, in dem er als erster die Hymne *Patmos* würdigte und analysierte; er bezeichnete sie als eine Dichtung, für die es kein Vorbild gebe, an dem sie gemessen werden könne: «... was ihn erleuchtet, kommt aus weiter Ferne».[31a] Doch das waren Ausnahmen, und auch wenn sein Einfluß auf Nietzsches *Geburt der Tragödie* und *Zarathustra* unverkennbar ist, setzte sich doch erst gegen Ende des Jahrhunderts die Erkenntnis seiner Bedeutung und Größe allgemein durch.

Was allerdings keine Anerkennung fand, war Hölderlins Auffassung von den staatsbürgerlichen Pflichten des Dichters. Sein

Begriff des *citoyen* blieb in den hundert Jahren nach seiner einsamen Gefangenschaft im Tübinger Turmstübchen in Deutschland so gut wie unverstanden, und um die Jahrhundertmitte grassierte im deutschen Mittelstand ein so hemmungsloses Philistertum, daß Freiligrath die gesellschaftliche Wirklichkeit seiner Zeit getreulich abbildete, als er dichtete:

So hab' ich's doch nach all den Jahren
Zu diesem Posten noch gebracht,
Und leider allzuoft erfahren,
Wer hier im Land das Geld vermacht.
Du sollst, verdammte Freiheit, mir
Die Ruhe fürder nicht gefährden!
Lisette! noch'n Gläschen Bier!
Ich will ein guter Bürger werden.

Diogenes in seiner Tonne
Vortrefflich wie beneid' ich ihn.
Es war ja keine Julisonne,
Die jenen Glücklichen beschien.
Was wär' ihm eine ewige Republik,
Daß sich die Leute toll gebärden!
Zum Teufel mit der Politik!
Ich will ein guter Bürger werden.[32]

Davon ließen sich auch Intellektuelle anstecken. So schrieb der Ästhetiker und Kritiker Friedrich Theodor Vischer: «Wir Deutschen haben uns in der Politik verspätet, weil wir an unserer und der Menschheit innerer Bildung gearbeitet haben.»[33] Es kam ihm nicht in den Sinn, das Politische bei Hölderlin anzuerkennen oder gar gutzuheißen, zumal er in dessen Dichtung ohnehin nicht mehr sah als «ein Gefühlsweben, worin keine feste Gestalt möglich ist, ein Fortzittern der Stimmung, das nur unreife Bildungen von zerfließenden und verklingenden Umrissen erzeugt: sentimental im tadelnden Sinne.» Hölderlin gehöre, so fuhr Vischer fort, zu den «passiven weiblichen Genies», und wenn ihm überhaupt irgend eine Bedeutung zukomme, dann in der «Geschichte der Phantasie».[34] Vischers Exilgenosse im Zürich der 50er Jahre, Richard Wagner, der einst stolz auf seinen politischen Radikalismus gewesen war, legte sich in der Folge eine so bürgerliche Haltung zu, daß der *citoyen* Hölderlin für ihn keine nachvollziehbare oder gar kongeniale Gestalt mehr war. Als Wagner im Dezember 1873 von Malwida von Meysenbug eine Ausgabe von Hölderlins Werken geschenkt bekam, schrieb Cosima in ihr Tagebuch: «R. und ich erkennen mit einiger Besorgnis den großen Einfluß, den dieser Schriftsteller auf Pr[ofessor] Nietzsche ausgeübt. Rhetorischer Schwulst, unrichtige angehäufte Bilder ..., dabei ein schöner edler Sinn; nur, sagt R., könnte er nicht gut an solche Neugriechen glauben, er erwarte immer, er würde plötzlich sagen: Ich studierte in Halberstadt u.s.w.»[35]

Aus der Obskurität eines vergessenen, ja teilweise verachteten Dichters, die im bürgerlichen Deutschland Hölderlins Schicksal war, wurde er erst nach der Jahrhundertwende erlöst, als das Aufdämmern einer neuen Sensibilität und eines neuen Ästhetizismus für veränderte Maßstäbe in der Literaturkritik sorgte und eine Neubewertung des Dichters ermöglichte. Diese sah freilich, als sie schließlich kam, mehr nach der einseitigen Hervorhebung eines Aspekts seines Schaffens aus als nach einer ausgewogenen Beurteilung aller seiner Teile, und hieraus erwuchs eine Ikonisierung Hölderlins, die geeignet war, seine Botschaft zu verfälschen. Der Pionier dieser Umwertung war der 1888 als Sohn eines bayerischen Generals geborene Norbert von Hellingrath, der sein Leben von Jugend an dem Hölderlin-Studium widmete, seine Dissertation über die Hölderlinschen Pindar-Übersetzungen schrieb und dann den Versuch wagte, die späten Hymnen Hölderlins, die man bis dahin als Produkte seines Wahnsinns abgetan hatte, zu entschlüsseln und herauszugeben, und der schließlich eine große historisch-kritische Gesamtausgabe der Werke Hölderlins plante. Hellingrath interessierte sich für den *citoyen* Hölderlin ebensowenig wie vor ihm Vischer und die anderen Kritiker aus dem Zeitalter der naturalistischen Ästhetik. Für ihn war Hölderlin, wie er 1914 in einem Privatvortrag erklärte,

ausschließlicher als Pindar oder Sappho, menschlicher und erfüllter als irgendein Prophet, Platoniker oder Gnostiker, ganz und nur Verkünder, Träger, Gefäß der Götter. Er bekleidet ein Amt, das sie ihm auferlegt haben, eine Gesandtschaft, und das ist alles, ist das Ganze: Amt, Gesandtschaft, Botschaft.[36]

So gesehen, erschien die Geisteskrankheit Hölderlins nicht als bloße Folge eines Lebens voller Enttäuschungen, Frustrationen und Krankheiten, sondern als «Ziel, worein das Leben mündet», ja mehr noch:

... der Wahnsinn ist das Geheimnis, das als rätselhaft anlockt und als unverständlich wegstößt, das lockende Geheimnis, wonach die Neugier fragt[37] –

ein Geheimnis, das in sich die Herausforderung berge, die Bedeutung dieses Dichters für die Gegenwart und seine Rolle als prophetischer Künder der Zukunft zu erahnen und zu verstehen. Hellingrath entfaltete einen Eifer, der ansteckend genug war, um Stefan George und Rilke zu seinem Anliegen zu bekehren;[38] sie halfen mit, Hölderlins späte Gedichte in Mode zu bringen, vor allem bei jungen Leuten. Die Welle der vaterländischen Begeisterung nach dem Kriegsausbruch von 1914 tat ein übriges. Hellingrath, der 1916 bei Douaumont fiel,[39] war nicht der einzige deutsche Soldat, der mit einem Exemplar des *Hyperion* oder der Hölderlinschen Gedichte in der Tasche starb. Wie Feldpostbriefe von der Front bezeugen, diente Hölderlin tatsächlich jungen Frontkämpfern als Tröster in düsteren Stunden und bestärkte sie in der Überzeugung, für eine gerechte Sache zu kämpfen. Und als nach dem Krieg viele der Idealisten von 1914 sich als erbitterte Gegner der Weimarer Regierung wiederfanden, in der sie eine Bande von Verrätern und Profiteuren sahen, blieb Hölderlin für sie ein Symbol des von diesen Männern verratenen Deutschlands und ein Prophet des neuen Deutschlands, das sich aus der Asche des alten erheben würde. Der glühende Anhänger der Französischen Revolution wurde so zu einem Feind der Demokratie umgedeutet.

Stefan George pries den Dichter in seiner *Lobrede auf Hölderlin* als den Entdecker einer neuen Sprache, als einen, der bis an die Quelle der Sprache vorgedrungen sei und von dort das «lebengebende Wort“ mitgebracht habe. Diese Leistung sei jedoch, so fuhr George fort, nur ein Nebenprodukt gewesen.

Nicht daß seine dunklen und gesprengten silbenmaße ein muster werden für suchende versschüler. ... denn es gilt höheres. Durch aufbrechung und zusammenballung ist er der verjünger der sprache und damit der verjünger der seele ... mit seinen eindeutig unzerlegbaren wahrsagungen der eckstein der nächsten deutschen zukunft und der rufer des Neuen Gottes.[40]

Der Neue Gott, der dann in Deutschland Einzug hielt, war aber gewiß nicht der, den Stefan George erwartet hatte, denn er huldigte ihm nie. Der neue Gott hatte mehr Ähnlichkeit mit dem, vor dem Hölderlin selbst in einer Passage seines *Empedokles* gewarnt hatte, die, nachdem jener sich etabliert hatte, dem sorgfältigen Vergessen anheimfiel, einem Gott, der ein tapferes und zivilisiertes Volk noch einmal in eine Horde von Barbaren verwandeln würde.

Soll ein Volk vergehn,
So schicken nur die Furien einen Mann,
Der täuschend überall der Missetat
Die lebensreichen Menschen überführe.
Zuletzt, der Kunst erfahren, machte sich
An einen Mann der heiligschlaue Würger,
Und herzempörend glückt es ihm, damit
Das Göttergleichste durch Gemeinstes falle.[41]

III

Den Jahren nach 1933 könnte der Geist Hölderlins den Stoßseufzer gewidmet haben: «So kam ich unter die Deutschen. ... Demütig kam ich, wie der heimatlose blinde Ödipus zum Tore von Athen, wo ihn der Götterhain empfing; und schöne Seelen ihm begegneten –. Wie anders ging es mir!»[42]

Natürlich wurde ihm erst einmal ein herzliches Willkommen bereitet. Martin Heidegger nahm ihn unter seine Fittiche, Deutschlands führender Philosoph, den der Nationalsozialismus in Begeisterung versetzt hatte und der 1933 als Rektor der Freiburger Universität die deutschen Hochschulen aufgefordert hatte, Adolf Hitler als einen von der Vorsehung berufenen Führer anzuerkennen, einen Auserkorenen all jener Urkräfte der deutschen Seele, unter deren Wirken Führer und Geführte zu einem Fleisch würden, geleitet «von der Unerbittlichkeit jenes geistigen Auftrags, der das Schicksal des deutschen Volkes in das Gepräge seiner Geschichte zwingt».[43] Heidegger, ein Denker, der stolz darauf war, Vernunft, Wissenschaft und Technik als Dinge ohne Bedeutung für die eigentliche Realität abzutun, glaubte in Hölderlin eine verwandte Seele zu entdecken, die sich der «Seinsentfremdung durch die Vernunft» entzogen hatte und zum Urgrund der Dinge vorgestoßen war, und deren Denken daher «anfänglicher und deshalb zukünftiger als das blasse Weltbürgertum Goethes» war.[44] Günter Grass schrieb einmal über Heidegger, er habe mit der deutschen Sprache Schindluder getrieben und sie für vernünftige Zwecke unbrauchbar gemacht. Wahrscheinlich werden die meisten von denen, die Hölderlins Dichtkunst lieben und lesen, was Heidegger darüber geschrieben hat, geneigt sein, diesem Urteil beizupflichten. Über die späten Hymnen schrieb Heidegger: «Hölderlins Kehre ist das Gesetz des dichtenden Heimischwerdens im Eigenen aus der dichtenden Durchfahrt des Unheimischseins im Fremden.»[45] Das zarte und bewegende Gedicht *Andenken* begrub er unter 194 Seiten Exegese und ließ seine Leser wissen: «Das Gedichtete im Wort der wesentlichen Dichtung ‹überdichtet› den Dichter und die es Hörenden.» Vor «bloßer Bewunderung der Schönheit des Gedichts» warnte er sie.[46] Noch weitere Erniedrigungen warteten auf den Poeten im Land der neuen Barbaren. Zur Feier des 50. Führergeburtstags 1939 las Hanns Johst ekstatisch aus dem *Hyperion*; fünf Jahre später war er allerdings zu der Überzeugung gelangt, Hölderlin sei nicht mehr zeitgemäß. Im Feuilleton in der *Schlesischen Zeitung* las man:

> Wohl gibt es in Deutschland, als der Heimat der überalterten Bildung, hier und da noch Greise im Alter von 20 bis 90 Lebensjahren, die da glauben, die Sprache der Dichtung müsse so sein, wie sie annehmen, daß Goethe oder Hölderlin geschrieben haben würden, wären sie noch am Leben. Aber gegen diese musealen Humanisten steht die gesunde Phalanx der nationalsozialistischen Jugend. Im Ringen unserer Tage läutert sich der Geist an allen Fronten des germanischen Einsatzes; es wird in Deutschland mit Blut geschrieben![47]

Andere, die nicht sicher waren, wie diese Umwertung bewerkstelligt werden sollte, sahen immerhin in Hölderlins *Der Tod fürs Vaterland* ein nützliches Mittel zur Motivierung junger Deutscher für den Kampf um Hitlers Ziele, wobei sie darüber hinwegsahen, daß die erste Fassung dieses Gedichts, *Die Schlacht,* unter dem Eindruck der Französischen Revolution entstanden war und nicht einem Eroberungskrieg, sondern der Sache der

Freiheit Tribut gezollt hatte. Wieder andere meinten, das Werk Hölderlins lasse sich durch einige Schönheitskorrekturen hier und da in eine völlig akzeptable Form bringen. In diesem Sinne wurde etwa beim Abdruck seiner großen Hymne *Germanien* –

> O nenne, Tochter du der heiligen Erd,
> Einmal die Mutter. Es rauschen die Wasser am Fels
> Und Wetter im Wald und bei dem Namen derselben
> Tönt auf aus alter Zeit Vergangengöttliches wieder.
> Wie anders ist's! und rechthin glänzt und spricht
> Zukünftiges auch erfreulich aus den Fernen.
> Doch in der Mitte der Zeit
> Lebt ruhig mit geweihter
> Jungfräulicher Erde der Äther
> Und gerne, zur Erinnerung, sind
> Die Unbedürftigen, sie
> Gastfreundlich bei den unbedürft'gen,
> Bei deinen Feiertagen,
> Germania, wo du Priesterin bist
> Und wehrlos Rat gibst rings
> Den Königen und den Völkern. –

das Wort «wehrlos» in der vorletzten Zeile unterschlagen.[48]

Die Autoren, die in der Nazizeit über Hölderlin schrieben, taten ihr Bestes, ihn als guten Nationalsozialisten hinzustellen, oder zumindest als frühen Künder nationalsozialistischer Ideen und Wertvorstellungen, als einen «Seher deutscher Volkheit»,[49] als den Schöpfer eines Mythos, der jetzt unter Adolf Hitler seine Verwirklichung gefunden habe.[50] In ihren Schriften wimmelt es von aufgeschäumtem Wortgedröhne wie:

> An der Schwelle der Volkstum-entdeckenden Romantik und des Volk-zersetzenden Jahrhunderts steht der unvolkstümlichste Hölderlin als der Retter des Bildes vom erwählten, vom liebenden Volk, als der Reiniger und Rufer der Gestalt, die in Herder dunkel zum Worte gedrängt: des echtvölkischen Jünglings.[51]

oder

> Wie nahe steht nun doch die Erneuerung unseres völkischen Denkens, das heute so stark gewordene Bewußtsein von der blutmäßigen, und das heißt auf gemeinsamen Ursprüngen ruhenden Einheit unseres Volkes diesem Einheitsgedanken Hölderlins![52]

Und auch die objektiveren Hölderlin-Gelehrten, die 1943 eine Hölderlin-Gesellschaft ins Leben riefen, sahen sich angesichts der Tatsache, daß ihr Schirmherr Joseph Goebbels hieß, genötigt, Schwulst dieser Art von sich zu geben und andere stilistische Kniebeugen vor der politischen Realität zu machen.[53]

Der Gedanke an einen von Martin Heidegger durch die Deutungsmühle gedrehten und von Joseph Goebbels beschirmten Hölderlin ist von vornherein ziemlich unerträglich. Man kann sich eigentlich für diesen Verfechter der Freiheit und der Zusammenarbeit zwischen den Völkern, dessen Überzeugung es war, daß der Staat nicht mehr sein dürfe als die schützende Hülle, in deren Innern staatsbürgerliche Tugend keimen und blühen könne, keinen unpassenderen Rahmen vorstellen als den brutalen Totalitarismus des Hitler-Reichs, dessen Ziel es war, den Untertanen den letzten Rest an Selbständigkeit und Individualität auszutreiben, um dann Europa in den furchtbarsten Krieg seiner Geschichte stürzen zu können.

Was bleibet aber, stiften die Dichter.[54]

Die Poesie Hölderlins überdauerte Hitler, ebenso wie die Hoffnungen, die er in sein Land setzte:

Schöpferischer, o wann, Genius unsers Volks,
Wann erscheinest du ganz, Seele des Vaterlands,
Daß ich tiefer mich beuge,
Daß die leiseste Saite selbst

Mir verstumme vor dir, daß ich beschämt,
Eine Blume der Nacht, himmlischer Tag, vor dir
Enden möge mit Freuden ...[55]

Achtes Kapitel

Nikolaus Lenau als politischer Dichter

Weder das dichterische Werk Nikolaus Lenaus noch sein Selbstverständnis als Schriftsteller würden es rechtfertigen, ihn als einen politischen Autor einzustufen. Es ist offenkundig, daß beim allergrößten Teil seiner Dichtungen – beim *Posthorn* und den anderen frühen lyrischen Arbeiten, die Theodor Fontane so sehr bewunderte,[1] den ungarischen Liedern, den zarten Schilfliedern, den Waldliedern mit ihrer originellen Rhythmik, auch bei einem großen Teil seiner epischen Gedichte – ein ausdrücklicher politischer Inhalt nicht zu erkennen ist. Lenau betrachtete die Politik denn auch nur als störende Ablenkung von den wirklichen Anliegen des Künstlers und hatte keinen Respekt vor Schriftstellern wie denen der Jungdeutschen Bewegung, die der Politik einen Großteil ihrer Kraft und Begabung widmeten. Er artikulierte seine wahren Gefühle, als er 1832, am Vorabend seiner Abreise nach Amerika, schrieb: «Auch wird mirs lieb sein, wenn ich eine Zeitlang nichts von der verdammten Politik werde zu hören kriegen. ... die Politik ist wirklich etwas Ekelhaftes, zumal wenn man ein ewiges Politisieren hört wie hierzulande».[2]

Dennoch schrieb Lenau über Politik. Man geht sicher nicht zu weit, wenn man unterstellt, daß die Zeitläufte und seine gewissenhafte Berufsauffassung ihn dazu zwangen. Sein politisches Engagement war nie so direkt oder so kontinuierlich wie das der Jungdeutschen, die denn auch just deswegen Kritik an ihm übten. Doch was er in seiner politischen Lyrik zu sagen hatte, war nicht weniger schneidend als ihre modischen Feuilleton-Stücke und offenbarte manchmal sogar eine größere und demokratischere politische Leidenschaft.

I

Nikolaus Franz Niembsch, Edler von Strehlenau, kam am 13. August 1802 in Csatád zur Welt, einer kleinen Garnisonsstadt im ungarischen Banat. Sein Vater war ein unsteter und glückloser Wanderer, der die Offizierslaufbahn im österreichischen Heer hatte beenden müssen, weil er nicht standesgemäß geheiratet hatte, und der, als er 1807 starb, seine Familie in Armut zurückließ, woran die Wiederheirat der Witwe im Jahre 1811 nicht allzuviel geändert zu haben scheint. Die Kinderjahre des späteren Dichters waren überschattet von den Finanznöten der Familie und vom ständigen Streit zwischen seiner Mutter und seinen Großeltern väterlicherseits, die den Knaben zu sich nehmen wollten, um über seine Erziehung wachen zu können. Er gab schließlich dem großelterlichen Druck nach und zog nach Absolvierung eines Gymnasiums des Piaristen-Ordens in Pest zu den Strehlenaus nach Stockerau bei Wien. Deren Bemühungen, ihn zu einem Jurastudium zu überreden, fruchteten jedoch nichts. Er besuchte zwar die Universität, wechselte aber häufig die Studienfächer; über Jura, Philosophie und politische Ökonomie landete er schließlich bei der Medizin, brachte jedoch in keinem dieser Fächer einen Abschluß zustande. Schon 1821 schrieb er seiner Mutter, sein Hauptinteresse gelte dem Lesen und dem Gedichteschreiben; diese Leidenschaft sollte schließlich seinen Lebensweg bestimmen.[3]

In den Jahren, in denen Lenau tastend nach seiner Berufung suchte, wurde er sich erstmals der politischen Wirklichkeit im Österreich Metternichs bewußt, einem Land, in dem *quieta non movere* als Leitmotiv allen Gesetzbüchern vorangestellt war und in dem Neuerung, Bewegung und Veränderung gleichsam Straftatbestände waren. Während seiner Studienzeit an der Wiener Universität erhielt er eine anschauliche Lektion über die Haltung des österreichischen Staates in Sachen Meinungsfreiheit, als sein Philosophie-Professor Leopold Rembold entlassen wurde, weil er seinen Studenten kritisches Denken nahezubringen versucht hatte;[4] in der Folge sammelte er bald weitere persönliche Erfahrungen mit diesem repressiven Klima. Als er zu schreiben begann und sich nach Veröffentlichungsmöglichkeiten umsah, mußte er in der Tat erkennen, wie recht der Öster-

Nikolaus Lenau

reich-Flüchtling Charles Sealsfield mit seiner 1818 getroffenen Feststellung hatte: «Ein österreichischer Schriftsteller ist wohl das meistgequälte Geschöpf auf Erden. Er darf keine wie immer benannte Regierung angreifen, auch keine Minister, keine Behörde, nicht die Geistlichkeit oder den Adel, er darf nicht freisinnig, nicht philosophisch, nicht humoristisch, kurz, er darf gar nichts sein».[5]

Metternich erklärte einmal in einem seiner offenherzigeren Momente, in Österreich herrsche sehr wohl Gedanken- und Meinungsfreiheit, solange es sich um den Meinungsaustausch zwischen einzelnen handele; für das gedruckte Wort gälten jedoch andere Regeln. «Da», erläuterte Metternich, «muß der Staat die engen Schranken ziehen, die wir Zensur nennen.»[6] Von Anastasius Grün bis Stifter blieb kein österreichischer Schriftsteller von Rang vom dumpfen Wirken der im Einklang mit dieser Maxime errichteten Zensurbürokratie verschont. Franz Grillparzer berichtet in seiner *Selbstbiographie* über eine Eisenbahnfahrt von Hietzing nach Wien, bei der er einen Hofrat von der Zensurhofstelle wiedertraf, den er zuvor in Venedig kennengelernt hatte. «Er begann das Gespräch», schreibt Grillparzer, «mit der damals in Wien stereotypen Frage: warum ich denn gar so wenig schriebe? Ich erwiderte ihm: er als Beamter der Zensur müsse den Grund wohl am besten wissen. ‹Ja›, versetzte er, ‹so seid ihr Herren! Ihr denkt euch immer die Zensur als gegen euch verschworen. Als Ihr *Ottokar* zwei Jahre liegen blieb, glaubten Sie wahrscheinlich ein erbitterter Feind verhindere die Aufführung. Wissen Sie, wer es zurückgehalten hat? Ich, der ich, weiß Gott, Ihr Feind nicht bin.› ‹Aber, Herr Hofrat›, versetzte ich, ‹was haben Sie denn an dem Stücke Gefährliches gefunden?› ‹Gar nichts›, sagte er, ‹aber ich dachte mir: man kann doch nicht wissen –!›»[7]

Dem jungen Mann aus Csatád machte die Zensur ebenso zu schaffen wie anderen. Um sich ihrem Würgegriff zu entziehen, änderte er seinen Autorennamen von N. Niembsch von Strehlenau in Nikolaus Lenau; und als dies keine Besserung brachte, faßte er einen noch einschneidenderen Entschluß. Ludwig Börne hatte einmal geschrieben, das einzig Tröstliche am österreichischen System sei, daß in dem Land kein Mangel an Schuhleder herrsche, mit dessen Hilfe man ihm den Rücken kehren könne.[8] Auf diesen Ausweg besann sich Lenau jetzt, wenn auch schweren Herzens, denn er liebte Österreich.

Ja das Land! [schrieb er,] das Land ist göttlich, noch göttlicher durch den Kontrast der Menschen. Mögen hier die Alpen ragen, Bergströme stürzen, Lawinen donnern; das geschwächte Herz des Menschen zuckt im Staube und kann an den kühnen Felsen nicht hinaufklettern zu hohen Gedanken und Empfindungen. Einst waren die Menschen hier gewiß anders; einst haben tapfere Männer, heldenmütige Ritter hier gelebt. Aber was uns an jene Zeiten erinnert, schmerzt uns. Jede Burgruine kommt mir in diesem Lande vor wie eine versteinerte, bittere Lache der Zeit, die vom grauen Gestein herabgrinst in das entartete Herz.[9]

Es war diese Stimmung, die Lenau zu seinen ersten politischen Versen inspirierte. Schon vor seiner Entscheidung, Wien zu verlassen, hatten sich seine Notizbücher mit politischen Fragmenten und Entwürfen gefüllt. Die bittere Abrechnung mit Metternich, die den Kanzler am Anfang auf der Höhe seiner Macht zeigt –

Du fuhrst im goldnen Glückeswagen
Dahin den raschen Trott,
Von keuchenden Lüsten fortgetragen,
Und dünktest dir ein Gott!

und damit endet, daß er auf dem Totenbett liegt, während

Das Vaterland mit Lachen und Singen
Hält Wacht an deinem Grab,
Scheucht Tränen und Seufzer und Händeringen
Fort mit dem Bettelstab!

entstand wahrscheinlich schon vor der Abreise des Dichters.[10] Es ist viel gnadenloser als etwa Anastasius Grüns Metternich-Porträt in seinen *Spaziergängen*[11] und enthält ebensoviel konzentrierten Haß wie die Attacken Shelleys und Byrons auf Castlereagh.[12] Mit Sicherheit in dieser Zeit verfaßt wurden seine ersten Attacken auf den Klerus und den Adel, kurze epigrammatische Stücke, bemerkenswert in ihrer Erkenntnis, daß Ungerechtigkeit und Unfreiheit nicht allein einer tyrannischen Regierung zu verdanken waren, sondern auch dahinterstehenden verbunkerten gesellschaftlichen Interessengruppen.[13]

Lenaus Bitterkeit über die Unterdrückung der Freiheit nährte sich nicht ausschließlich aus dem, was er in Österreich sah. Der politische Horizont des Dichters weitete sich sehr schnell, und die Ereignisse der Jahre 1830 und 1831, namentlich die Revolution in Polen und ihre blutige Niederschlagung, inspirierten ihn zu einer Serie von Gedichten, die in ihrer leidenschaftlichen Intensität innerhalb seines Frühwerks einzig dastehen. Sie waren zugleich ein Tribut an den Heldenmut der polnischen Patrioten und eine Mahnung daran, daß die Vernichtung der Freiheit in Warschau eine Bedrohung für die Freiheit überall war:

> Haut die Gläser an den Tisch!
> Brüder, mit den rauhen Sohlen
> Tanzt nun auch der Winter frisch
> Auf den Gräbern edler Polen,
> Wo verscharrt in Eis und Frost
> Liegt der Freiheit letzter Trost.[14]

Der Wunsch, einen Ort zu finden, wo die Menschen frei atmen und die Künstler sich frei entfalten konnten, scheint Lenau zunächst zum Umzug nach Stuttgart und später zu seinem kurzen Amerika-Abstecher bewogen zu haben. Weder das eine noch das andere Unternehmen verlief allzu glücklich. Den Entschluß, sich nach der Ausreise aus Österreich in der württembergischen Hauptstadt niederzulassen, faßte Lenau, weil Stuttgart als Heimat des sogenannten schwäbischen Dichterkreises bekannt war und er dort geistige Anregung zu finden hoffte. Er wurde zwar freundlich aufgenommen, doch erwies sich dies als Glücksfall mit Schönheitsfehlern. Von den Mitgliedern des Dichterkreises besaß nur Uhland Format, und die Provinzialität der anderen trug auf lange Sicht zweifellos zu Lenaus hartnäckiger und am Ende tragischer Melancholie bei. Egbert Hoehl hat Spekulationen darüber angestellt, was aus Lenau hätte werden können, wenn er sich für Berlin mit seinem stürmischeren geistigen Klima entschieden hätte; es ist durchaus denkbar, daß in diesem Fall sein Leben einen anderen, glücklicheren Verlauf genommen hätte.[15] Das sind jedoch nur Gedankenspiele. Stuttgart wurde vorerst seine neue Heimat, und hierher kehrte er auch nach seinem Amerika-Abenteuer zurück; er reiste allerdings sehr häufig nach Österreich.

Es ist kaum daran zu zweifeln, daß Lenaus Amerikareise

hauptsächlich einem politischen Motiv entsprang: der Hoffnung, eine Welt hinter sich lassen zu können, in der die Freiheit mit Füßen getreten wurde –

> Das edle Wild der Freiheit scharf zu hetzen,
> Durchstöbert eine finstre Jägerbande
> Mit Blutgewehren, stillen Meuchelnetzen
> Der Wälder Heiligtum im deutschen Lande[16] –

und ein Eldorado der materiellen Segnungen und bürgerlichen Freiheitsrechte zu finden. In seinem Abschiedsgedicht an Europa schwingt eine fast ekstatische Erwartungsfreude mit:

> Fleug, Schiff, wie Wolken durch die Luft,
> Hin, wo die Götterflamme brennt!
> Meer, spüle mir hinweg die Kluft,
> Die von der Freiheit noch mich trennt!
>
> Du neue Welt, du freie Welt,
> An deren blütenreichem Strand
> Die Flut der Tyrannei zerschellt,
> Ich grüße dich, mein Vaterland![17]

Lenau hatte sich allerdings nicht auf eine Konfrontation mit der Neuen Welt vorbereitet, und so erfüllte ihn, was er dort sah, mit Überraschung und Bestürzung. Wie andere Reisende aus Europa – Charles Dickens zum Beispiel –, empfand er die Amerikaner als ungehobelt und einseitig auf den Erwerb materiellen Reichtums fixiert, und das Land, in dem sie lebten, war für seinen Geschmack noch zu wild. Vor seiner Abreise hatte er geschrieben: «Meine Poesie lebt und webt in der Natur, und in Amerika ist die Natur schöner, gewaltiger als in Europa.»[18] Und der Gedanke daran, die großen Niagara-Fälle zu sehen, hatte ihn mit Aufregung erfüllt. Doch dann erwies sich das alles als zu überwältigend,[19] und er ertappte sich dabei, wie er sich nach den stilleren deutschen Wäldern zurücksehnte und nach Gärten voller Nachtigallen, die es in Amerika nicht gab und die die Amerikaner, so schloß er, auch nicht verdienten.[20]

Das Schlimmste aber war, daß er die ersehnte Freiheit weder in Amerika fand noch sich von dem Gedanken an ihr unglückliches Schicksal in Europa zu lösen vermochte. Es ist interessant, daß von dem halben Dutzend wichtiger Gedichte, die er über Amerika schrieb, zwei sich mit Ungerechtigkeiten gegenüber den indianischen Ureinwohnern beschäftigten,[21] einem für europäische Reisende in jener Zeit untypischen Thema. In einem weiteren Gedicht, *Das Blockhaus*, versetzte er sich an einen eher unwahrscheinlichen Schauplatz: einen primitiven Gasthof in der amerikanischen Wildnis, wo er, Rheinwein trinkend und Uhland lesend, an die Heimat denkt:

> «Uhland! wie stehts mit der Freiheit daheim?» die Frage
> Sandt ich über Wälder und Meer ihm zu.
> Plötzlich erwachte der Sturm aus stiller Ruh,
> Und im Walde hört ich die Antwortklage:
> Krachend stürzten draußen die nacktgeschälten
> Eichen nieder zu Boden, die frühentseelten,
> Und im Sturme, immer lauter und bänger,
> Hört ich grollen der Freiheit herrlichen Sänger:
> «Wie sich der Sturm bricht heulend am festen Gebäude,
> Bricht sich Völkerschmerz an Despotenfreude,
> Sucht umsonst zu rütteln die festverstockte,
> Die aus Freiheitsbäumen zusammengeblockte!»[22]

Diese Vision schien nicht gerade dazu angetan, jemanden zur Rückkehr nach Europa zu animieren, aber da der Dichter in den unwirtlichen Wäldern Amerikas nichts fand, das ihn gehalten hätte, trat er die Heimreise an.

II

Nach seiner Rückkehr sah er sich im Blickpunkt der Öffentlichkeit, denn während seiner Abwesenheit war sein erstes Buch erschienen,[23] und die Frische seiner Naturgedichte und die Melancholie seiner Liebesballaden hatten eine breite Leserschaft bezaubert. Er konnte diesen Anfangserfolg mit seinem 1838 erschienen Band *Neuere Gedichte* festigen, der seine Meereslyrik und seine Amerika-Gedichte enthielt. Seine Popularität spornte ihn zu Experimenten an; 1835 veröffentlichte er seine epische Dichtung *Faust*, zwei Jahre später die Verserzählung *Savonarola*. Diese längeren Werke wiesen kaum einen Zusammenhang mit der deutschen oder europäischen Politik auf, auch wenn ersteres spöttische Seitenhiebe auf Ferdinand I. und Metternich enthielt und *Savonarola* von einem Kritiker als verkleidete Attacke auf den zeitgenössischen Absolutismus gedeutet wurde.[24] Man bewegt sich auf festerem Boden, wenn man diese Versepen als Auseinandersetzung mit dem menschlichen Bestreben und seinen Grenzen, mit dem Dilemma des Seins und mit dem Verhältnis des einzelnen zur Natur und zu Gott interpretiert.

Unterdessen war Lenau ins Visier der bekanntesten und sicherlich lautstärksten literarischen *coterie* in Deutschland geraten, des sogenannten Jungen Deutschlands. Über die Wortführer dieser Gruppe – Gutzkow, Laube, Mundt, Wienbarg[25] – schrieb Engels 1842, sie seien aus den Wirrungen eines verstörten Zeitalters hervorgegangen und hätten einen leichten Sieg über alle Konkurrenten errungen, indem sie verkündeten, die träge alte Belletristik der Vergangenheit müsse der Jugend weichen, und sie selbst verkörperten die Kräfte der modernen Zeit. Da eine Zeitlang niemand sie in die Schranken gewiesen habe, seien sie übermütig und eitel geworden. «Sie hielten sich für welthistorische Charaktere. Wo ein junger Schriftsteller auftrat, gleich wurde ihm die Pistole auf die Brust gesetzt und unbedingte Unterwerfung gefordert.»[26]

Gutzkow, der diesen Sachverhalt im Grunde bestätigte, fand eine etwas andere Formulierung: «Wir sind das Produkt politischer Aufregungen», schrieb er, «wir sind noch jung, verblendet von der Zukunft ... Amphibienartig leben wir halb auf dem Festlande der Politik, halb in den Gewässern der Dichtkunst: ... Wir sind zu sehr Demagog, um Kastraten der Kunst zu werden: und wieder zu eifersüchtig auf das, was man Schiller und Goethe nennt, um ein ausschließlicher Demagog zu sein. Das sind Halbheiten, die uns sehr unglücklich machen.» «Die Literatur», schrieb er an einer anderen Stelle, «war mir ein Spiel, weil ich sie nur als untergeordnetes Hülfsmittel für politische Zielpunkte betrachtete.»[27]

Aus diesen Beispielen jungdeutscher Hybris läßt sich unschwer darauf schließen, daß die Mitglieder dieses Zirkels Lenau nicht als einen der ihren betrachteten. Sie hatten diverses an ihm auszusetzen, nicht zuletzt jene Hingabe an den Dichterberuf, die ihn einmal zu dem Bekenntnis veranlaßt hatte: «... ich glaube, die Poesie bin ich selber; mein selbstestes Selbst ist die Poesie».[28] In ihren Augen war das keine Empfehlung, glaubten sie doch, daß in einer revolutionären Zeit die Prosa das einzig angemessene Medium des Literaten sei und daß «Versekritzler» Sklaven seien, bereit, sich den repressiven Gesetzen des Systems Metternich ebenso zu unterwerfen wie denen des Daktylus.[29] Gutzkow hielt von der lyrischen Dichtung ähnlich wenig wie von der Musik, über die er einmal schrieb, sie sei «der unnatürliche Gebrauch einer im Munde versteckten, zufälligen Fertigkeit».[30] Einer seiner Jünger, Alexander Jung, war in diesem Punkt so vollständig Gutzkows Meinung, daß er in seinem Buch *Vorlesungen über die moderne Literatur der Deutschen,* das 1842 herauskam, Lenau, Anastasius Grün, Herwegh, Freiligrath und andere Lyriker schlichtweg nicht erwähnte.[31]

Dazu kam, daß Lenau sich weigerte, das Gutzkowsche Diktum zu akzeptieren, die «Notwendigkeit der Politisierung unserer Literatur ist unleugbar»,[32] und ebenso das daraus abgeleitete Postulat, alle Schriftsteller sollten für die Zeitungen etwas über tagespolitische Themen schreiben. Am klarsten artikulierte Lenau seinen gegenteiligen Standpunkt in seinem Gedicht *Die Poesie und ihre Störer* (1838), in dem er die Poesie als eine Spaziergängerin im Wald darstellte, die von einem «lauten Schwarm» beim Meditieren gestört und umgarnt wird:

Komm, komm mit uns, verding uns deine Kräfte;
Wir wollen reich dir jeden Schritt bezahlen
Mit blankgemünztem Lobe in Journalen,
Heb dich zum weltbeglückenden Geschäfte! –
Laß nicht dein Herz in Einsamkeit verdumpfen,
Erwach aus Träumen, werde sozial,

Auf diese jungdeutsche Anmache erwidert die Poesie kühl:

Prophetisch rauscht der Wald: die Welt wird frei!
Er rauscht es lauter mir als eure Blätter,
Mit all dem seelenlosen Wortgeschmetter,
Mit all der matten Eisenfresserei.
Wenn mirs beliebt, werd ich hier Blumen pflücken;
Wenn mirs beliebt, werd ich von Freiheit singen;
Doch nimmermehr laß ich von euch mich dingen![33]

Eine solche Haltung verletzte die demokratischen Gefühle der Jungdeutschen, die sich angewöhnten, Lenau als den «Baron aus Ungarn» zu verspotten und seine Dichtung als eitle Schwärmerei abzutun, als mißglückte Goethe-Imitation (etwas, das in ihren Augen ohnehin, ob mißglückt oder nicht, ein Verbrechen darstellte, denn Goethe war ihre verhaßte Vaterfigur) oder gar (auf *Savonarola* bezogen) als Ausdruck eines religiösen Obskurantismus. Der Umstand, daß ihr Todfeind Wolfgang Menzel die Lyrik Lenaus gepriesen hatte, lieferte ihnen einen willkommenen Vorwand, ihn als Werkzeug des Systems brandmarken zu können. Gutzkow entwickelte, so scheint es, eine besondere Abneigung gegen Lenau und wurde zum Fachmann für Attakken auf ihn, für die der Dichter sich jedoch in gleicher Münze revanchierte, und von ihm sagte, er sei für ihn «der schlechteste Charakter und der Schandfleck in der deutschen Literatur», dessen größte Gabe darin bestehe, künstlerische Leistungen anderer, an die er selbst nicht heranreichen könne, herabzuwürdigen.[34]

Diese literarischen Scharmützel waren unerfreulich und unheilvoll, um so mehr, als die Streithähne im Grunde in den großen Fragen der Zeit einer Meinung waren. Wären die Jungdeutschen nicht so von ihrer eigenen Bedeutung überzeugt und so eifersüchtig auf ihren Alleinvertretungsanspruch auf Modernität bedacht gewesen, so hätten sie vielleicht bemerkt, daß Lenau auch nicht unmoderner war als sie und daß derselbe Dichter, der Hymnen auf das Schilf und das Wasser verfaßte, durchaus auch imstande war, über die Eisenbahn und ihren vermutlichen Nutzen für die Menschheit zu schreiben.[35] Und wenn sie nicht so hartnäckig an die Überlegenheit der Prosa über die Lyrik als Waffe im Freiheitskampf geglaubt hätten, wäre ihnen vielleicht aufgegangen, daß sie es bei Lenau mit einem politischen Dichter zu tun hatten, der in seinen besten Momenten so sprachgewaltig sein konnte wie Byron und Heine und der deshalb ihren Respekt verdiente.

Der heutige Leser, der die Produktion der jungdeutschen Schule kritisch durchsieht, wird sich wahrscheinlich weniger von ihren edlen Motiven beeindruckt zeigen als von ihrer Fähigkeit, das eigene Wirkungspotential durch einen schrillen und übertreibenden Stil und ein unterschiedsloses Engagement für gerechte Anliegen aller Art zu mindern. Lenau hingegen beeindruckt durch seine relative Zurückhaltung in politischen Dingen und die kontrollierte Kraft seiner Sprache dort, wo er Stellung bezieht. Nichts von dem, was die Jungdeutschen je gegen das System Metternich publizierten, war einschneidender und prophetischer als Lenaus *An die Verstockten*, das 1838 geschrieben wurde, Jahre vor der politischen Lyrik Heines, Herweghs und Freiligraths, wie Turóczi-Trostler zu Recht feststellt.[35] Hier malt der Dichter in Worten, durchdrungen von einer demokratischen Überzeugung, die seinen Kritikern die Spottlust hätte nehmen müssen, einen baldigen Umsturz der bestehenden Ordnung an die Wand, elementar in seiner Gewalt und revolutionär in seinen Folgen:

> Funken sind des Feuers Boten,
> Funken jagen durch das Land,
> Und den großen Gottesbrand
> Dämpft ihr nicht mit euren Pfoten.
>
> Zitternd steht ihr und erschrocken,
> Funken, die der Witz gefacht,
> Die das Volk, indem es lacht,
> Haucht in tote Aschenflocken;
>
> Aber nicht wollt ihr erschrecken,
> Wenn es blitzt im Herzensgrund,
> Wenn die Sklaven, kettenwund,
> Doch den Gott in sich entdecken.
>
> Hört, es kann die Stunde kommen,
> Wo das Lamm ein Löwe heißt,
> Wo es brüllend euch zerreißt;
> Laßt euch Gottes Zeichen frommen! –[37]

Die 1840er Jahre waren geprägt von einer Verschärfung der politischen Agitation in Deutschland; für Lenau waren es Jahre sich zuspitzender emotionaler Probleme, und lange vor der großen Umwälzung, die er selbst prophezeit hatte, brach beim Dichter selbst die psychische Ordnung unrettbar zusammen. Bevor dies geschah, schuf er jedoch noch einen dichterischen Beitrag zum Kampf um die Freiheit. *Die Albigenser,* ein gewaltstrotzendes und grelles Versepos über den Kreuzzug von Papst Innozenz III. gegen die im südlichen Frankreich aktive ketzerische Glaubensgemeinschaft, gilt gewöhnlich nur als weiteres Beispiel für Lenaus romantisches Interesse am Mittelalter. Der brutale Realismus, mit dem er sich des Themas annimmt, macht diese Deutung unhaltbar. Man muß vielmehr, wenn man bedenkt, daß Lenau von frühesten Jahren an sowohl den Feudalismus als auch den Klerikalismus verabscheute und in diesen beiden die Hauptstützen des Systems Metternich sah, zu dem Schluß kommen, daß der Dichter hier ebensosehr seine eigene Zeit im Auge hatte wie das 13. Jahrhundert. Deutlich wird dies gleich aus den Anfangszeilen, in denen er sich, in der Art eines Chinesen aus dem Altertum, einen Tiger zu seinem Schutzgeist erwählte und diesen um Waffenhilfe bei seinen Angriffen auf die Feinde der Freiheit bat:

> Send ich ein Lied auf die Tyrannenfratzen,
> So hilf ihm, Tiger, nach mit deinen Tatzen![38]

Und es wird doppelt deutlich aus den Schlußzeilen, in denen Lenau sich, nachdem er die blutige Geschichte zu Ende erzählt hat, an seine eigene revolutionäre Generation wendet und ihr mit beinahe hegelianischer Zuversicht erklärt, am Ende werde die Sache der Freiheit zwangsläufig triumphieren, da die Dialektik der Geschichte es so verlange.

> Das Licht vom Himmel läßt sich nicht versprengen,
> Noch läßt der Sonnenaufgang sich verhängen
> Mit Purpurmänteln oder dunklen Kutten;
> Den Albigensern folgen die Hussiten
> Und zahlen blutig heim, was jene litten;
> Nach Huß und Ziska kommen Luther, Hutten,
> Die dreißig Jahre, die Cevennenstreiter,
> Die Stürmer der Bastille, und so weiter.[39]

Sein psychischer Zusammenbruch raubte dem Dichter die Fähigkeit, die nächste Phase dieses historischen Prozesses zu verstehen oder sich zum scheinbaren Triumph und schließlichen Kollaps der Revolution von 1848 zu äußern. Doch selbst wenn er im vollen Besitz seiner Kräfte gewesen wäre, kann man sich unmöglich vorstellen, daß diese enttäuschende Entwicklung ihm den Glauben an den unvermeidlichen Sieg der Freiheit genommen oder daß er je aufgehört hätte, «von der Freiheit zu singen», wenn ihm danach zumute war. So sehr er immer darauf pochte, daß die Politik nicht das eigentliche Metier des Dichters sei, so undenkbar war es für Lenau, im Angesicht der Tyrannei stillzuschweigen. Seine Poesie des Protests verdient größere Anerkennung, als ihr bisher widerfahren ist.

Neuntes Kapitel

Heinrich Heine und die Deutschen

Es fällt schwer, sich für eine Bahnfahrt oder einen Urlaub einen unterhaltsameren Gefährten vorzustellen als Heinrich Heine, oder gar einen alterungsbeständigeren. Er besitzt eine ebenso glückliche Hand für das Ernste wie für das Sentimentale; seine Kommentare zu Gott und der Welt sind durchbohrend und provokant; er ist Philosoph genug, um der Geschichte einen Sinn abzugewinnen, und Historiker genug, um die Philosophie in ihren sozialen Kontext einzuordnen. In der Charakterisierung der großen Akteure auf der Weltbühne findet er deftige und oft maliziöse Formulierungen, und nie ist er um eine gute Anekdote verlegen. Wer wäre nicht entzückt von seinem Vergleich des Kopfes von Alexandre Dumas mit einem «Gasthof, wo manchmal gute Gedanken einkehren, die sich aber dort nicht länger als über Nacht aufhalten; sehr oft steht er leer»,[1] oder über seine Geschichte, wie Napoleon einen französischen Gelehrten beauftragt, ihm einen Abriß der Philosophie Kants zusammenzustellen, und nach der Lektüre desselben ausruft: «Alles dieses hat keinen praktischen Wert, und die Welt wird wenig gefördert durch Menschen wie Kant, Cagliostro, Swedenborg und Philadelphia.»[2]

Weshalb sind diese anziehenden Qualitäten Heines in den eineinhalb Jahrhunderten seit seinem Tod so vielen seiner Landsleute verborgen geblieben, und wie sollen wir die Tatsache erklären, daß sie sich immer wieder zierten, Heine als einen der ihren zu akzeptieren und ihm die für große Künstler sonst üblichen Ehrungen angedeihen zu lassen? Das ist eine knifflige, aber keineswegs überflüssige Frage, denn bei der Suche nach einer Antwort gewinnen wir zwangsläufig Einblicke in das psychische und politische Verhältnis der Deutschen zur Literatur und zu ihrer gesellschaftlichen Funktion.

I

Moderne Gesellschaften haben zahlreiche Mittel zur Ehrung ihrer toten Berühmtheiten entwickelt, wie etwa das Aufstellen von Denkmälern dieser oder jener Art auf öffentlichen Plätzen oder in Parks, die Benennung von Schulen, Universitäten oder anderen öffentlichen Einrichtungen nach ihnen oder das Auflegen von Briefmarken zu ihrem Gedenken. Heine ist von alldem nicht viel zuteil geworden. Als der Dichter Paul Heyse 1887 die Anregung der Kaiserin Elisabeth von Österreich, die eine große Verehrerin der Heineschen Dichtkunst war, aufgriff und eine Kampagne für die Errichtung eines Heine-Denkmals in dessen Geburtsstadt Düsseldorf startete, hagelte es wütende Proteste von seiten vaterländischer Organisationen, der Gesangvereine und studentischer Burschenschaften gegen ein, wie sie es nannten, «Schandmal» für Heine, diesen «Schmutzfink im deutschen Dichterwalde». Am Ende lehnte der Düsseldorfer Stadtrat das Vorhaben mit der Begründung ab, der vorgesehene Standort liege in zu großer Nähe zu einem bereits bestehenden Kriegerdenkmal. Das bereits fertiggestellte Heine-Standbild wurde in der Folge den Städten Mainz und Hamburg angeboten, die es beide nicht haben wollten; in Mainz führte die katholische Presse die Protestfront gegen die Denkmalsofferte an, in Hamburg lehnte der Senat sie mit der Begründung ab, es handle sich um ein «gebrauchtes» Werk. Die Skulptur fand schließlich ihren Weg in die Neue Welt, wo sie dank der Fürsprache von Carl Schurz im New Yorker Stadtteil Bronx eine Heimstätte fand. Heinrich Mann, damals siebzehn Jahre alt, schrieb angesichts dieser beschämenden Vorgänge:

Ihr wollt Ihm kein Denkmal setzen
Ihr lieben, braven Leut?
So dumm, wie ihr wart, als Er lebte,
So dumm seid ihr noch heut.[3]

In der Zeit der Weimarer Republik wurde ein zweiter Versuch unternommen, in Düsseldorf ein Heine-Denkmal aufzustellen. Wieder löste dies einen wütenden Aufschrei rechter Organisationen aus, und wieder bekamen es die Stadtväter mit der Angst zu tun und vertändelten die Sache. Das Standbild wurde zwar

Heinrich Heine

gemeißelt (von Georg Kolbe, der es «Aufstand des jungen Mannes» nannte), aber es war noch nicht aufgestellt, als die Nazis die Macht im Lande übernahmen; man brachte es, gleichsam inkognito, im Düsseldorfer Kunstmuseum unter, wo es den Krieg überdauerte; später wurde es in aller Stille in einem öffentlichen Park der Stadt aufgestellt, allerdings ohne jeden Hinweis auf Heine.[4]

In der Nazizeit gab es natürlich keinerlei Ehrungen für Heine. Was die neuen Machthaber von dem Dichter hielten, zeigten sie, indem sie 1933 seine Bücher verbrennen ließen und sich auf die Suche nach Autoren für neue Texte zu den Melodien begaben, die Schubert und Schumann zu Heine-Gedichten komponiert hatten. Das Idiotische dieses Unterfangens mußten sogar seine nationalsozialistischen Initiatoren zugeben. (Der Dichter Börries von Münchhausen schloß einen Artikel, in dem er gegen die Schnapsidee Stellung nahm, allerdings pflichtgemäß mit der Beteuerung: «Ich nenne Heinrich Heine einen Schweinehund.»[5]) Bei aller Peinlichkeit schämten sie sich freilich nicht, das für das Heine-Denkmal gesammelte Geld 1937 in den Bau eines neuen Rathauses zu stecken.

Nachdem die Nazis in der Versenkung verschwunden waren, lief in Düsseldorf eine dritte, dieses Mal ziemlich schüchterne Kampagne zugunsten einer verspäteten Ehrbezeigung für den Dichter an. Sie führte zur Aufstellung einer von dem französischen Bildhauer Maillol gefertigten weiblichen Skulptur im Hofgarten, die offiziell zum Heine-Denkmal deklariert wurde – weshalb, war freilich schwer zu sagen, noch dazu angesichts der Tatsache, daß Maillol im NS-besetzten Frankreich eine zwielichtige Rolle gespielt hatte. Wie auch immer, auf manche Besucher wirkte das Standbild eher wie ein weiblicher Gartenzwerg als wie ein dem großen Dichter und Spötter würdiges Denkmal.

Auch als Briefmarkenmotiv war Heine nicht erfolgreicher. Eigentlich verfuhr die Regierung der Bundesrepublik Deutschland nach 1949 bei der Auswahl der Persönlichkeiten, deren Antlitz auf Briefmarken verewigt wurde, ziemlich großzügig. Man ehrte bedeutende konservative Gestalten der Geschichte wie Bismarck, Hardenberg oder Ranke; man legte ganze Serien zum Gedenken an die Vorkämpferinnen der Frauenbewegung aus dem 19. Jahrhundert und an die Männer des Widerstands gegen Hitler auf; man trug auch keine Bedenken, den Kopf Ferdinand Lassalles auf eine 20-Pfennig-Marke (denselben Wert hatte man Bismarck zugestanden) und den von Karl Marx auf eine 30-Pfennig-Marke zu setzen. Als dann aber 1962/63 eine Briefmarkenserie mit «Dichtern und Denkern» aufgelegt wurde, fand Heine darin keinen Platz – wohl aber Annette von Droste-Hülshoff und Gerhart Hauptmann. Erst 1971, und auch da nur dank der energischen Fürsprache des prominenten Sozialdemokraten Carlo Schmid, nahmen die Postbehörden Heinrich Heine in den exklusiven Kreis ihrer Markengeehrten auf.

Was die institutionellen Formen des Gedenkens betraf, so kam in Düsseldorf, nachdem die dortige medizinische Hochschule 1965 in den Rang einer Universität erhoben worden war, der Vorschlag auf, diese nach Heine zu benennen, wie Mainz seine Universität nach Gutenberg, Frankfurt die seine nach Goethe benannt hatte. Rektor und Senat der Universität sprachen sich umgehend gegen diesen Vorschlag aus, desgleichen, als die Heine-Befürworter nicht locker ließen, in einer Abstimmung die überwältigende Mehrheit der Studenten. Im Januar 1973 wurde die Frage erneut aufgeworfen, und der Senat bekräftigte seine ablehnende Haltung mit 56 gegen 21 Stimmen, bei 2 Enthaltungen. Bei dieser Sachlage blieb es noch einmal sechzehn Jahre; dann endlich konnten sich die Heine-Anhänger durchsetzen, wenn auch, wie wir sehen werden, unter Begleitumständen, die den Vorgang nicht gerade zu einem posthumen Triumph für den Dichter machten.

II

Das chronische Naserümpfen über Heinrich Heine läßt sich schwerlich mit einer etwa minderen Wertigkeit seines literarischen Schaffens erklären. Bei den kritischen Attacken von Karl Kraus und Hugo von Hofmannsthal auf seinen literarischen Stil handelte es sich im Grunde um aus dem literarischen Elfenbeinturm abgeschossene Giftpfeile auf einen Autor, der sich in unverhüllter Sprache an ein großes Publikum gewandt hatte.[6] Und was die verwinkelte Kritik Theodor Adornos an Heines Gedichten betrifft, so muß man Jeffrey Sammons sicherlich beipflichten, wenn er empörten Protest dagegen anmeldet: Gegen die von Adorno vertretene These, die Lyrik Heines sei der Anwendung industrieller Massenproduktionstechniken auf romantische Archetypen entsprungen, sein umgangssprachlicher Stil sei assimilationistisch und zeuge vom «nachahmenden Übereifer des Ausgeschlossenen», und sein Motiv der unerwiderten Liebe stehe in Wirklichkeit für etwas ganz anderes, nämlich für seine fehlende Verwurzelung in der Gesellschaft, müsse der Literaturkritiker – bei allem gebührenden Respekt vor Adornos großen Geistesgaben und Leistungen – Widerspruch einlegen und deutlich erklären, «daß dies absurd ist und geeignet, das Geschäft der Soziologen in Mißkredit zu bringen».[7] Tatsache ist, daß Heine der populärste und meistgelesene Schriftsteller seiner Zeit war und daß seine Gedichte sich so nachhaltig im deutschen Bewußtsein festsetzten, daß die Nazis, als sie sie aus Sammelbänden und Schulbüchern zu eliminieren versuchten, feststellen mußten, daß dies ein unmögliches Unterfangen war, und ihnen keine andere Ausflucht blieb, als sie einem «unbekannten Dichter» zuzuschreiben, was allerdings den ungewollten Effekt hatte, sie erst recht in den Rang überlieferter und mythischer Dichtungen zu erheben. Und was die Prosa Heines anging, so zählten zu ihren Bewunderern so rigorose Sprachkritiker wie Nietzsche und Thomas Mann, die in Heine einen der wenigen wahren Meister des deutschen Prosastils erkannten.[8]

Von Anfang an jedoch gab es auch unter denen, die Heines Talent atemberaubend fanden, etliche, denen nicht behagte, was er daraus machte, und schon in den 1830er Jahren wurde gegen den Dichter der fatale Vorwurf laut, er sei undeutsch. Jost Hermand brachte die Sache in seinem glänzenden Aufsatz über die frühen Kritiker Heines auf den Punkt:

Weil Heine so subjektiv auftritt, erscheint er seinen Kritikern als zu ungebunden und formlos. Weil er so formlos ist, gilt er als frivol und unmoralisch. Weil er zum Unmoralischen neigt, wird er als Saint-Simonist hingestellt. Wer einer solchen Lehre anhängt, muß in konservativen Augen selbstverständlich ein ‹Französling› sein. Als Französling gerät man sofort in den Verdacht, sich wurzellos in der Welt herumzutreiben. Wurzellos kann jedoch nur ein Jude sein. Als Jude ist man bereits in diesen Jahren mit dem Odium des ‹Unechten› und ‹Literatenhaften› belastet – et cetera ad libitum in infinitum.[9]

Heines Art zu schreiben und seine Lebensumstände forderten Kritik dieser Art heraus. In seiner Prosa, aber auch in großen Teilen seiner Lyrik, namentlich in den beiden großen Versdichtungen *Atta Troll* und *Deutschland. Ein Wintermärchen*, gab er sich satirisch und bediente sich genüßlich der Waffen der Übertreibung, der Ironie und des Spotts, um deutsche Schwächen bloßzulegen – in der Hoffnung, er könne seine Landsleute so dazu bringen, sie abzulegen. Die Deutschen aber haben sich mit der Satire schon immer schwergetan. Wie Erich Kästner, Heines Erbe in der Weimarer Zeit, einmal feststellte:

> Der satirische Schriftsteller ... stellt die Dummheit, die Bosheit, die Trägheit und verwandte Eigenschaften an den Pranger. Er hält den Menschen einen Spiegel, meist einen Zerrspiegel, vor, um sie durch Anschauung zur Einsicht zu bringen. Er begreift schwer, daß man sich über ihn ärgert. Er will ja doch, daß man sich über *sich* ärgert! Er will, daß man sich schämt. Daß man gescheiter wird. Vernünftiger.[10]

Die Masse der Leser mochte es nicht, wenn die Schriftsteller zu große Anforderungen an sie stellten. Außerdem galt die Satire, die sich mit den Dingen des Alltags befaßt, den meisten nicht als legitimes literarisches Genre. Robert Minder hat geschrieben, daß im Deutschland des 19. Jahrhunderts (für die Gegenwart gilt dies in weit geringerem Maß) im allgemeinen zwischen zwei Kategorien von Schriftstellern unterschieden wurde: Diejenigen, die sich, in zumeist kunstvoller bis verstiegener Sprache, mit den ewigen Werten befaßten, wurden als Dichter anerkannt und verehrt; wer hingegen aus diesen olympischen Höhen herabstieg und sich in den Kopf setzte, irdischere Themen zu erörtern und sich zu den politischen Fragen seiner Zeit zu äußern, wurde als bloßer Literat belächelt, wenn nicht verachtet.[11] Hieraus erklärt sich die breite Kluft des Ansehens, die einen Goethe von einem Spielhagen trennt. Innerhalb dieses Begriffsrahmens gehörte Heine eindeutig zu den «Literaten» und noch dazu zu den verdächtigsten, nicht nur weil fast alles, was er schrieb, politisch angehaucht war, sondern auch, weil seine satirische Tendenz diejenigen erschreckte, die von der Literatur Seriosität und Respekt zumindest vor gewissen des Respekts würdigen Werten erwarteten. Was sollte man von einem Schriftsteller halten, der offenbar nicht einmal seine eigene Arbeit ernst nahm? Der, in der vierten Serie seiner *Reisebilder*, Sätze wie die folgenden zu Papier brachte:

Es gibt nichts Langweiligeres auf dieser Erde, als die Lektüre einer italienischen Reisebeschreibung – außer etwa das Schreiben derselben –, und nur dadurch kann der Verfasser sie einigermaßen erträglich machen, daß er von Italien selbst so wenig als möglich darin redet. Trotz dem, daß ich diesen Kunstkniff vollauf anwende, kann ich Dir, lieber Leser, in den nächsten Kapiteln nicht viel Unterhaltung versprechen. Wenn Du Dich bei dem ennuyanten Zeug, das darin vorkommen wird, langweilst, so tröste Dich mit mir, der all dieses Zeug sogar schreiben mußte.[12]

Ernsthafte Leser fanden so etwas geschmacklos und irgendwie auch subversiv. Noch mehr irritierte sie die Gepflogenheit Heines, sie erst in sentimentale Stimmungen zu versetzen und dann Falltüren unter ihren Füßen zu öffnen. Heine genoß es, wie Engels einmal bemerkte, mit der Waffe der Ironie bürgerliche Idyllen zu zerstören, wobei eine seiner bevorzugten Finten darin bestand, mit den schwärmerischen Neigungen seiner Leser zu spielen und sie dann, wenn sie es am wenigsten erwarteten, brutal mit der Realität zu konfrontieren. Heine betätigte sich hier, wie auch in anderen Abteilungen seiner schriftstellerischen Arbeit – nicht zuletzt in seinen politischen Korrespondenzen aus Frankreich[13] –, als Ruhestörer, der die Zufriedenen daran gemahnte, daß eine Veränderung der Verhältnisse möglich war, wenn nicht gar vor der Tür stand.[14]

Anstoß erregte Heine auch mit seinen frechen Spötteleien über alteingesessene Institutionen wie Universitäten und Kirchen. Nehmen wir zum Beispiel die berühmte Anfangspassage seiner *Harzreise*:

Die Stadt Göttingen, berühmt durch ihre Würste und Universität, gehört dem Könige von Hannover und enthält 999 Feuerstellen, diverse Kirchen, eine Entbindungsanstalt, eine Sternwarte, einen Karzer, eine Bibliothek und einen Ratskeller, wo das Bier sehr gut ist.[15]

Dies demonstrierte sicherlich stark verschobene Wertmaßstäbe. Und wie konnte man die Achtung vor einem Schriftsteller bewahren, der sich bei keiner Erwähnung religiöser Dinge einen Witz oder eine blasphemische Anspielung verkneifen konnte, wie in jenem Teil seines Reiseberichts *Die Stadt Lucca*, in dem er für die glühende Schilderung einer flüchtigen Liebschaft auf die Formensprache der kirchlichen Liturgie zurückgreift:

O, die schöne, selige, katholische Nacht! Ich liege in deinen Armen, strengkatholisch glaube ich an den Himmel deiner Liebe, von den Lippen küssen wir uns das holde Bekenntnis, das Wort wird Fleisch, der Glaube wird versinnlicht, in Form und Gestalt, welche Religion![16]

Oder an jener Stelle seiner *Geschichte der Religion und Philosophie in Deutschland*, wo er darauf hinweist, daß das Geld zum Bau des Petersdoms in Rom durch den Verkauf von Ablässen aufgebracht wurde und daß der Dom somit «gleichsam ein Monument sinnlicher Lust [sei] ..., wie jene Pyramide, die ein ägyptisches Freudenmädchen für das Geld erbaute, das sie durch Prostitution erworben», und daran anschließend dieser sinnlichen Großzügigkeit des Südens die Kargheit des Nordens gegenüberstellt:

... am 31. Oktober 1517, als Luther seine Thesen gegen den Ablaß an die Türe der Augustinerkirche anschlug, war der Stadtgraben von Wittenberg vielleicht schon zugefroren, und man konnte dort Schlittschuhe laufen, welches ein sehr kaltes Vergnügen und also keine Sünde ist.[17]

Und schließlich und endlich: Wie sollte man sich mit einem Schriftsteller arrangieren, der in frohgemuter Geringschätzung schreiben konnte, in Europa wohne «ein sehr großer Narr, riesengroß, und er nennt sich deutsches Volk»,[18] der sich über deutsche Bestrebungen lustig machte und sich an der Ohnmacht Deutschlands im Vergleich zu anderen Nationen weidete:

Franzosen und Russen gehört das Land,
Das Meer gehört den Briten,
Wir aber besitzen im Luftreich des Traums
Die Herrschaft unbestritten[19] –

und der aus seiner Verachtung für diejenigen, die in Deutschland herrschten, und diejenigen, die sich von ihnen trotz aller gebrochenen Versprechungen brav regieren ließen, keinen Hehl machte?[20] Es war Heines frühen Kritikern ein leichtes, seine frivole Respektlosigkeit dem Umstand zuzuschreiben, daß eine ungesunde Bewunderung für Frankreich ihm den Kopf verdreht hatte, eine Bewunderung, zu der er sich in seinen Schriften, angefangen mit seinem Prosa-Meisterwerk *Ideen: Buch le Grand*, ebenso offen bekannte wie zu seiner Faszíniertheit von Paris, der Stadt, die er 1831 zu seinem ständigen Wohnsitz erkor. Heine lieferte seinen Feinden in dieser Beziehung alle Munition, die sie benötigten; so verkündete er 1828:

... die Freiheit ist eine neue Religion, die Religion unserer Zeit. ... Die Franzosen sind aber das auserlesene Volk der neuen Religion, in ihrer Sprache sind die ersten Evangelien und Dogmen verzeichnet, Paris ist das neue Jerusalem, und der Rhein ist der Jordan, der das geweihte Land der Freiheit trennt von dem Lande der Philister.[21]

Daß Heine sich gleichwohl nicht ganz freiwillig für sein fast lebenslanges Exil entschieden hatte, geriet darüber in Vergessenheit. Er entschloß sich dazu, nachdem seine Hoffnungen, sich entweder in Berlin oder in München eine staatliche oder akademische Anstellung sichern zu können, geplatzt waren,[22] wohl wissend, daß er, obschon bereits ein berühmter Mann, keine Aussicht hatte, von seiner Schriftstellerei leben zu können; dazu waren seine politischen Ansichten zu fortschrittlich und die Zustände und Denkweisen in Deutschland zu vernagelt. Auch wenn sein Weggang nicht unmittelbar unter dem Druck Metternichscher Verfolgung geschah, kam eine Rückkehr in sein Heimatland von dem Augenblick an praktisch nicht mehr in Frage, als der Bundestag auf Drängen Metternichs 1835 die Erlasse verabschiedete, die die Verbreitung der Bücher Heines unterbanden. Metternich war von der Heineschen Lyrik angetan, und es heißt, das *Buch der Lieder* habe bei ihm reichlich die Tränen fließen lassen; gleichwohl habe er das Verbot von 1835 für notwendig gehalten, um «das politische Gebäude des Staates» aufrechtzuerhalten;[23] und das bedeutete, daß Heine nicht in der Lage gewesen wäre, in Deutschland seinen Lebensunterhalt zu verdienen, ohne seine politischen Grundsätze zu opfern und seinen literarischen Stil zu ändern.

Nichts von alledem kümmerte seine Gegner, die vielmehr größtmögliches Kapital aus der Tatsache schlugen, daß der Dichter, um in Paris überleben zu können, eine Pension vom französischen Staat akzeptiert hatte. Sie warfen ihm vor, er arbeite gegen das nationale Interesse Deutschlands, und verbreiteten das Gerücht, er habe die französische Staatsbürgerschaft erworben, eine Verleumdung, gegen die er sich empört verwahrte:

Die Ehe, welche ich mit unserer lieben Frau Germania, der blonden Bärenhäuterin, geführt, war nie eine glückliche gewesen. Ich erinnere mich wohl noch einiger schöner Mondscheinnächte, wo sie mich zärtlich preßte an ihren großen Busen mit den tugendhaften Zitzen – doch diese sentimentalen Nächte lassen sich zählen, und gegen Morgen trat immer eine verdrießlich gähnende Kühle ein und begann das Keifen ohne Ende. Auch lebten wir zuletzt getrennt von Tisch und Bett. Aber bis zu einer eigentlichen Scheidung sollte es nicht kommen. ... der Steinmetz, der unsere letzte Schlafstätte mit einer Inschrift zu verzieren hat, soll keine Einrede zu gewärtigen haben, wenn er dort eingräbt die Worte: Hier ruht ein deutscher Dichter.[24]

Dazu kam natürlich die Tatsache, daß Heine Jude war – in den Augen seiner Kritiker die Erklärung für alles, was sie an ihm nicht mochten. Bei den Historikern des deutschen Antisemitismus liest man, den antijüdischen Ressentiments habe bis ins späte 19. Jahrhundert nichts Rassistisches angehaftet, und nur Juden, die es ablehnten, sich taufen zu lassen, seien stigmatisiert worden. Liest man nach, was in den 1830er und 1840er Jahren über Heinrich Heine geschrieben wurde, so fällt es schwer, sich dieser These anzuschließen. 1831 polemisierte Eduard Meyer gegen Heine und seinen Gefährten im Pariser Exil, Ludwig Börne:

Getauft oder nicht, das gilt gleichviel, nicht den Glauben der Juden hassen wir, sondern die vielen häßlichen Eigenthümlichkeiten dieser Asiaten, die unter ihnen so häufige Unverschämtheit und Anmaßung, die Unsittlichkeit und Leichtfertigkeit, ihr vorlautes Wesen und ihre so oft gemeine Grundgesinnung ... Sie gehören zu keinem Volke, zu keinem Staate, zu keiner Gemeinde, schweifen als Aventuriers in der Welt umher, schnüffeln überall herum ... und bleiben da, wo sie recht viel zu raisonniren finden. Wo es still und gesetzlich hergeht, da ist ihnen nicht wohl in ihrer Haut.[25]

Noch bösartiger äußerte sich Wolfgang Menzel, Herausgeber des *Stuttgarter Literaturblatts* und angesehener Kritiker mit Professur; er gab sich schockiert über Heines *Reise von München nach Genua* und schrieb: «Wir sehen da den Judenjungen, mit der Hand in den Hosen, frech vor italienischen Madonnenbildern stehen», und mokierte sich über den «aus Paris kommenden, nach der neusten Mode gekleideten, aber gänzlich blasierten, durch Lüderlichkeit entnervten Judenjüngling mit spezifischem Moschus- und Knoblauchgeruch».[26]

Wie Jost Hermand dazu bemerkt, ist dies eine Sprache, die hundert Jahre später auch Julius Streichers *Der Stürmer* gut zu Gesicht gestanden hätte.

III

Noch zu seinen Lebzeiten also brandmarkten seine Landsleute Heinrich Heine als einen frivolen, unmoralischen, französischen, jüdischen, jedenfalls aber undeutschen Schriftsteller, Anwürfe, die sich teilweise aus der Provinzialität und mangelnden Urbanität der deutschen Literatur, der deutschen Moralprüderie, der langen und unheilvollen Geschichte des deutschen Antisemitismus und dem Minderwertigkeitskomplex und der Kritikempfindlichkeit erklären lassen, die Bestandteil der deutschen Mentalität waren zu einer Zeit, da das fragmentierte Land in der Welt kaum politisches Ansehen genoß. Als freilich nach Heines Tod Deutschland endlich zum geeinten und mächtigen Nationalstaat wurde, nahm die Kritik an Heine eher noch an Schärfe zu. In der Bismarck-Ära avancierte er zum bevorzugten Prügelknaben selbsternannter Wächter der sprachlichen Tugend wie Adolf Bartels, politischer Ehrgeizlinge ohne Prinzipien wie des Hofpredigers Stöcker und solcher Beschwörer einer heroischen teutonischen Vergangenheit wie Richard Wagner – der sich gleichwohl nicht scheute, die Handlung seines *Fliegenden Holländers* jener Version der Legende zu entlehnen, die Heine in *Aus den Memoiren des Herrn Schnabelewopski* präsentiert hatte.

Der bedeutendste und unversöhnlichste aller Heine-Hasser nach 1871 war jedoch Heinrich von Treitschke. Das ist von Gewicht, weil Treitschke nicht nur seiner eigenen Einschätzung nach, sondern auch in den Augen vieler anderer so etwas wie die offizielle Stimme des neuen Deutschlands war; seine vielbändige *Deutsche Geschichte*, die von den 1870er Jahren an erschien, war, um Erich Marcks zu zitieren, «das führende Buch der deutschen nationalen Literatur dieses Jahrzehntes überhaupt, neben den Reden Bismarcks der höchste und mächtigste Ausdruck der damals gipfelnden und leitenden Kräfte, das bezeichnendste Erzeugnis jener Periode der alldurchdringenden nationalen Politik, deren Herold Treitschke jetzt geworden war». [27] Der Historiker bemühte sich in diesem Werk, das die Deutschen erklärtermaßen damit vertraut machen sollte, welchen Faktoren und Persönlichkeiten sie ihre Größe verdankten, sorgfältig, Heine jeglichen Beitrag zur Nationwerdung des deutschen Volkes abzusprechen, während er die Verdienste anderer Schriftsteller großzügig anerkannte. Daß namentlich Heines lyrische Werke sich großer Beliebtheit erfreut hatten und noch erfreuten, konnte Treitschke nicht in Abrede stellen, doch betonte er:

Es währte lange, bis sie sich eingestanden, daß deutschen Herzen bei Heine's Witzen nie recht wohl wurde. War er doch schlechthin der einzige unserer Lyriker, der niemals ein Trinklied gedichtet hat; sein Himmel hing voll von Mandeltorten, Geldbörsen und Straßendirnen; nach Germanen Art zu zechen, vermochte der Orientale nicht. Es währte noch länger, bis man entdeckte, daß Heine's Esprit keineswegs Geist war im deutschen Sinne. [28]

Es stimmt einen schon nachdenklich, bei einem Historiker von der Statur Treitschkes eine Beurteilung Heines lesen zu müssen, die eher klingt wie eine Begründung für dessen Nichtaufnahme in eine Burschenschaft. Auch stimmt die aufgestellte Behauptung strenggenommen nicht, denn es gibt aus der Feder Heines zumindest ein Lied zum Thema Trinken, genauer über ein Trinkgelage in Bremen; dessen letzte Strophe lautet:

Du braver Ratskellermeister von Bremen!
Siehst du, auf den Dächern der Häuser sitzen
Die Engel und sind betrunken und singen;
Die glühende Sonne droben am Himmel
Ist nur die rote betrunkene Nase,
Die der Weltgeist hinaussteckt,
Und um die rote Weltgeistnase
Dreht sich die ganze betrunkene Welt. [29]

Von einem solchen Einwand hätte sich freilich ein Kritiker nicht beeindrucken lassen, der imstande war, über Heines großes satirisches Meisterwerk, *Deutschland. Ein Wintermärchen,* zu schreiben: «Grade dies Gedicht, eines der geistreichsten und eigenthümlichsten aus Heines Feder, mußte den Deutschen zeigen, was sie von diesem Juden trennte. Die arischen Völker haben ihren Thersites, ihren Loki; einen Ham, der seines Vaters Scham entblößt, kennen nur die Sagen der Orientalen.»[30]

Der antisemitische Gehalt dieser beiden Zitate sollte vielleicht nicht übertrieben werden. Treitschke trug gewiß einen erklecklichen Teil dazu bei, dem Antisemitismus in Deutschland einen Hauch von Respektabilität zu verleihen, vor allem mit seinem Artikel in den *Preußischen Jahrbüchern* von 1879, der mit dem berüchtigten Satz begann: «Die Juden sind unser nationales Unglück.» Er war jedoch kein prinzipieller Judenhasser und brachte es durchaus über sich, Juden, die in seinen Augen gute Deutsche waren, zu rühmen – zum Beispiel Felix Mendelssohn Bartholdy. Heine jedoch fiel für ihn nicht in diese Kategorie; er war ein unbarmherziger Kritiker deutscher Schwächen gewesen, und seine Kritik hatte mit seinem Tod nichts von ihrer Kraft verloren. Treitschke sah völlig zu Recht, daß die größten politischen Arbeiten des Dichters – die Versdichtungen *Atta Troll* und *Deutschland. Ein Wintermärchen* und die Abhandlung *Zur Geschichte der Religion und Philosophie in Deutschland* – die Scham Deutschlands entblößten.

IV

Heine hatte sich der biblischen Gestalt, die Treitschke gegen ihn ausspielte, schon einmal bedient; damals hatte er geschrieben:

> Ach! ich will nicht wie Ham die Decke aufheben von der Scham des Vaterlandes, aber es ist entsetzlich, wie mans bei uns verstanden hat, die Sklaverei sogar geschwätzig zu machen, und wie deutsche Philosophen und Historiker ihr Gehirn abmartern, um jeden Despotismus, und sei er noch so albern und tölpelhaft, als vernünftig oder als rechtsgültig zu verteidigen.[31]

Atta Troll, ein langgezogenes *jeu d'esprit,* das Heine 1841 für eine von seinem Freund Heinrich Laube verlegte jungdeutsche Zeitung schrieb, variierte und vertiefte dieses Thema. Die Geschichte eines Tanzbären, der seinem Dompteur entflieht und zu seiner Höhle hoch in den spanischen Bergen zurückkehrt, nur um dort vom Sohn einer Hexe, einem zombieartigen Wesen, das mit magischen Kugeln schießt und geheime Zauberformeln kennt, gejagt und getötet zu werden, ist ein wunderbares Beispiel für Heines unbezwinglichen Romantizismus und, nach seinen eigenen Worten, «vielleicht das letzte freie Waldlied der Romantik».[32] Es ist aber auch und vor allem ein zutiefst politisches Werk, eine schneidende Kritik an all jenen liberalen Intellektuellen, die im Sog der Krise von 1840 in Rauschzustände eines überhitzten Nationalismus verfallen waren, ohne daß sie sich die Mühe gemacht hätten, die auf dem Spiel stehenden Einsätze oder die Verfassung ihrer eigenen Nation und deren Bedürfnisse zu analysieren. 1846 schrieb Heine in einem neuen Vorwort zu seiner Verserzählung:

> Es erhub sich im deutschen Bardenhain ganz besonders jener vage, unfruchtbare Pathos, jener nutzlose Enthusiasmusdunst, der sich mit Todesverachtung in einen Ozean von Allgemeinheiten stürzte und mich immer an den amerikanischen Matrosen erinnerte, welcher für den General Jackson so überschwenglich begeistert war, daß er einst von der Spitze eines Mastbaums ins Meer hinabsprang, indem er ausrief: «Ich sterbe für den General Jackson!» Ja, obgleich wir Deutschen noch keine Flotte besaßen, so hatten wir doch schon viele begeisterte Matrosen, die für den General Jackson starben, in Versen und in Prosa.[33]

Heine, ein Demokrat und Sozialist mit gesellschaftsanalytischen Fähigkeiten, mit denen er, wie seine Berichte aus Paris in den 30er und 40er Jahren zeigten, seiner Zeit weit voraus war, verachtete diese hohle Phrasendrescherei und karikierte sie in den Strophen, in denen Atta Troll seine Kinder in Sachen Freiheit, Einheit und Haß auf die Feinde des Vaterlandes unterweist.[34]

Was Heine zur gleichen Zeit erkannte, war, daß sich hinter all diesem auftrumpfenden Getue ein tief verankerter Provinzialismus und eine kleinbürgerliche Verzagtheit verbargen, die verhindern würden, daß diese Helden des Wortes irgend etwas ausrichteten. Atta Troll, allen seinen revolutionären Predigten zum Trotz, sehnt sich insgeheim danach, wieder in Ketten tanzen zu können, und so ist es nur folgerichtig, daß seine revolutionäre Begeisterung von den dunklen Kräften der Vergangenheit ausgelöscht wird, zu denen der verführerische Ruf der Hexe ihn hinzieht. Heine benutzte den Bären also als Symbol für das törichte deutsche Volk und die ebenso törichten Intellektuellen, die sich in politische Positur warfen, ohne ein wirklich ernsthaftes Anliegen zu haben. Heines Gedicht war so etwas wie eine klarsichtige Vorwegnahme dessen, was diesen Intellektuellen 1848, 1866 und 1871 widerfahren sollte. Der Nachruf, den er seinem Helden widmete, fiel eher höhnisch als freundlich aus:

Atta Troll, Tendenzbär; sittlich
Religiös; als Gatte brünstig;
Durch Verführtsein von dem Zeitgeist
Waldursprünglich Sanskülotte;

Sehr schlecht tanzend, doch Gesinnung
Tragend in der zottgen Hochbrust;
Manchmal auch gestunken habend;
Kein Talent, doch ein Charakter![35]

Deutschland. Ein Wintermärchen, geschrieben 1844, war der satirische Bericht über eine Deutschland-Reise, die Heine im Jahr davor unternommen hatte. Ungehemmter vielleicht als in allen seinen anderen Gedichten attackiert Heine hier die in seinen Augen verabscheuungswürdigsten Züge seines Heimatlandes – seine Provinzialität, seinen Hang zu einem wirklichkeitsfernen und wirkungslosen Romantizismus, den preußischen Militarismus, von dem es sich in den Griff nehmen ließ, die das selbständige Denken erstickende Zensur, den mittelalterlichen Obskurantismus, der es an die Vergangenheit fesselte. In einer berühmten Passage besucht der Reisende, als er in der Nähe des Kyffhäusers kommt, den schlafenden Barbarossa, der dort auf den Moment wartet, da er wieder aufstehen und Deutschland befreien kann. Er verspottet den «König Rotbart» als Fabelwesen, das den Leichgläubigen im Kopf umherspukt, und drängt ihn, seiner Mission abzuschwören:

Das Beste wäre, du bliebest zu Haus,
Hier in dem alten Kyffhäuser –
Bedenk ich die Sache ganz genau,
So brauchen wir gar keinen Kaiser.[36]

In einer anderen Passage, ein gefundenes Fressen für diejenigen, die Heine einer Vorliebe für das Wühlen im Schmutz ziehen, besucht er die Göttin Hammonia, die Schutzheilige der Stadt Hamburg; sie verspricht ihm, er könne, wenn er den Kopf in den in einer Ecke ihres Zimmers befindlichen «Zauberkessel» stecke, einen Blick in die Zukunft Deutschlands tun. Der Kessel entpuppt sich als Nachtstuhl, und als der Reisende den Deckel hebt und sich hineinbeugt, überwältigt ihn ein Gestank wie «aus 36 Gruben» – aus so vielen Einzelstaaten bestand Deutschland –, und er erkennt überhaupt keine Zukunft.[37] Das Werk, eine Bekundung des Zorns und des Trotzes, beginnt mit einem Hinweis an die Leser:

> Die Jungfer Europa ist verlobt
> Mit dem schönen Geniusse
> Der Freiheit, sie liegen einander im Arm,
> Und schwelgen im ersten Kusse.
>
> Und fehlt der Pfaffensegen dabei,
> Die Ehe wird gültig nicht minder –[38]

und endet mit einer Warnung an die deutschen Herrscher, die ihren Untertanen die Segnungen dieser Verbindung vorenthalten, sich vor den Dichtern in acht zu nehmen, denn diese würden ihre Falschheiten aufdecken und ihr Ansehen für alle Zeit ruinieren.

Atta Troll und *Deutschland. Ein Wintermärchen* gaben nach 1871 eine unbequeme Lektüre ab, gerade weil die darin geschilderten Zustände, oft in noch verschärfterer Form, fortbestanden. Die Ehe zwischen Deutschland und der Freiheit war nicht zustande gekommen; der Wohlstand, den das neue Industriezeitalter gebracht hatte, verstärkte den Materialismus, der die ganze Gesellschaft durchdrang; die politische Bildung der Deutschen war so unzureichend wie eh und je; der preußische Militarismus war zu einer Lebensauffassung geworden. Man kann verstehen, daß Treitschke den Menschen in Deutschland die Lektüre der Heineschen Polemiken gegen sein geliebtes Deutschland nicht zumuten wollte und es vorzog, sie als unmoralische und unpatriotische Kritzeleien eines französierten Juden hinzustellen.

Man darf wohl annehmen, daß Heines bemerkenswerte Schrift *Zur Geschichte der Religion und Philosophie in Deutschland* ihm noch saurer aufstieß, eine Schrift, die man allerdings keineswegs als unpatriotisch bezeichnen kann, denn sie ist über weite Strecken ein Hymnus an den deutschen Geist und die

Errungenschaften derjenigen, die ihn verkörperten, wie Luther, Lessing und Kant. Im Grunde schrieb Heine hier eine unvollendete Geschichte Deutschlands, die um zwei vollzogene Revolutionen kreist – die Reformation, die die Deutschen von der Tyrannei einer fremden Religion befreite, und die Aufklärung, die ihnen half, die Scheuklappen eines engen Deismus abzuwerfen – und eine dritte prophezeit, die den Deutschen die politische Freiheit bringen und sie in die Lage versetzen würde, eine würdige Rolle in Europa zu übernehmen. Just im Zusammenhang mit dieser letzten Revolution läßt Heine jedoch Bedenken hinsichtlich ihres Ausgangs durchscheinen, in einer prophetischen Passage, die Treitschkes Zorn erregt haben muß und die bei deutschen Lesern sicherlich noch heute unbehagliche Gefühle weckt.

Zu den Dingen, die von der politischen Rückständigkeit Deutschlands zeugten, hatte für Heine immer die Neigung seiner Landsleute zum «Teutomanismus», wie er es nannte, gehört, zur Idealisierung Deutschlands und des Deutschtums um ihrer selbst willen, vorexerziert von den sogenannten Altdeutschen, von Exzentrikern wie Turnvater Jahn und Turnmeister Massmann und von den reaktionäreren Teilen der Burschenschaftsbewegung. Heine attackierte diese Verirrung in seinem Buch über Ludwig Börne unter anderem am Beispiel des berühmten Wartburgfestes von 1817:

> ... auf der Wartburg krächzte die Vergangenheit ihren obskuren Rabengesang, und bei Fackellicht wurden Dummheiten gesagt und getan, die des blödsinnigsten Mittelalters würdig waren! ... [Hier] herrschte jener beschränkte Teutomanismus, der viel von Liebe und Glaube greinte, dessen Liebe aber nichts anders war als Haß des Fremden und dessen Glaube nur in der Unvernunft bestand, und der in seiner Unwissenheit nichts Besseres zu erfinden wußte als Bücher zu verbrennen![39]

Illusionslos erkannte Heine, daß eine Verklärung der fernen Vergangenheit die Gefahr eines imitierenden Rückfalls in deren barbarische Aspekte in sich barg, und es entging ihm nicht, daß in den Reihen der Altdeutschen der Sieg Hermanns des Cheruskers über Quinctilius Varus im Teutoburger Wald als Symbol für einen zukünftigen Triumph über Frankreich galt. Heine hatte einen Krieg zwischen Deutschland und Frankreich immer gefürchtet, weil damit, so glaubte er, der Vormarsch der Freiheit in Europa zum Stillstand kommen würde. Ihre schärfste Ausformulierung fanden seine Befürchtungen im Schlußabschnitt seiner *Geschichte der Religion und Philosophie*, wo er voraussagte, daß die nächste Revolution vielleicht einen unerwarteten Verlauf nehmen und bestimmt sein würde von einer Wiedergeburt der «unsinnge[n] Berserkerwut, wovon die nordischen Dichter singen und sagen». Die Franzosen hätten allen Grund, so warnte er sie, sich vor einer deutschen Revolution nach den Visionen deutscher Philosophen zu fürchten.

Der Gedanke geht der Tat voraus, wie der Blitz dem Donner. Der deutsche Donner ist freilich auch ein Deutscher und ist nicht sehr gelenkig, und kommt etwas langsam herangerollt; aber kommen wird er, und wenn Ihr es einst krachen hört, wie es noch niemals in der Weltgeschichte gekracht hat, so wißt: der deutsche Donner hat endlich sein Ziel erreicht. Bei diesem Geräusche werden die Adler aus der Luft tot niederfallen, und die Löwen in der fernsten Wüste Afrikas werden die Schwänze einkneifen, und sich in ihren königlichen Höhlen verkriechen. Es wird ein Stück aufgeführt werden in Deutschland, wogegen die französische Revolution nur wie eine harmlose Idylle erscheinen möchte. ... Nehmt Euch in acht! Ich meine es gut mit Euch, und deshalb sage ich Euch die bittere Wahrheit. Ihr habt von dem befreiten Deutschland mehr zu befürchten, als von der ganzen heiligen Allianz mitsamt allen Kroaten und Kosacken. ... Einst, im Bierkeller zu Göttingen, äußerte ein junger Altdeutscher, daß man Rache an den Franzosen nehmen müsse für Konradin von Staufen, den sie zu Neapel geköpft. Ihr habt das gewiß längst vergessen. Wir aber vergessen nichts.[40]

V

Man müßte meinen, daß dieses kraftvolle Stück politischer Literatur gebührende Anerkennung gefunden hätte, wenn nicht bei Treitschke und seiner machtbesessenen Gesellschaft, so doch mindestens bei den republikanischen Regierungen, die 1919 und 1949 an die Macht kamen, nach zwei Ausbrüchen teutomanischer Berserkerwut, die die schlimmsten Befürchtungen Heines bestätigt hatten. Allein, von den politischen Führern der Weimarer Republik war kaum zu erwarten, daß sie Heine als einen der geistigen Gründerväter ihres Staates anerkennen würden, nachdem sie sich gerade all jenen Kräften angebiedert hatten, die der Dichter verabscheut und bekämpft hatte; und ohnehin gab es im Deutschland der Jahre 1919–1933 zu viele, die jede Verantwortung für die Tragödie des Ersten Weltkrieges von sich wiesen, als daß dieses Deutschland sich zu einem Mann hätte bekennen können, dessen Schriften eine beständige Erinnerung an eigene Verfehlungen und Versäumnisse waren.

Im geteilten Deutschland nach 1945 war das Verhältnis zu Heine im besten Fall ambivalent. Gewiß, in der DDR wurde ihm wegen seiner Freundschaft zu Marx und Engels und seiner unterstellten prokommunistischen Sympathien im Paris der 1840er Jahre eine gewisse Anerkennung zuteil.[41] Ob der Dichter über seine Kanonisierung im östlichen Deutschland – die sich etwa darin äußerte, daß *Deutschland. Ein Wintermärchen* zur Pflichtlektüre an den DDR-Schulen gehörte – ganz glücklich gewesen wäre, steht zu bezweifeln. Daß er das Proletariat als vitales neues Element im politischen Kräftespiel erkannte und vom Wachstum der kommunistischen Bewegung fasziniert war, trifft zu, aber ebenso wahr ist, daß er diese Entwicklungen mit einem höchst unguten Gefühl verfolgte.[42] Peter Demetz hat in Heines Einstellung zum Kommunismus eine Entwicklung vom ästhetischen Widerwillen zur metaphysischen Opposition ausgemacht.[43] In der französischen Ausgabe der *Lutezia*, die 1855 herauskam, schrieb der Dichter: «... nur mit Grauen und Schrecken denke ich an die Zeit wo jene dunklen Ikonoklasten zur Herrschaft gelangen werden: mit ihren rohen Fäusten zerschlagen sie alsdann alle Marmorbilder meiner geliebten Kunstwelt, sie zertrümmern alle jene phantastischen Schnurrpfeifereien, die dem Poeten so lieb waren; sie hacken mir meine Lorbeerwälder um, und pflanzen darauf Kartoffeln ... die Nachtigallen, die unnützen Sänger, werden fortgejagt, und ach! mein *Buch der Lieder* wird der Krautkrämer zu Düten verwenden, um Kaffee oder Schnupftabak darin zu schütten für die alten Weiber der Zukunft –»[44] Kommunistische Ideologen haben keine Verrenkung gescheut, um diese Passage in einen Witz umzudeuten, doch jeder, der nach 1990 die Mark Brandenburg besuchte, konnte feststellen, wie genau sich die DDR-Regierung an Heines Prognose gehalten hat. Er meinte es jedenfalls, ungeachtet seines lockeren Tones, vollkommen ernst; als einer, der unter einer Spielart absolutistischer Herrschaft gelitten hatte, verspürte er kein Bedürfnis nach einer anderen.

Die Bundesrepublik Deutschland zeigte derweil keinen besonderen Drang, späte Wiedergutmachung an dem so lange verfemten Dichter zu leisten. Denkbar ist, daß die Erinnerung an Auschwitz und ihre Weigerung, sich zu verflüchtigen, der «Salonfähigkeit» Heines ein weiteres Mal im Weg standen.[45] Und auch das Wirtschaftswunder mag seinen Teil beigetragen haben. Die jüngere Generation der Deutschen schien mit Heine jedenfalls kaum vertraut zu sein. Ein erschreckendes Schlaglicht auf die politische Kultur im westlichen Deutschland warf eine Äußerung, die der AStA-Vorsitzende der Düsseldorfer Universität 1973 tat, zum Zeitpunkt der Diskussion über die Benennung der Hochschule nach Heinrich Heine: Die meisten Studenten, meinte er, wüßten nicht genug von Heine, um in der Frage kompetent abstimmen zu können. Fast noch trauriger aber war das, was im Dezember 1988 geschah. Da nämlich obsiegte der Namenspatron Heine sozusagen im Schongang: Die Taufe der Universität auf seinen Namen wurde von der bundesdeutschen Presse mit fast gänzlichem Desinteresse und Stillschweigen übergangen.[46] Wie man es auch dreht und wendet: Auf seine Rückkehr aus seinem Exil nach Deutschland wartet Harry Heine bis heute.

VI

Natürlich besteht die Chance, daß es dabei nicht bleibt. In seiner Einleitung zu *Deutschland. Ein Wintermärchen* schrieb Heine, in wissender Erwartung der Kritik, die das Gedicht heraufbeschwören würde:

> Ich höre schon ihre Bierstimmen: du lästerst sogar unsere Farben, Verächter des Vaterlands, Freund der Franzosen, denen du den freien Rhein abtreten willst! Beruhigt Euch. Ich werde Eure Farben achten und ehren, wenn sie es verdienen, wenn sie nicht mehr eine müßige oder knechtische Spielerei sind. Pflanzt die schwarz-rot-goldne Fahne auf die Höhe des deutschen Gedankens, macht sie zur Standarte des freien Menschtums, und ich will mein bestes Herzblut für sie hingeben. Beruhigt Euch, ich liebe das Vaterland eben so sehr wie Ihr. Wegen dieser

Liebe habe ich dreizehn Lebensjahre im Exile verlebt, und wegen eben dieser Liebe kehre ich wieder zurück ins Exil, vielleicht für immer ...[47]

Für immer ist eine lange Zeit. Es wäre schön, wenn die Wiedervereinigung Deutschlands dazu führen würde, daß die Bürger der neuen Länder den Heine kennen und bewundern lernen, den ihre alten Führer vor ihnen geheimgehalten haben, und wenn ihre Mitbürger in der alten Bundesrepublik den bei ihnen in Vergessenheit geratenen oder vielleicht nie gekannten Heine wiederentdecken würden.

Zehntes Kapitel

Gervinus und die deutsche Einheit

Am 17. Juni 1871 kehrte der einige Monate zuvor gekrönte deutsche Kaiser im Triumphzug von den Schlachtfeldern Frankreichs zurück und marschierte an der Spitze seiner Truppen in die deutsche Hauptstadt ein. Der amerikanische Gesandte in Berlin, George Bancroft, schickte drei Tage später einen Bericht über die damit verbundenen Feierlichkeiten an seinen Außenminister Hamilton Fish. Er schrieb:

Die *via triumphalis* zog sich über etwa 5 Kilometer hin, durch Straßen so breit – und streckenweise dreimal so breit – wie der Broadway. Erbeutete französische Kanonen waren in dichter Phalanx entlang des Weges aufgereiht, und auf der gesamten Strecke führte der Zug durch eine Allee aus Fahnenstangen, die mit Girlanden aus Eichenlaub und Efeu verbunden und geschmückt waren. Die Fahnen, die Deutschland und seine einzelnen Länder repräsentierten, umfaßten sämtliche Farben und waren allesamt in harmonischen Kontrasten und Kombinationen arrangiert. Die begabtesten unter den Berliner Bildhauern und Kunstmalern waren eingespannt worden, und ihre genialen Hände hatten aus gröbstem Leinenstoff, den sie mit Stroh ausgestopft und mit Gips übertüncht hatten, etwas geschaffen, das von weitem wie Marmor wirkte und aus der Nähe wie Gipsabgüsse schöner Statuen. Am Abmarschpunkt begrüßte ein riesiges Bild, das die Stadt Berlin darstellte, die heimkehrenden Truppen. Auf halber Strecke des Zuges zog eine kolossale sitzende Siegesgöttin, die in ihrer linken und rechten Hand die Statuen von Straßburg und Metz hielt, große Bewunderung auf sich. Die am Endpunkt aufgestellte Germania, die, auf einem mit Basreliefs umkleideten Sockel posierend, die heimkehrenden Länder Elsaß und Lothringen in die Arme schloß, war nach allgemeiner Meinung so gut gelungen, daß sie es wert wäre, in Bronze oder Marmor verewigt zu werden. In der Straße Unter den Linden hatte man kunstvoll ausgeführte historische und allegorische Bilder von enormen Ausmaßen quer über die Marschroute der Truppen gehängt. Die Akademie der Künste machte auf sich aufmerksam mit wohlgelungenen Ganzkörper-Porträts des Kaisers, Bismarcks und der Generäle. Im großen und ganzen hatten die Dekorationen nichts Abgedroschenes oder Billiges, sondern zeugten von der glücklichen Hand der beteiligten Künstler und von schöpferischer Fruchtbarkeit. Der Kaiser, der sich in seinem 75. Lebensjahr befindet, ritt um 10 Uhr zu seinen Truppen hinaus, kam an der Spitze von 40000 Mann zurück, nahm dann in der glühenden Sonne den Vorbeimarsch sämtlicher Regimenter ab und präsidierte dann noch über die Enthüllung der Statue seines Vaters; er saß dabei über sechs Stunden im Sattel, ohne ein Anzeichen von Müdigkeit zu verraten. Das Schauspiel stand den Triumphzügen im alten Rom nicht nach, außer freilich daß keine Gefangenen im Zug mitmarschierten und daß keine anderen Beutestücke präsentiert wurden als eroberte Adler und Banner und auf dem Schlachtfeld errungene Trophäen. Unter den Zuschauern waren außer den Einwohnern Berlins drei- bis vierhunderttausend Auswärtige, die sich aus Deutschland und aus fast allen Teilen der zivilisierten Welt eingefunden hatten.[1]

Durch Abwesenheit glänzte an diesem Tag Georg Gottfried Gervinus, eine Tatsache, die wohl manchen überrascht haben mag, der mit der Biographie dieses Mannes vertraut war. Als Historiker und politischer Aktivist hatte Gervinus so viel wie nur irgend einer seiner Landsleute, und mehr als die meisten, dafür getan, Deutschland aus dem Zustand der Provinzialität und Zersplitterung, in den es als Folge der Wiener Beschlüsse von 1815 versunken war, aufzurütteln und ein neues, mit dem Streben nach politischer Umsetzung verbundenes Nationalbewußtsein zu wecken. Als aber die deutsche Einigungsbewegung in den 1860er Jahren ihre ersten nennenswerten Erfolge feierte, stand er abseits, und 1871, in seinem Todesjahr, distanzierte er sich von dem in Versailles proklamierten neuen Reich. Weil Gervinus – als nahezu einziger unter allen deutschen Wissenschaftlern (zumindest Nietzsche mit seinen düsteren Vorahnungen muß hier noch erwähnt werden[2]) – überzeugt war, daß Deutschland 1871 einen falschen Weg eingeschlagen hatte, und weil er damit recht behielt (gemessen an dem, was er meinte), verdient er unsere Aufmerksamkeit, um so mehr, als sowohl sein früherer Einsatz für die Einigungsbewegung als auch seine spätere Kritik an ihr in seiner gesellschaftlichen Rolle als Historiker und in seinem patriotischen Selbstverständnis wurzeln.

Georg Gottfried Gervinus

I

Oft schon ist bemerkt worden, die politische Erzsünde der Deutschen in der modernen Epoche sei ihre Neigung zur Innerlichkeit gewesen, zum Rückzug aus der wirklichen Welt mit ihren Problemen in die Geborgenheit einer kontemplativen Privatsphäre und zum Verzicht auf politische Freiheiten und die damit verbundene Verantwortung zugunsten der von einer autoritären Ordnung gewährten Sicherheit. Über Gervinus läßt sich sagen, daß er sein ganzes Leben dem Kampf gegen diese Denkhaltung widmete, die sich am Ende doch als zu stark für ihn erwies. In seinen ersten Arbeiten als Historiker forderte er von seinem Volk die Übernahme politischer Verantwortung; mit seinen letzten versuchte er vergeblich, eine neue Unterwerfung unter ein autoritäres Regime zu verhindern.

Wie aus dem Gesagten deutlich geworden sein dürfte, gehörte Gervinus nicht zu den Historikern, die sich damit begnügen, die Vorgänge und Probleme der Vergangenheit um ihrer selbst willen zu erforschen. Sein Interesse am Studium der Geschichte war in Heidelberg erwacht, wo er dem vielleicht einflußreichsten Geschichtslehrer und -schreiber der ersten drei Dekaden des 19. Jahrhunderts, Friedrich Schlosser, zu Füßen gesessen hatte. Schlosser war immer eher ein Moralist als ein Historiker gewesen; wie Henry St. John, Viscount Bolingbroke, vor ihm, verstand er unter Geschichtsschreibung das «Lehren von Philosophie durch Beispiele» und hielt es für ihre vorrangige Aufgabe, «die allgemeinen Grundsätze der Tugend zu lehren und einzupflanzen». Sein nie nachlassender pädagogischer Impetus und seine Verachtung für Kollegen, die ihre Lehrverpflichtung zugunsten der Forschung vernachlässigten, beeindruckten den jungen Gervinus nachhaltig.[3] Nicht lange, und er äußerte sich mit einer seines Lehrmeisters würdigen Geringschätzung über den «gewöhnliche[n] geistlose[n] Faktensammler, der chronikartig bloß zusammenträgt und doch als Historiker gelten will».[4] Der wahre Historiker war seiner Überzeugung nach verpflichtet, seine Zeitgenossen zu erziehen, indem er sie mit durch die geschichtliche Erfahrung erhärteten moralischen Lektionen konfrontierte oder sie andere nützliche Lehren aus der Vergangenheit ziehen ließ.

Welche anderen Lehren dies sein konnten, wurde ihm bei seiner frühen Beschäftigung mit Machiavelli klar, dem großen Pragmatiker, der gelehrt hatte, der Historiker müsse «ein Meister des Wissens und ein Meister des Lebens» sein und bei der Steuerung der politischen Geschicke seines Volkes eine dem Staatsmann analoge Rolle spielen.[5] Gervinus ließ sich von diesem Gedanken inspirieren, ohne ihn zu wörtlich zu nehmen. Zu keinem Zeitpunkt seiner Laufbahn bemühte er sich um ein staatsmännisches Amt, und nie ließ er sich zu Phantastereien hinreißen wie Johannes von Müller, der Historiker des Schweizer Bundes, der in fruchtlosen Versuchen, sich zum Fürstenratgeber aufzuschwingen, seine Kräfte verzettelt und seine Karriere ruiniert hatte.[6] Seine Bewunderung für Machiavelli ließ ihn jedoch die Frage stellen, wie ein Historiker sich zu den in Deutschland vorherrschenden Zuständen stellen und was er tun könne, um sie zu ändern. Bald darauf hatte er sich zu der Überzeugung durchgerungen, er müsse für sein Volk die Rolle eines politischen Präzeptors spielen – mehr noch, die eines Tribuns, der das Volk zur politischen Tat aufrief, denn «die tätige Lebensführung ... ist der Dreh- und Angelpunkt aller Geschichte. Alle Kräfte der Menschheit konzentrieren sich auf die Tat.»[7]

Wenn dies die eigentliche Berufung des Historikers war, so war davon in Deutschland weit und breit nichts zu bemerken, einem Land, in dem das Verharren im Istzustand zu einem Grundgesetz des Lebens geworden war. Gervinus definierte die deutsche Frage, wie er sie sah, in einem 1836 geschriebenen Essay, der Teil eines größeren, leider unvollendet gebliebenen Werkes über die *Geschichte der Zechkunst* war. Ein solches Thema sei, so schrieb er, wahrscheinlich zu irdisch, zu sehr Bestandteil der alltäglichen Welt, als daß es in Deutschland als erörterungswürdig anerkannt würde.

> Das Leben hat sich bei uns gleichsam in die Bücher zurückgezogen, und unsere Bücher wissen vom wirklichen Leben wenig oder nichts. Seit Jahrhunderten haben wir das Handeln vergessen, und in einem Reich der Ideen gelebt. ... Wir vergraben uns in ein süßes Spiel mit Empfindungen, in ein selbstgefälliges Spiel mit Gedanken, in ein genialgeltendes Spiel mit Leidenschaften, um nur nichts mit der Thätigkeit und mit dem handelnden Leben zu tun haben zu müssen.[8]

Etwas gegen diese beklagenswerte Lage der Dinge zu unternehmen war eine des Historikers würdige Aufgabe, deren Bewältigung ihm jedoch nur gelingen konnte, wenn er der trockenen Luft der Studierbibliothek den Rücken kehrte und «die Wissenschaft für die gegenwärtige Umgebung fruchtbar zu machen» versuchte, indem er Bücher schrieb, die «von Ideen ausgehen, welche die Zeit und ihr Bedürfniß bedingen».[9]

Mit dieser Zielsetzung ging Gervinus an sein ehrgeizigstes Vorhaben heran, eine Geschichte der poetischen Nationalliteratur zu schreiben, die unter dem Titel *Geschichte der deutschen Dichtung* bekannt wurde. Vom Politischen einmal ganz abgesehen, war es ein ungemein gelehrtes und originelles Buch. Es war die erste moderne Geschichte der deutschen Literatur und die erste vollständige Übersicht über deren Entwicklung von ihren Anfängen bis in die Lebenszeit des Autors, und sie zeichnete sich nicht nur durch die Abwesenheit langwieriger ästhetischer Grundsatzüberlegungen aus, sondern auch dadurch, daß sie den Blick beständig auf die Zusammenhänge zwischen Literatur einerseits und sozialer und politischer Geschichte andererseits richtete. Stilistisch ließ das Werk einiges zu wünschen übrig. Heinrich von Treitschke bemängelte nicht zu Unrecht seine «barbarische Formlosigkeit»:

> Der Kritiker, der alle deutschen Schriftsteller, sogar einen Goethe wegen ihres Stiles meisterte, konnte selber nicht deutsch schreiben: keuchend, zerzaust und zerfetzt kam der Leser wieder in's Freie, wenn er sich eine Weile durch das Dorngestrüpp der verfitzten Gervinus'schen Sätze hindurchgearbeitet hatte.

Zugleich pries Treitschke das Buch aber auch als den ernsthaften Versuch, «das Werden der Dichtung im Zusammenhange mit den Schicksalen, den Thaten, den Empfindungen der Nation, mithin in seiner Nothwendigkeit aufzufassen».[10] Diesem Urteil schlossen sich sowohl der Sozialist Franz Mehring als auch der Philosoph Wilhelm Dilthey an; letzterer schrieb, bei der Lektüre von Gervinus' Werk sei ihm zum ersten Mal klar geworden, daß es möglich sei, einen Zusammenhang zwischen Kulturgeschichte und philosophischem Denken sichtbar zu machen.[11]

Doch Gervinus verfolgte ja eine politische Absicht: seine Leser davon zu überzeugen, daß es Zeit sei, aus der Sphäre der ästhetischen Betrachtung auszubrechen und sich auf die politische

Betätigung vorzubereiten. Die fünf Bände der *Deutschen Dichtung* waren nicht bloß als Tribut an das nationale literarische Erbe gedacht, sondern auch als Abschiedsgruß an das literarische Zeitalter. Gervinus' Grundgedanke lautete, mit den klassischen Meisterwerken eines Goethe und Schiller hätten die Deutschen alle Gipfel erklommen, die sich in der Welt der Kunst erklimmen ließen; nunmehr müßten sie ihre Kräfte, sollten diese nicht vollends erlahmen, auf andere Ziele richten. Der steile Rückgang der künstlerischen Qualität seit dem Tod Schillers, den Gervinus den Vertretern der Jungdeutschen Bewegung mit ihrem stichelnden Negativismus ebenso attestierte wie den skurrilen Hervorbringungen Heinrich Heines und Ludwig Börnes, zeugte in seinen Augen davon, daß die Literatur korrupt geworden war und daher zwangsläufig einen korrumpierenden Einfluß auf die deutsche Jugend ausüben müsse. «Unsere schöne Literatur [ist] ein stagnirender Sumpf geworden», schrieb Gervinus in dem seinem Freund Friedrich Dahlmann gewidmeten Vorwort zum vierten Band, «von so giftigen Bestandtheilen gefüllt, daß man Orkane von außen hinein wünschen muß. ... Unsere Dichtung hat ihre Zeit gehabt; und wenn nicht das deutsche Leben still stehen soll, so müssen wir die Talente, die nun kein Ziel haben, auf die wirkliche Welt und den Staat locken, wo in neue Materie neuer Geist zu gießen ist.»[12]

In den letzten Bänden seines Werks nahm Gervinus jene Schriftsteller kritisch ins Gebet, die die Notwendigkeit einer solchen Umorientierung nicht erkannt oder ihr im Wege gestanden hatten. Zu denen, die er sich vornahm, gehörten jener Ausbund an deutscher Philisterhaftigkeit und Innerlichkeit, der Dichter Johann Wilhelm Ludwig Gleim, von dem er behauptete: «Sein Unmuth quoll ganz aus der spießbürgerlichen Gesinnung eines Deutschen, der nur für Privatleben und häusliche Existenz Sympathie hat; sein Ideal reichte nicht weiter, als daß wir unter dem Schutze der Gesetze hübsch still und ruhig bei unseren Musen und unseren Weibern leben sollten» –, aber auch Kosmopoliten wie J. G. von Herder, Christoph Martin Wieland und Jean Paul, denen er mangelndes Gespür für die Bedürfnisse und Chancen der deutschen Nation vorwarf. (In seinem Urteil über den letztgenannten der drei Schriftsteller ließ er sich vielleicht zu sehr von Werken wie *Schulmeisterlein Wutz* beeinflussen und zu wenig von den Romanen *Die unsichtbare Loge, Hesperus* und *Titan*.) Zu seinen Heroen zählten auf der anderen Seite Schriftsteller wie Lessing, der die Engstirnigkeit und Kleingeisterei seiner Zeitgenossen ständig kritisiert, und Georg Forster, der Naturforscher und Essayist, der 1793 die Mainzer Republik mitgegründet hat. Gervinus pries Forster als einen «der klassischsten Schriftsteller unserer Sprache und der seltensten Menschen aus dem Kreise unserer Literaten . . ., der nicht aus fliegender Hitze, sondern aus einer ruhigen . . . Natur nach Grundsätzen handelte». Vor allen anderen aber war Schiller sein großes Idol. Ihn hielt er, im Gegensatz zu Goethe, dessen gleichgültige Haltung zu den großen politischen Fragen er scharf kritisierte, für einen durch und durch politischen Menschen, der mit seinem Ideal einer ästhetischen Erziehung zumindest teilweise das Ziel verfolgt habe, seinen Mitbürgern beizubringen, wie sie flexibler und intelligenter auf die politischen Anforderungen einer neuen Zeit reagieren konnten. «Der letzte der Dichter von unbedingter Größe», erklärte Gervinus, habe dem Vaterland die Richtung gewiesen, «die der ruhige Rhythmus der Zeit zur Entwicklung bringen muß»[15] in einem freien Gemeinwesen. Wann die Deutschen bereit sein würden, diesen Weg zu einzuschlagen – «inwiefern ein ästhetisches Volk durch seine harmonische Bildung befähigt wird zur Schöpfung eines gegliederten Staatssystems» lasse sich, so Gervinus auf den letzten Seiten seines Werks, noch nicht sagen. Hier und jetzt sei das deutsche Volk erst einmal gefordert, den Übergang von der Welt der Phantasie in die wirkliche Welt zu vollziehen. Dies werde keine leichte Aufgabe sein. Wenn freilich Sensibilität und Vorstellungskraft diesen Übergang zu einer vernunftbestimmten Lebensführung zu erleichtern vermochten, dann habe der Wandel vielleicht schon eingesetzt.[16]

II

Wir können natürlich nicht abschätzen, in welchem Maße diese eindringlichen Appelle, die auch den Tenor der Gervinusschen Universitätsvorlesungen bestimmten, das Denken der lesenden Öffentlichkeit und des akademischen Nachwuchses beeinflußten. Doch bewegt man sich wohl noch auf sicherem Boden, wenn man sagt, daß ihre Wirkung eine nicht unbeträchtliche war; zumal sie unterstrichen wurde durch die öffentliche Aktivität, die Gervinus 1837 und, mit Unterbrechungen, in den eineinhalb Jahrzehnten danach entfaltete: Er wurde tatsächlich ein politischer Aktivist.

In gewisser Weise wurde ihm diese Rolle aufgezwungen. Im Jahr 1837 setzte der Nachfolger auf dem Hannoverschen Thron die Verfassung außer Kraft, die sein Vorgänger dem Königreich gewährt hatte, und verlangte von allen Beamten die Rücknahme des Eides, den sie darauf abgelegt hatten. Gervinus war einer von sieben Professoren der Göttinger Universität, die den Gehorsam verweigerten und ihre Unterschrift unter eine von dem Historiker Friedrich Dahlmann verfaßte Erklärung setzten, in der es unter anderem hieß: «Das ganze Gelingen unserer Wirksamkeit beruht nicht sicherer auf dem wissenschaftlichen Werthe unserer Lehren als auf unserer persönlichen Unbescholtenheit. Sobald wir vor der studierenden Jugend als Männer erscheinen, die mit ihren Eiden ein leichtfertiges Spiel treiben, ebenso bald ist der Segen unserer Wirksamkeit dahin.»[17] Die Professoren erhielten daraufhin ihre Kündigung und wurden sogleich als die Göttinger Sieben bekannt. Gervinus avancierte über Nacht zu einer Persönlichkeit des öffentlichen Lebens, deren Name in aller Munde war.

Er wurde tatsächlich ein anerkannter Führer der liberalen Bewegung, die in dem Jahrzehnt nach 1837 für nationale Einheit und eine freiheitliche Verfassung kämpfte und deren Ringen in der Revolution von 1848 kulminierte und kollabierte. Vermutlich hätte Gervinus auch ohne den Impetus der Göttinger Vorgänge von 1837 diesen Weg eingeschlagen. Schon 1835 hatte er sich mit anderen führenden liberalen Köpfen zur Herausgabe der *Deutschen Jahrbücher* zusammengetan, einer literaturkritischen Zeitschrift, die sich auch den Themen Geschichte und Politik widmete, und 1837 hatte er sich in seinen *Grundzügen der Historik* ausdrücklich zu seinen liberalen Überzeugungen bekannt, indem er geschrieben hatte, der nachdenkliche Historiker müsse «ein natürlicher Verfechter des Fortschritts sein und kann schwer der Verdächtigung entgehen, mit der Sache der Freiheit zu sympathisieren».[18] Jetzt wurde er noch aktiver und nutzte die Zeit, die seine universitäre Arbeit ihm ließ, zur Abfassung von Pamphleten zu tagespolitischen Themen;[19] er übernahm eine führende Rolle bei der Gründung und in der Redaktion der *Deutschen Zeitung*, die in Nord- wie Süddeutschland zum Parteiorgan eines gemäßigten Liberalismus avancierte, fungierte als Interessenvertreter der Hansestädte beim Bundestag und wurde 1848 Abgeordneter sowohl im Vorparlament als auch in der Frankfurter Nationalversammlung.

Das Programm, das die *Deutsche Zeitung* vor und während der Ereignisse von 1848 vertrat, war die Trennung Österreichs von Deutschland und die Vereinigung der verbleibenden deutschen Staaten zu einem konstituierenden Fürstenbund unter preußischer Führung. Gervinus war jedoch, so scheint es, allezeit ein sowohl realistischerer als auch unbeugsamerer Liberaler als seine Gesinnungsgenossen; er war weniger zuversichtlich als sie, was die Chancen für die Verwirklichung ihres Programms anging, und beharrte zugleich unnachgiebiger als sie darauf, daß das Programm nur vollständig und ohne Abstriche verwirklicht werden könne oder gar nicht. Sein Erfolg würde, so betonte er wiederholt, von der unterschiedslosen Übernahme konstitutioneller Grundsätze durch alle deutschen Staaten und namentlich durch Preußen abhängen, da ein unreformiertes Preußen alle liberalen Hoffnungen zunichte machen würde. Schon im März 1848 prophezeite er, falls die Paulskirchen-Bewegung nicht ihre anfängliche Dynamik beibehalte, werde die Reaktion triumphieren, und warnte seine Freunde davor, irgendwelche Hoffnungen in Friedrich Wilhelm IV. von Preußen zu setzen. Später war er einer der ersten, die erkannten, daß Sieg oder Niederlage Österreichs im ungarischen Krieg auch auf Jahrzehnte hinaus über das Schicksal des mitteleuropäischen Liberalismus entscheiden würden.[20] Und als alles, was er befürchtet hatte, eintraf, weigerte er sich, in jene fröhliche Resignation zu verfallen, zu der so viele Liberale Zuflucht suchten, nicht zuletzt sein Freund Dahlmann, der inmitten der Trümmer ihrer gemeinsamen Hoffnungen den Schluß zog, es sei töricht gewesen, in einer Welt, in der nur die Macht zähle, eine Politik der Prinzipien zu betreiben, und es sei daher für die liberale Bewegung ratsam, ihre Politik an den jeweiligen realpolitischen Möglichkeiten auszurichten. Als die Liberalen jene Metamorphose vollzogen, die sie am Ende zu Bündnispartnern Bismarcks werden ließ, entschied sich Gervinus eigensinnig für den anderen Weg: Er bewegte sich in Richtung Demokratie.

Hans Rosenberg zeichnete in einem brillanten Essay, den er an einem kritischen Wendepunkt in der Geschichte der Weimarer Republik schrieb, die Entwicklung Gervinus' nach vom gemäßigten Liberalismus der *Deutschen Zeitung* bis zu den demokratischen Überzeugungen, die er für den Rest seines Lebens vertrat. Er wies darauf hin, daß Gervinus schon im Dezember 1848 zu der Einsicht gelangt war, sowohl das deutsche Volk als auch seine Regierungen hätten sich als unreif für die nationale Einheit und die Freiheit erwiesen. Die Schwächen des Intellekts und des Willens, die sich in den Ereignissen des verflossenen Jahres offenbart hätten, lasse es fraglich erscheinen, ob für Deutschland eine Hoffnung bestehe ohne eine «Aufrüttelung und Durchschütterung der Nation bis in ihre letzten Tiefen, damit ein neues Geschlecht heraufkomme, das mit den eisernen Nerven geboren ist, die zu den Werken eines neuen Staatslebens gehören». Das literarische Zeitalter, das Gervinus zum Gegenstand seiner *Geschichte der deutschen Literatur* gemacht, und die ästhetische Erziehung, für die Schiller so beredt geworben hatte, hatten die Deutschen nicht dazu befähigt, sich der Realität zu stellen, sondern sie in ihrer Unfähigkeit zu politischer Aktion bestärkt. Hier mußte der Hebel angesetzt werden, wenn nötig auf drastische Weise. «Die altgewordenen Glieder», schrieb Gervinus, «werden dem Medeenkessel der Revolution nicht entgehen können und, wenn sie wirklich verjüngt werden sollen, nicht dürfen.»[21] Ein paar Monate später, nachdem Friedrich Wilhelm IV. die ihm von der Nationalversammlung angebotene Kaiserkrone ausgeschlagen hatte, zog Gervinus das Fazit, in Deutschland habe die Monarchie endgültig abgewirtschaftet – ihre Sache sei «in Deutschland, was auch die preußischen Bajonette schaffen mögen, gänzlich verloren» –, und wenig später meinte er in einem Brief an seinen Freund Rudolf Haym, die Zeit sei nun reif, mit der Arbeit an der Errichtung einer deutschen Nationalrepublik zu beginnen.[22]

Gervinus hatte einen zu klaren Blick, als daß er geglaubt hätte, dies lasse sich in absehbarer Zukunft verwirklichen, oder es lasse sich überhaupt – diesen Schluß legten die Ereignisse von

1849 in Ungarn nahe – anders durchsetzen als mit Hilfe eines massiven und erfolgreichen Kreuzzugs gegen den russischen Absolutismus.[23] Darauf aber bestand in der Situation des Jahres 1850 kaum Aussicht. Was also sollte der Historiker tun? Gervinus entschied sich für einen weiteren Versuch, gegen die geistlose Lahmheit seiner Landsleute anzukämpfen, dieses Mal indem er ihnen demonstrierte, welche Kräfte die Geschichte vorantrieben und auf welches Ziel sie zustrebten. Aus diesem Entschluß erwuchs sein Plan, eine Geschichte Europas im 19. Jahrhundert zu schreiben und – ein noch folgenschwererer Entschluß – ihr eine Einleitung voranzustellen.

III

Es kam Gervinus nie in den Sinn, zu bezweifeln, daß der Historiker das Recht habe, sich zum Propheten aufzuwerfen (ein Ausdruck, den er allerdings nicht mochte). Gegen Ende seines Lebens schrieb er:

Nicht [die Historiker] sind die Weissager der Zeit und der Geschichte. Die Zeit und die Geschichte sind vielmehr *ihre* Weissager, deren Sprüche sie in Demuth hören, und in Gläubigkeit verkünden, wo sie ihnen klar und deutlich sind. Wo sie ihnen getrübt und unklar vorliegen, halten sie sie schweigend in sich verschlossen, ihrer Selbsterklärung harrend. Ihr Blick erkennt nicht nur in der abgelaufenen Geschichte Gemälde der Vergangenheit, sondern auch in der laufenden Geschichte der Zukunft. Wo sie auch diese, wie der Seher ein Gesehenes, in festen Umrissen zeichnen, haben die Gesichte bereits den Körper der Geschichte anzunehmen begonnen; sie stehen an der Thüre, durch welche die Zukunft in die Gegenwart eingeht.[24]

In einer weniger komplizierten Analogie verglich er den Historiker mit einem Arzt, der nach Maßgabe früherer Erfahrungen und aufgrund seiner Kenntnis der Gesetze des Lebens aus den Pulsschlägen der Gegenwart seine Diagnose ableitet.[25] Ohne Zeit zu verlieren und bevor er sich an seine geplante mehrbändige *Geschichte Europas seit 1815* setzte, schrieb Gervinus eine an dieser Maxime orientierte *Einleitung* nieder, deren besonderes Anliegen es war, aus den Verlaufsmustern der Vergangenheit die Umrisse der Zukunft herauszuarbeiten. Er hoffte, durch eine solche Demonstration das Vertrauen der Deutschen in ihre Zukunft wiederherstellen und ihnen Hilfestellung bei der Wahl des richtigen Weges in diese Zukunft leisten zu können. Die *Einleitung in die Geschichte des neunzehnten Jahrhunderts*[26], in der er dieses Anliegen formulierte, war eine in vieler Hinsicht bemerkenswerte Schrift. Sie war fast ganz frei von der verklumpten Prosa, die so viele seiner anderen Werke verunziert. In einer Zeit, in der Historiker die Kürze noch nicht als Tugend entdeckt hatten, gelang es Gervinus darin auf bemerkenswerte Weise, den Verlauf der europäischen Geschichte seit dem Mittelalter auf ebenso einleuchtende wie imponierende Weise in einem Büchlein von weniger als 200 Seiten zusammenzufassen. Er legte dabei ein Verständnis für die politischen und gesellschaftlichen Kräfte und ihrer Bewegungen sowie für das beginnende Zeitalter der Massengesellschaft an den Tag, wie kein anderer Historiker seiner Zeit, mit Ausnahme von Karl Marx, es erreichte. Nicht weniger bemerkenswert scheint mir schließlich auch, daß dieses Büchlein zum Entzug der Lehrberechtigung seines Verfassers an der Universität Heidelberg und zu einer Anklage gegen ihn wegen Hochverrats und Gefährdung der öffentlichen Ordnung führte.

Dieses Verfahren und das von einem badischen Gerichtshof gesprochene (später aufgehobene) Urteil, das den Einzug sämtlicher Exemplare des Buches und eine zweimonatige Haftstrafe für den Verfasser anordnete, können uns als eklatante Beispiele dafür dienen, wozu die Kräfte der Reaktion in der Dekade nach der Revolution von 1848 fähig waren. Man könnte sich über den Fall sicher heftig erregen, wäre da nicht der noch viel schlimmere Skandal des Urteils, das die späteren Historiker über ihren Kollegen Gervinus fällten. Tatsächlich bereiteten ihm die gegen sein Buch erhobenen Vorwürfe zunächst mehr Vergnügen als Ungemach, denn sie sorgten für die Verbreitung seiner Ansichten. Die Staatsanwaltschaft formulierte ihre Anklagepunkte eher konkret als abstrakt, und die Anklageschrift hob insbesondere jene Passagen als unzulässig hervor, in denen der Historiker den Übergang der Macht von Monarchie und Adel an den vierten Stand als natürlich und unvermeidlich bezeichnet hatte. Sie stieß sich des weiteren an seiner Aussage, die britische und die amerikanische Verfassung – namentlich die letztere – seien die Vorbilder, auf die sich die Hoffnungen der Benachteiligten, der Unterdrückten und der fortschrittlichen Elemente aller Völker richteten. Sie nahm Anstoß an seinen Attacken auf reaktionäre Regierungen und an seinem mit geschichtlichen Beispielen illustrierten Argument, mit ihren Methoden ließen sich die vom «Instinkte der großen Masse» getragenen «Bewegungen dieses Jahrhunderts» nicht mehr in Schach halten. Als besonders verwerflich empfand sie seine klar zum Ausdruck gebrachte Überzeugung, die Zukunft gehöre der Demokratie, die sich unwiderstehlich ihre vorgezeichnete Bahn brechen würde.[27] Durch die Bemühungen der Staatsgewalt, das Gericht davon zu überzeugen, daß die öffentliche Darlegung solcher Ansichten einer Anstiftung zum Hochverrat gleichkomme, trug sie mehr zur internationalen Publizität des Buches bei, als Gervinus' Verleger es vermocht hätte; und als endlich klar wurde, daß die öffentliche Meinung sich auf die Seite des Historikers schlug, ließ man den Prozeß im Sande verlaufen. Gervinus hatte allen Grund zur Genugtuung und zu der Hoffnung, die Ziele, um derentwillen er das Buch geschrieben hatte, könnten binnen kurzem erreicht werden.

Allein, während er nun daransaß, mit seinem gewohnten Fleiß die *Geschichte des neunzehnten Jahrhunderts* zu schreiben, die selbst in ihrer unvollendeten Gestalt noch acht Bände umfassen sollte, mußte er erleben, wie seine Voraussagen über die zukünftige Entwicklung sich, zumindest auf kurze Sicht, als falsch erwiesen. Es war nicht die Demokratie, die im Deutschland der 1860er Jahre triumphierte, sondern der von ihm so verachtete monarchisch-militärische Machtstaat; und die Menschen, von denen er in seiner *Einleitung* geschrieben hatte, sie seien nicht mehr bereit, Revolutionen von oben zu akzeptieren,[28] machten alle Anstalten, just dies zu tun. Die preußischen Siege über Dänemark und Österreich korrumpierten, so schien es, selbst Persönlichkeiten, die er einmal als prinzipienfeste Liberale bewundert und denen er vertraut hatte; im April 1867 mokierte er sich in einem Brief an einen Freund über diejenigen, die sich zwar abfällig über die Methoden Bismarcks äußerten, deren Resultate aber bejahten, weil sie von einem «schwindelhaften Begehren nach deutscher Macht erfaßt» seien, das ihnen den Blick auf die Konsequenzen verstellte und es ihnen erlaubte, die Verbrechen der Gegenwart im Namen fragwürdiger zukünftiger Großtaten zu entschuldigen.[29] Während des Krieges gegen Frankreich zeigte er sich angewidert vom Chauvinismus seiner Gelehrtenkollegen und von der maßlosen Frankophobie, die plötzlich zum Vorschein kam – bei einem Volk, das in der Vergangenheit einer allzu unkritischen Vorliebe für alles Französische gehuldigt hatte.[30] Er mußte nun wohl oder übel glauben, daß alle seine Bemühungen, dem deutschen Volk die Fähigkeit zu vernünftigem politischen Handeln anzuerziehen, fehlgeschlagen waren. Wenn dem so war, wie würde dann die Zukunft des neuen deutschen Reichs aussehen? Die Errichtung einer absolutistischen Militärmacht mitten in Europa in dieser Ära des industriellen und materiellen Fortschritts war nicht nur ein Anachronismus, sondern gefährlich.[31] Welches Unheil mochte sich nicht alles ergießen aus dieser Kombination von Cäsarismus und politischer Naivität?

1849 hatte Gervinus, mit der frischen Erinnerung an einige der schlimmsten Auswüchse der Revolution im Kopf, ein Buch über Shakespeare geschrieben; darin hatte er das deutsche Volk mit Hamlet verglichen, dem von Träumen und Selbstzweifeln Geplagten, der vor Taten zurückscheut, im Gebrauch mit der Macht unerfahren ist und sich, als er schließlich zum Handeln gezwungen wird, maßlos und gewalttätig gebärdet. In einem unbewußten Anklang an die Schlußpassagen von Heines *Geschichte der Philosophie und Religion* hatte er vor den verbrecherischen Neigungen – «Grausamkeit, Rachsucht, Blutgier und Meuchelmord» – gewarnt, die er in seinen Landsleuten, diesen «Helden des Wortes», diesen unpraktischen Ästheten vermutete.[32] Vielleicht kam ihm dieser Vergleich 1871 wieder in den Sinn. Hinter seiner ablehnenden Haltung zum deutschen Einheitsstaat, wie er sich schließlich konstituierte, und seinem Eintreten für ein Festhalten an der deutschen «Kleinstaaterei» als der nach wie vor tragfähigsten Grundlage für die politische Weiterentwicklung der Nation – ein Gedanke, mit dem er die Lachmuskeln sämtlicher deutscher Bismarck-Verehrer und Hurrapatrioten reizte – stand wohl die düstere Vorahnung, daß seine Landsleute noch nicht bereit waren für die imperiale Rolle, die sie sich nun anmaßten, und daß ihre arrogante Unreife eines Tages großes Unheil über ein potentiell demokratisches Europa bringen mochte. Es fällt schwer, zu behaupten, seine Befürchtungen seien übertrieben gewesen.

IV

Gervinus starb im März 1871. Leopold von Ranke ging einige Monate später, als Redner auf der 12. Vollversammlung der Historischen Kommission, kurz auf den toten Kollegen ein. Wenn man heute liest, was er über Gervinus zu sagen hatte, wird man nicht daran zweifeln, daß er ihn zu begraben, nicht ihn zu preisen kam. Er attestierte ihm zunächst eine «mannhafte» Haltung in den Göttinger Ereignissen von 1837 und gestand ihm zu, in den Tagen der *Deutschen Zeitung* eine bemerkenswerte publizistische Begabung an den Tag gelegt zu haben. Seine Arbeiten als Historiker befand er jedoch ausnahmslos als mangelhaft – entwertet auf der einen Seite durch die Überzeugung ihres Autors, daß die Geschichte Gesetzmäßigkeiten folgt, die der Historiker aufdecken kann (was Ranke als einen öden Determinismus abtat, der geeignet sei, das Interesse an der geschichtlichen Forschung erlahmen zu lassen), und auf der anderen Seite durch seine Forderung, die Wissenschaft müsse für das Leben fruchtbar gemacht werden. «Sehr wahr», kommentierte Ranke, «aber um zu wirken, muß sie vor allen Dingen Wissenschaft sein; denn unmöglich kann man seinen Standpunkt in dem Leben nehmen und diesen auf die Wissenschaft übertragen: dann wirkt das Leben auf die Wissenschaft, nicht die Wissenschaft auf das Leben. ... Wir können nur dann eine wahre Wirkung auf die Gegenwart ausüben, wenn wir von derselben zunächst absehen, und uns zu der freien objektiven Wissenschaft erheben.»[33] Außerdem sei Gervinus, meinte Ranke abschließend, ein Mann der 30er und 40er Jahre gewesen und «von den Ereignissen überholt» worden. Es sei schade, daß er an verbrauchten Ideen festzuhalten versucht und nicht die Fähigkeit aufgebracht habe, das neue Reich anzuerkennen (über dessen Errichtung Ranke mit ungetrübter Genugtuung sprach). Dieses kühle und geringschätzige Urteil setzte sich in Deutschland durch, und Gervinus wurde zu einem Vergessenen, der erst heute wieder anfängt, ins Blickfeld zu treten. In der Ära Bismarcks und Wilhelms, wie auch in den Weimarer Jahren und in der Hitlerzeit, befolgten die akademischen Historiker, den von Gervinus vorgezeichneten Pfad mit Bedacht meidend, das Rankesche Erfolgsrezept. Sie wandten den Blick ab vom gesellschaftlichen Leben ihrer Zeit, um sich ganz in eine disziplinierte, spezialisierte und vermeintlich objektive wissenschaftliche Betätigung vertiefen zu können, und warfen nur selten einen Blick zurück. Sie zogen sich zurück in eine höchst gelehrsame Form der Innerlichkeit, aus der sie nur sporadisch zu Verbeugungsritualen vor dem 1871 gegründeten Reich heraustraten - oder, je nachdem, vor dem Hitlerreich von 1933–45. Sie leisteten damit ihren Beitrag dazu, daß Gervinus' düstere Vorahnungen sich bewahrheiteten, und gleichzeitig liefern sie uns damit allen Anlaß, zu fragen, ob nicht seine Auffassung von Geschichtswissenschaft, wenn man alles bedenkt, der Rankeschen vorzuziehen ist.

V

Unterdessen gibt es wieder ein vereintes Deutschland, und wiewohl es unwissenschaftlich wäre, darüber zu spekulieren, was Gervinus von dieser jüngsten deutschen Vereinigung hielte, ist es sicher zulässig, die Hoffnung zu äußern, daß sie ihm sympathischer wäre als die Reichsgründung von 1871. Vielleicht hätte er die Bescheidenheit und Einfachheit der Zeremonien, die in der Nacht vom 2. auf den 3. Oktober 1990 in Berlin stattfanden, als beruhigend empfunden im Vergleich zu dem vor Arroganz und Selbstzufriedenheit triefenden Spektakel, das im Januar 1871 im Spiegelsaal von Versailles inszeniert wurde. Vielleicht würde er der Einschätzung zustimmen, daß, während die Reichsgründung von 1871 ein falscher Aufbruch war, der in ein Scheitern münden mußte, vorprogrammiert durch alles, was sich seit 1849 getan hatte, die Entwicklung im westlichen Deutschland seit 1949 die Deutschen dazu berechtigt, die Wiedervereinigung von 1990 als einen vielversprechenden Neuanfang zu betrachten. Gewiß, es gab und gibt noch Millionen Deutsche, die keine Demokraten sind, kein Verhältnis zur Demokratie und keine Vorstellung von der Handhabung demokratischer Prozeduren haben und die letzten 57 Jahre unter den

Bedingungen diktatorischer Herrschaft gelebt haben – manche von ihnen sogar ganz zufrieden –, aber es ist durchaus denkbar, daß Gervinus darin keinen Grund zu übermäßiger Besorgnis sähe. Er wußte, und betonte es immer wieder, daß, eine gute Verfassung, eine rechtsstaatliche Justiz und fähige politische Führer vorausgesetzt, Demokratie erlernbar ist. Und sind nicht immerhin diese spät zur Demokratie Gekommenen dieselben Leute, die im Oktober 1989 jene Revolution der Straße ins Rollen gebracht hatten, deren Grollen das DDR-Regime zum Einsturz brachte? Vor einem Jahrhundert kam Gervinus als Beobachter des Geschehens zu dem Schluß, das deutsche Volk habe sich als unreif für die Einheit und die Freiheit erwiesen. Man darf hoffen, daß er heute bereit wäre, die Dinge anders zu beurteilen, und man muß hoffen, daß er damit recht behalten würde.

Anhang

Danksagung und Quellennachweis

Für den glücklichen Einfall, diesem Buch den Titel *Die Politik der Unpolitischen* zu geben, möchte ich mich bei meinem Freund und Kollegen James J. Sheehan bedanken, Professor für Geschichte an der Stanford University.

Der Gedanke, meine Liebe zur deutschen Literatur und mein Interesse an deutscher Politik und Geschichte in einem Buch wie diesem zusammenzuführen, hat lange in meinem Kopf gespukt, und schon vor zwanzig und mehr Jahren schrieb ich eine Reihe von Essays über Schriftsteller und Politik, die dieses Interesse wachhielten. Jene frühen Arbeiten habe ich für das vorliegende Buch überarbeitet, was in einigen Fällen zu erheblichen Erweiterungen und Schwerpunktverlagerungen führte. Kapitel 2 erschien ursprünglich als Essay im *Journal of Modern History,* XLI, Nr. 1 (1969), Kapitel 2 in den *Proceedings of the American Philosophical Society,* CXII, Nr. 6 (Dezember 1968), Kapitel 4 in der *American Historical Review,* LXXIV (1969), Kapitel 5 in *Central European History,* II, Nr. 1 (März 1969), Kapitel 6 in *Studies in International History,* hrsgg. von Kenneth Bourne und Donald Cameron Wall (London 1967), Kapitel 8 in *Überlieferung und Auftrag: Festschrift für Michael de Ferdinandy* (Wiesbaden 1972), und Teile von Kapitel 10 in der *Pacific Historical Review,* XLI, Nr. 1 (Februar 1972).

Die Kapitel 1, 7 und 9 sind hingegen eigens für dieses Buch verfaßt worden und noch nirgendwo anders erschienen.

Menlo Park, November 1992

Gordon A. Craig

Anmerkungen

Einleitung

1 Thomas Mann, *Betrachtungen eines Unpolitischen* (Stockholmer Ausgabe), Frankfurt am Main 1956, S. 103.

2 Ebd., S. 251.

3 Thomas Mann, *Dr. Faustus* (Stockholmer Ausgabe), Frankfurt am Main, Stockholm 1947, S. 731.

4 Felix Gilbert, *Machiavelli and Guicciardini: Politics and History in Sixteenth Century Florence,* Princeton 1965, S. 199f.

5 *Betrachtungen,* S. 253.

6 Robert Minder, *Kultur und Literatur in Deutschland und Frankreich. Fünf Essays,* Frankfurt am Main 1962, S. 9.

7 Wilhelm von Humboldt, *Werke* in 5 Bdn., hrsgg. von Andreas Flitner u. Klaus Giel, Bd. I, Darmstadt 1960, S. 56–233: *Ideen zu einem Versuch, die Grenzen der Wirksamkeit des Staats zu bestimmen* (1792).

Erstes Kapitel
Goethe als Staatsmann

1 Johann Peter Eckermann, *Gespräche mit Goethe in den letzten Jahren seines Lebens* (Johann Wolfgang Goethe, Gedenkausgabe, hrsgg. von Ernst Beutler, Bd. 24, Zürich 1948), S. 674.

2 Siehe unten, Kap. 6.

3 Eckermann, *Gespräche,* S. 510.

4 Frédéric Soret, *Zehn Jahre bei Goethe,* zusammengestellt von H. H. Houben, Leipzig 1929, S. 590.

5 Friedrich Nietzsche, *Menschliches, Allzumenschliches. Ein Buch für freie Geister,* Bd. 2, Stuttgart 1972, S. 235.

6 Wilhelm Mommsen, *Die politischen Anschauungen Goethes,* Stuttgart 1948, S. 22.

7 Goethe, *Werke,* Weimarer Ausgabe, III. Abt., Bd. 1, S. 8f. (Im folgenden unter dem Kürzel *WA.*)

8 *Goethes Briefe,* hrsgg. von Karl Robert Mandelkow, 3. Aufl., München 1986, Bd. I, S. 205.

9 Ebd., S. 209 (6. März 1776).

10 Zum Einfluß Mösers auf Goethe siehe Mommsen, *Politische Anschauungen,* S. 29–34.

11 *Goethes Werke,* Hamburger Ausg. in 14 Bdn., hrsgg. von Erich Trunz, München 1981, Bd. V, S. 90 (*Torquato Tasso,* 1. Aufzug, 4. Auftritt, 639.–643. Zeile.) (Im folgenden unter dem Kürzel *HA.*)
12 *Briefe,* Bd. I, S. 231 (An Johann Heinrich Merck, 5. Januar 1777). Goethes Briefe an Merck waren oft mit Sarkasmen und Übertreibungen gespickt.
13 Richard Friedenthal, *Goethe. Sein Leben und seine Zeit*, München 1963, S. 228.
14 Siehe zum Beispiel Carl Augusts strengen Verweis an Jakob Friedrich von Fritsch im Mai 1776, nachdem dieser mit seinem Rücktritt aus dem Staatsrat gedroht hatte, falls Goethe in dieses Gremium berufen würde. *Goethe in vertraulichen Briefen seiner Zeitgenossen,* zusammengestellt von Wilhelm Bode, 3 Bde., Berlin und Weimar 1979, Bd. I, S. 176–80. (Im folgenden als Bode.)
15 *Briefe,* Bd. I, S. 317, 319.
16 Ebd., S. 320.
17 Bode, Bd. I, S. 190.
18 *Briefe,* Bd. I, S. 344.
19 Fritz Hartung, *Das Großherzogtum Sachsen unter der Regierung Carl Augusts, 1775–1828*, Weimar 1923, S. 12ff.
20 Siehe Nicholas Boyle, *Goethe. The Poet and the Age,* Bd. I, Oxford 1991, S. 252.
21 Siehe *Briefe,* Bd. I, S. 249ff.
22 Ebd., S. 448.
23 Ebd., S. 204 (an Herder, 2. Januar 1776).
24 Bode, Bd. I, S. 283.
25 Mommsen, *Politische Anschauungen,* S. 39f.
26 Hartung, *Großherzogtum Sachsen,* S. 58ff.
27 Boyle, *The Poet and the Age,* S. 254.
28 Hartung, *Großherzogtum Sachsen,* S. 87.
29 Ebd., S. 92.
30 *Briefe,* Bd. I, S. 320.
31 Ebd., S. 467 (an Herzog Carl August, 26. Dezember 1784). Siehe auch ebd., S. 482 (an Charlotte von Stein, 5. September 1785).
32 Hartung, *Großherzogtum Sachsen,* S. 125.
33 Ebd., S. 119.
34 *HA,* Bd. I, S. 112 («Ilmenau», 176.–191. Zeile).
35 Boyle, *The Poet and the Age,* S. 242.
36 Hartung, *Großherzogtum Sachsen,* S. 19f.
37 *Briefe,* Bd. I, S. 346f.
38 Ebd., S. 378 (an Charlotte von Stein, 10. Dezember 1781).
39 Mommsen, *Politische Anschauungen,* S. 43.
40 Ebd., S. 44.

41 Katharina Mommsen, ‹Der politische Kern von Goethes *Elpenor*›, *Jahrbuch des Freien Deutschen Hochstifts,* Tübingen 1991.
42 *Briefe,* Bd. I, S. 512 (an Charlotte von Stein, 9. Juli 1786).
43 Ebd., S. 518 (an Carl August, 24. Juli 1786).
44 Ebd., Bd. II, 2. Aufl., 1968, S. 84ff.
45 Hartung, *Großherzogtum Sachsen,* S. 26.
46 *HA,* Bd. I, S. 180 (*Venezianische Epigramme,* 22).
47 *Briefe,* Bd. II, S. 153 (an Christian Gottlob Voigt, 10. September 1792).
48 *HA,* Bd. X, S. 235 (*Campagne in Frankreich, 1792* [1822]).
49 *Briefe,* Bd. II, S. 159 (an Voigt, 15. Oktober 1792).
50 *HA,* Bd. X, S. 695.
51 Eckermann, *Gespräche,* S. 548–550.
52 *Briefe,* Bd. II, S. 181.
53 Ebd., S. 184.
54 *HA,* Bd. II, S. 514 (*Hermann und Dorothea,* 9. Gesang, 305.–307. Zeile).
55 Siehe Dolf Sternberger, *Gut und Böse,* Frankfurt am Main 1988, S. 227ff. (‹Parabel von der Verfolgung: Über Goethes *Natürliche Tochter*›).
56 *HA,* Bd. V, S. 290 (*Die natürliche Tochter,* 5. Aufzug, 6. Auftritt, 2617.–2623. Zeile).
57 *HA,* Bd. X, S. 495 (*Tag- und Jahreshefte,* 1806).
58 Bode, Bd. II, S. 332 (Koës, *Tagebuch,* 13. Oktober 1806).
59 *HA,* Bd. X, S. 496 (*Tag- und Jahreshefte,* 1806).
60 Erich Weniger, *Goethe und die Generale der Freiheitskriege,* überarbeitete Ausgabe, Stuttgart 1959, S. 49f.
61 *Briefe,* Bd. III, S. 30 (an Cotta, 24. Oktober 1806).
62 *HA,* Bd. X, S. 363.
63 Katharina Mommsen, ‹Faust II als politisches Vermächtnis des Staatsmannes Goethe›, *Jahrbuch des Freien Deutschen Hochstifts,* Tübingen 1989.
64 *HA,* Bd. III, insbesondere S. 184, 196ff., 311ff., 314, 323f., 341f.
65 Siehe Eckermann, *Gespräche,* S. 348.
66 *Wilhelm und Caroline von Humboldt in ihren Briefen,* hrsgg. von Anna von Sydow, Bd. IV, Berlin 1910, S. 163, 167, 188.
67 Mommsen, *Politische Anschauungen,* S. 166.
68 Eckermann, *Gespräche,* S. 196.
69 Ebd., S. 484.
70 Ebd., S. 510 (März 1832).

Zweites Kapitel
Ein deutscher Jakobiner: Georg Forster

1 Klaus Harpprecht, *Georg Forster oder die Liebe zur Welt,* Reinbek bei Hamburg 1987. In den Vereinigten Staaten ist eine Studie in Vorbereitung von Hugh West mit dem Titel: *From Tahiti to the Terror. Georg Forster and the Sociological Imagination,* die bei der University of North Carolina Press erscheinen wird.

2 Friedrich Schlegel, ‹Georg Forster. Fragment einer Characteristik der deutschen Klassiker›, *Meisterwerke deutscher Literaturkritik: Aufklärung, Klassik, Romantik,* hrsgg. von Hans Mayer, Stuttgart 1962, S. 560f.

3 Robert Minder, ‹Die Literaturgeschichten und die deutsche Wirklichkeit›, *Sind wir noch das Volk der Dichter und Denker?,* hrsgg. von Gert Kalow, Berlin 1962, S. 23ff.

4 Siehe dazu den Bericht über die Tutzinger Germanisten-Konferenz von 1964 in *Die Welt* (Hamburg), 27. Mai 1964.

5 Georg Forster, *Ansichten vom Niederrhein, von Brabant, Flandern, Holland, England und Frankreich im April, Mai und Junius 1790,* in *Georg Forsters Werke,* hrsgg. von der Deutschen Akademie der Wissenschaften zu Berlin (DDR), 1958ff., Bd. IX, S. 236. (Im folgenden zitiert als *Werke.*)

6 Schlegel, *a. a. O.,* S. 562, meint dazu: «War seine Reise mit Cook der Urkeim, aus welchem sich jenes freie Streben, jener weite Blick vielleicht erst später völlig entwickelte, so möchte man wünschen, daß junge Wahrheitsfreunde statt der Schule häufiger eine Reise um die Welt wählen könnten, nicht etwa nur, um die Verzeichnisse der Pflanzen zu bereichern, sondern um sich selbst zu echter Lebensweisheit zu bilden.» Siehe auch Harpprecht, *Georg Forster,* S. 77–124, sowie die gedankenreiche Abhandlung von Hugh West, ‹The Limits of Enlightenment Anthropology: Georg Forster and the Tahitians›, *History of European Ideas,* Bd. X, Nr. 2 (1989), S. 147–60.

7 *Werke,* XVI, S. 366; Kurt Kersten, *Der Weltumsegler: Johann Georg Adam Forster, 1754–1794,* Bern 1957, S. 247f.

8 *Werke,* XVII, S. 334; Harpprecht, *Forster,* S. 497ff.

9 *Werke,* XVII, S. 383; Gustav Landauer, *Briefe der Revolutionszeit,* Berlin 1919, Bd. II, S. 261.

10 Wolfgang Rödel, *Forster und Lichtenberg: Ein Beitrag zum Problem deutsche Intelligenz und Französische Revolution,* Berlin/DDR 1960, S. 105.

11 Ebd., S. 109. Vgl. seinen Brief vom 6. Januar 1793 an seinen Freund Thomas Sömmerring in *Werke,* XVII, S. 299.

12 Rödel, *Forster und Lichtenberg,* S. 145.

13 Landauer, *Briefe,* Bd. II, S. 245.
14 Georg Forster, *Kleine Schriften und Briefe,* hrsgg. von Claus Träger, Leipzig 1961, S. 20.
15 *Musenalmanach für das Jahr 1797,* hrsgg. von Friedrich Schiller, Tübingen 1796.
16 K. Klein, *Georg Forster in Mainz,* Gotha 1863, S. 260ff., 263ff.
17 Kersten, *Weltumsegler,* S. 274f. Vgl. Harpprecht, *Forster,* S. 543ff.
18 Reinhold Aris, *History of Political Thought in Germany from 1789 to 1815,* London 1936, S. 45f.
19 Vgl. die Reden, in Georg Forster, *Über die Beziehung der Staatskunst auf das Glück der Menschheit und andere Schriften,* hrsgg. von Wolfgang Rödel, Frankfurt am Main 1966, S. 75–83, und weitere Ausführungen in *Werke,* X *(Revolutionsschriften)* (1990).
20 Kersten, *Weltumsegler,* S. 296.
21 Rödel, *Forster und Lichtenberg,* S. 150.
22 Aris, *History,* S. 44.
23 *Werke,* Bd. V, S. 295.
24 G. G. Gervinus, *Geschichte der Deutschen Dichtung,* Bd. V, 4. Aufl., Leipzig 1853, S. 354f.
25 Ebd., S. 335; siehe auch Edgar Bonjours Einleitung zu Johannes von Müller, *Schriften in Auswahl,* 2. Aufl., Basel 1955, S. 13ff.; Aris, *History,* S. 61ff.
26 Kersten, *Weltumsegler, S.* 77; Harpprecht, *Forster,* S. 218ff.
27 Rödel, *Forster und Lichtenberg,* S. 62.
28 Siehe Georg Lukács, *Der junge Hegel,* Berlin 1964, insbes. S. 40ff., 121.
29 *Werke,* Bd. XVI, S. 24.
30 Ebd., S. 319.
31 Ebd., S. 328.
32 Harpprecht, *Forster,* S. 422f.
33 *Werke,* Bd. IX, S. 123.
34 Ebd., Bd. XVII, S. 279f.; *Georg Forsters Briefe an Ch. Fr. Voss,* hrsgg. von Paul Zincke, Dortmund 1915, S. 173f.
35 *Werke,* Bd. XVII, S. 123.
36 Ebd., S. 93; Harpprecht, *Forster,* S. 491.
37 *Werke,* Bd. XVII, S. 126.
38 Rödel, *Forster und Lichtenberg,* S. 51.
39 *Werke,* Bd. XVII, S. 224.
40 Ebd., S. 241f.
41 Ebd., S. 250.
42 Johannes von Müller, *Sämtliche Werke,* hrsgg. von Johann Georg Müller, Stuttgart 1835, Bd. XXXI, S. 51ff.
43 *Werke,* Bd. XVII, S. 296.

44 Ebd., S. 334.
45 Ebd., S. 342f.
46 Ebd., S. 349.
47 Ebd., S. 376.
48 Ebd., S. 375.
49 Ebd., S. 424.
50 Ebd., S. 395, 402, 404, 466; Kersten, *Weltumsegler,* S. 315–21; Harprecht, *Forster,* S. 575–8.
51 Kersten, *Weltumsegler, S.* 327ff., 344ff.
52 Forster, *Über die Beziehung,* passim, aber insbes. S. 142, 149, 151.
53 *Werke,* Bd. XVII, S. 398.
54 ‹Parisische Umrisse›, *Über die Beziehung,* S. 88.
55 *Werke,* Bd. IX, S. 134.
56 Ebd., Bd. XVII, S. 379.
57 Ebd., S. 338.
58 ‹Parisische Umrisse›, *Über die Beziehung,* S. 93.
59 *Werke,* Bd. XVII, S. 338.
60 Ebd., S. 473.
61 Ebd., S. 464.
62 Forster, *Kleine Schriften,* S. 29.
63 Gervinus, *Deutsche Dichtung,* Bd. V, S. 356.
64 G. G. Gervinus, *Einleitung in die Geschichte des 19.Jahrhunderts,* hrsgg. von Walter Boehlich, Frankfurt am Main 1967, S. 210f.

Drittes Kapitel
Friedrich Schiller und die Polizei

1 Ansprache in der Peterskirche zu Zürich am 12. November 1859, zitiert nach Gordon A. Craig, *Geld und Geist. Zürich im Zeitalter des Liberalismus* 1833–1869, München 1988, S. 180.
2 Benno von Wiese, *Friedrich Schiller. Festschrift 1959,* Köln 1960, S. 7.
3 Ebd., S. 8.
4 Friedrich Schiller, *Über die ästhetische Erziehung des Menschen in einer Reihe von Briefen,* hrsgg. von Elisabeth M. Wilkinson und L. A. Willoughby, Oxford 1967, S. XI, XV, XVIII, XX, 30–34 (deutsche Übersetzung München 1969); Derik Regin, *Freedom and Dignity: The Historical and Philosophical Thought of Schiller,* Den Haag 1965, S. 118ff.
5 *Der Briefwechsel zwischen Schiller und Goethe,* hrsgg. von Siegfried Seidel, 2 Bde., München 1984, S. 10 (an Goethe, 5. Januar 1798).
6 ‹Was kann eine gute stehende Schaubühne eigentlich wirken?›, Friedrich Schiller, *Sämtliche Werke,* hrsgg. von Gerhard Fricke und Herbert G. Göpfert, 5 Bde., 2. Aufl., München 1960, Bd. V, S. 828.

7 Siehe W. Emrich, ‹Schiller und die Antinomien der menschlichen Gesellschaft›, *Schiller: Reden im Gedenkjahr 1955,* Stuttgart 1956, S. 240f.

8 *Wallensteins Lager,* Prolog, 61–69. Zeile.

9 Siehe Georg Witkowski, *Aus Schillers Werkstatt: Seine dramatischen Pläne und Bruchstücke,* Leipzig 1910, S. 94–102; *Schillers Sämtliche Werke,* hrsgg. von Conrad Höfer, 22 Bde., Horen-Ausgabe, München, Leipzig und Berlin 1910–26, Bd. XXII, S. 78–86.

10 Siehe dazu insbes. Melitta Gerhard, *Schiller und die griechische Tragödie,* Weimar 1919, S. 84 Anm.

11 Das ist sogar bei einer so eingehenden Studie der Fall wie der Arbeit von Manfred Schunicht, ‹Schillers Fragmente, «Die Polizei» und «Die Kinder des Hauses»›, *Wirkendes Wort,* Nr. 14 (1964), S. 196–208.

12 Witkowski, *Aus Schillers Werkstatt,* S. 100.

13 Saint-Simon, *Mémoires,* Paris 1955, S. 910.

14 Jacques Saint-Germain, *La Vie quotidienne en France à la fin du grand siècle, d'après les archives, en partie inédites, du lieutenant-général de police Marc-René d'Argenson,* Paris 1965, S. 267.

15 *Schillers Sämtliche Werke,* Horen-Ausgabe, Bd. XXII, S. 79–86.

16 In zwei später entstandenen Skizzen für ein Polizeidrama spielt die Polizei eine geringere Rolle, und d'Argenson taucht überhaupt nicht mehr auf. Siehe *Schillers Sämtliche Werke,* Horen-Ausgabe, Bd. XXII, S. 86–128.

17 *Une ténébreuse affaire,* in Honoré de Balzac, *La Comédie humaine,* 11 Bde., Gallimard-Ausg., Paris 1950–59, Bd. VII, S. 497.

18 Willy-Paul Romain, *Le Dossier de la police,* Paris 1966, S. 64ff., 83ff.; ausführlicher Louis Madelin, *Fouché 1759–1820,* Paris 1900, 2. Teil. Wie schon bei d'Argenson trug auch bei Fouché die äußere Erscheinung sehr viel zu seinem Nimbus bei. «Groß, mager, knochig und ein wenig gebeugt, war er von einer merkwürdigen Blässe, die erstaunte und manchmal erschreckte; dieses blutleere Gesicht konnte weder erröten noch erblassen ... diese Miene wirkte verschlossen, tot, undurchdringlich ...» Ebd., S. 379.

19 Viktor Bibl, *Die Wiener Polizei,* Leipzig und Wien 1927, S. 274; zum Herrschaftssystem unter Kaiser Franz im allgemeinen siehe Kap. 6.

20 Siehe August Fournier, *Die Geheimpolizei auf dem Wiener Kongreß,* Wien 1913.

21 ‹Ideen zu einem Versuch, die Grenzen der Wirksamkeit des Staats zu bestimmen› (1792), *Wilhelm von Humboldts Werke,* hrsgg. von Albert Leitzmann, 15 Bde., Akademie-Ausgabe, 1903–18, Bd. I, S. 97–254, insbes. S. 106–133.

22 Friedrich Schiller, ‹Die Gesetzgebung des Lykurgus und Solon›, *Sämtliche Werke,* hrsgg. von Fricke und Göpfert, Bd. IV, S. 815.

23 Schiller, *Ästhetische Erziehung,* S. 35.
24 Siehe Walter Muschg, ‹Schiller – Die Tragödie der Freiheit›, *Schiller: Reden im Gedenkjahr* 1959, Stuttgart 1961, S. 228–39.
25 Siehe Schunicht, ‹Fragmente›, S. 197.
26 *Wallensteins Tod,* 2. Akt, 799.–800. Zeile.
27 Schiller, *Ästhetische Erziehung,* Einleitung, S. xc.

Viertes Kapitel
Johannes von Müller: Der Historiker auf der Suche nach einem Idol

1 Herbert Lüthy, ‹What's the Point of History?›, *Journal of Contemporary History,* III, Nr. 2, April 1968, S. 13f.
2 Eine gute Auswahl der Briefe bietet Edgar Bonjour (Hrsg.), *Johannes von Müller. Briefe in Auswahl,* 2. Aufl., Basel 1954 (im folgenden als Müller, *Briefe*). Siehe auch *Johannes von Müllers Sämtliche Werke,* hrsgg. von Johann Georg Müller, 41 Bde., Stuttgart und Tübingen 1834ff. (im folgenden als *S. W.*), Bde. XXIX–XL. Die aus politischer Sicht vielleicht interessantesten Briefe finden sich in Gustav Schlesier (Hrsg.), *Briefwechsel zwischen Friedrich von Gentz und Johannes von Müller,* Mannheim 1840.
3 Wilhelm Hoffner (Wilhelm Dilthey), ‹Deutsche Geschichtsschreiber: Johannes von Müller, *Westermanns Jahrbuch der Illustrierten deutschen Monatshefte,* XIX (1866), S. 246.
4 Heinrich Ritter von Srbik, *Geist und Geschichte vom deutschen Humanismus bis zur Gegenwart,* Bd. I, München 1950, S. 161.
5 Er wurde 1791 vom österreichischen Kaiser geadelt, in Anerkennung seiner diplomatischen Dienste für den Erzbischof und Kurfürsten von Mainz im Zusammenhang mit der Kaiserwahl von 1790; er nannte sich von da an Johannes Edler von Müller zu Sylvelden, H. R. R. Ritter. Siehe *S. W.,* Bd. XXXVI, S. 14, 191f.
6 Zu Schlözer siehe Srbik, *Geist und Geschichte,* Bd. I, S. 124ff.
7 *S. W.,* Bd. XXIII, S. 205ff. Die zuerst 1772 veröffentlichte Schrift wurde 1810 ins Deutsche übersetzt.
8 Kurt Wehrle, *Die geistige Entwicklung Johannes von Müllers, Basler Beiträge zur Geschichtswissenschaft,* Bd. 98, Basel 1965, S. 13f. Niebuhr war kein großer Bewunderer Müllers, und sein Lob für dessen Erstlingswerk diente vielleicht dem taktischen Zweck, seine sonstige Kritik an Müller glaubwürdiger zu machen.
9 Der Freund war Carl Victor von Bonstetten, Sohn einer Genfer Patrizierfamilie. Müllers Briefe an Bonstetten, die Friederika Brun 1802 unter dem Titel *Briefe eines jungen Gelehrten an seinen Freund* herausbrachte, fanden bei seinen Zeitgenossen fast ebenso viel Aufmerksamkeit und Beifall wie seine historischen Arbeiten. Sie sind

enthalten in *S. W.,* Bd. XXXIV–XXXVI. Eine dissonante Stimme im allgemeinen Chor der Bewunderer war die von Franz Grillparzer; er fand die Briefe affektiert. Siehe Grillparzer, *Sämtliche Werke,* hrsgg. von Peter Frank und Karl Pörnbacher, 4 Bde., München 1960–5, Bd. III, S. 1111. Zur Freundschaft zwischen Müller und Bonstetten siehe W. Kirchner, *Studien zu einer Darstellung Johannes von Müllers,* Heidelberg 1927, S. 22ff.

10 Siehe *S. W.,* Bd. VII–XXII.

11 Siehe u. a. G. P. Gooch, *History and Historians in the Nineteenth Century,* London 1935, S. 11, 445f.

12 Johannes von Müller, *Geschichten schweizerischer Eidgenossenschaft,* ausgew. und eingel. von Friedrich Gundolf, Leipzig 1923, S. 28. Siehe auch ‹Geschichtswerk als große Prosa: Johannes von Müller›, *Die Welt der Literatur,* 26. Oktober 1967.

13 Siehe dazu die Analyse bei Kirchner, *Studien,* S. 47ff.

14 Siehe Edgard Bonjours Einleitung zu dem von ihm herausgegebenen Band *Johannes von Müller, Schriften in Auswahl,* 2. Aufl., Basel 1955, S. 28. Schiller trug seine Schuld in der ersten Szene des letzten Aufzugs des *Wilhelm Tell* ab, wo er Stauffacher sagen ließ:

> Es ist gewiß. Bei Bruck fiel König Albrecht
> Durch Mörders Hand – ein glaubenswerther Mann,
> Johannes Müller bracht' es von Schaffhausen.
> (*Wilhelm Tell,* 5. Akt 5. Aufzug, 2946.–2948. Zeile.)

15 Albert Leitzmann, ‹Goethes Beziehungen zu Johannes von Müller›, *Historische Zeitschrift,* CLII (1935), S. 518.

16 Schon vor der Veröffentlichung des Buches hatte Voltaire ihn einem Bekannten mit den Worten vorgestellt: «Dieser junge Mann mit dem Gesicht eines fünfzehnjährigen Jungen ist *der* Historiker der Schweiz.» Dilthey, *Westermanns Jahrbuch,* S. 248.

17 Kirchner, *Studien,* S. 54ff.

18 *S. W.,* Bd. XXXV, S. 139.

19 Müller, *Briefe,* S. 43f.

20 *S. W.,* Bd. XXXV, S. 161.

21 *Oeuvres de Frédéric le Grand,* Bd. XXV, Berlin 1854, S. 176. D'Alembert war der Urheber der Namensverwechslung (ebd., S. 174), die der König dann übernahm.

22 *S. W.,* Bd. XXXV, S. 229ff., 301.

23 Siehe beispielsweise ebd., Bd. XXX, S. 171ff.; Müller, *Briefe,* S. 177.

24 Müller, *Briefe,* S. 73ff.

25 Zum Einfluß Montesquieus auf Müller siehe Kirchner, *Studien,* S. 33ff.; zur Rolle Machiavellis siehe ebd., S. 36f., sowie Wehrle, *Geistige Entwicklung,* S. 29.

26 Im 23. Buch seiner *Vierundzwanzig Bücher allgemeiner Geschichten, besonders der europäischen Menschheit* (1797) meinte Müller, mit der polnischen Teilung sei dem «System zusammen existierender Staaten in Europa», das sich nach dem Untergang des Weströmischen Reichs mühsam herausgebildet hatte, und «den Grundsätzen und Verträgen, auf welche ihr Daseyn und ihr Gleichgewicht nach und nach gegründet worden, der erste Hauptstoß beigebracht» worden. *S. W.,* Bd. VI, S. 214. Siehe auch Paul Stauffer, *Die Idee des europäischen Gleichgewichts im politischen Denken Johannes von Müllers,* Basel 1960, S. 36.

27 Das Interesse an Amerika hatte bei Müller wahrscheinlich Francis Kinloch aus Südkarolina geweckt, mit dem er in den 1770er Jahren eng befreundet war. In Müllers Schriften wimmelt es von interessanten und manchmal prophetischen Äußerungen zur Zukunft Amerikas. Siehe beispielsweise *S. W.,* Bd. VI, S. 270 und Bd. XXIX, S. 209; siehe auch Müller, *Briefe,* S. 133.

28 *S. W.,* Bd. XXXV, S. 305.

29 Müller, *Briefe,* S. 134.

30 *S. W.,* Bd. XXXV, S. 174.

31 Den Bibliothekarsposten trat Müller 1788 an den Naturphilosophen Georg Forster ab, den er aus Kassel kannte und der nach der Besetzung von Mainz durch französische Truppen im Jahr 1792 zur treibenden Kraft bei der Errichtung der kurzlebigen Rheinischen Republik wurde. Siehe Kap. 2 des vorliegenden Bandes sowie Maurer-Constant (Hrsg.), *Briefe an Johann von Müller,* 6 Bde., Schaffhausen 1839–40, Bd. VI, S. 243–316.

32 1787 absolvierte er eine erfolgreiche Mission nach Rom, im Zusammenhang mit der Ernennung des Freiherrn Karl Theodor von Dalberg zum Koadjutor in Mainz, und 1790 war er in Frankfurt an den Vorverhandlungen zur Wahl Kaiser Leopolds II. beteiligt. Siehe Müller, *Briefe,* S. 158, sowie Johann von Müller, *Geschichten schweizerischer Eidgenossenschaft,* neue verbesserte und mit einer Biographie des Verfassers vermehrte Auflage, 4 Bde., Reutlingen 1824–5, Bd. I, S. ix–x.

33 Zur Unterredung Müllers mit dem französischen Stadtkommandanten Custine siehe ebd., S. x–xi, sowie seinen Brief vom 9. Nov. 1792 in *S. W.,* Bd. XXXI, S. 51 ff.

34 Zu seinen publizistischen Aktivitäten in Wien siehe Müller, *Eidgenossenschaft,* Reutlinger Ausg., Bd. I, S. xi; Stauffer, *Gleichgewicht,* S. 53 ff.; *S. W.,* Bd. XXXI, S. 128 f.

35 ‹Darstellung des Fürstenbundes› (1787), *S. W.,* Bd. XXIV, S. 8–258. Siehe auch Stauffer, *Gleichgewicht,* S. 13 ff., 40, 43, 46; Wehrle, *Geistige Entwicklung,* S. 117 ff.

36 ‹Teutschlands Erwartungen vom Fürstenbunde› (1788), *S. W.*, Bd. XXIV, S. 259–84.
37 *S. W.*, Bd. XXX, S. 222.
38 Ebd., Bd. XXXI, S. 64.
39 Ebd., Bd. XXXVIII, S. 178.
40 Ebd., S. 167.
41 Ebd., Bd. XXXI, S. 128f.; Stauffer, *Gleichgewicht,* S. 50f.
42 *S. W.*, Bd. XXXI, S. 88.
43 Ebd., Bd. XXXII, S. 79.
44 Müller, *Briefe,* S. 230f.
45 *S. W.*, Bd. XXXII, S. 198f.
46 Der amtliche Zensor erhob Einwände gegen die Veröffentlichung von Müllers *Schweizer Geschichte,* weil er darin eine Glorifizierung revolutionärer Grundsätze zu erkennen glaubte. Siehe Müller, *Briefe,* S. 301 f.
47 Zur Dresdner Mission und zu den Gesprächen in Weimar und Berlin siehe August Fournier, *Gentz und Cobenzl,* Wien 1880, S. 124ff.; Willy Andreas, ‹Johannes von Müller in Weimar 1804›, *Historische Zeitschrift,* CXLV (1932), S. 69ff.; Paul R. Sweet, *Friedrich von Gentz: Defender of the Old Order,* Madison (Wisconsin) 1941, S. 88ff. Das letztgenannte Werk übt überzogene Kritik an Müller und belegt ihn zuweilen mit schmähenden Ausdrücken, ohne rechtfertigende Belege dafür zu unterbreiten.
48 *Briefwechsel zwischen Gentz und Müller,* S. 38.
49 Darunter waren Arbeiten über Friedrich II., El Cid, den Niedergang der Freiheit bei den antiken Völkern und über prähistorische Zeitrechnung. Siehe *S. W.*, Bd. XXV, S. 78ff., 93ff., 101ff., 152ff.
50 Dessen Bruder, Friedrich August Ludwig Marwitz, mißbilligte Alexanders freundschaftliche Beziehung zu Müller, und ihm verdanken wir das nachfolgende, wenig schmeichelhafte Porträt des Historikers in seinen Berliner Jahren: «Johann von Müller war ein kleines, grundhäßliches Kerlchen mit einem Spitzbauch und kleinen Beinchen, einem dicken Kopf immer glühend vom vielen Fressen und Saufen, mit Glotzaugen, die weit aus dem Kopf herausstanden und beständig rot unterlaufen waren.» Theodor Fontane, *Wanderungen durch die Mark Brandenburg,* Nymphenburger Ausg., München 1960, Bd. II, S. 225.
51 Siehe Paul Bailleu, ‹Prinz Louis Ferdinand. Eine historisch-biographische Studie›, *Deutsche Rundschau,* XLV (1885), S. 35ff. Der Prinz war ein ebenso herrischer wie launenhafter Mensch und behandelte Müller, je nach Stimmung, als großen Gelehrten oder als Witzfigur. Siehe Henriette Herz, *Lebenserinnerungen,* o. J., S. 202.
52 Siehe beispielsweise die in *S. W.*, Bd. XXVII, S. 1–28 abgedruckten

Besprechungen sowie, zur Reaktion von Gentz, Friedrich Carl Wittichen (Hrsg.), *Briefe von und an Friedrich von Gentz,* 2 Bde., München 1909/10, Bd. I, S. 277, Bd. II, S. 190.

53 Bailleu in *Deutsche Rundschau,* XLV, S. 45 ff.

54 Müller, *Briefe,* S. 315 ff.

55 Wehrle, *Geistige Entwicklung,* S. 195–8; Stauffer, *Gleichgewicht,* S. 66–8.

56 Gerhard Ritter, *Stein. Eine politische Biographie,* 3. Aufl., Stuttgart 1958, S. 146 f., 160; Bailleu in *Deutsche Rundschau,* XLV, S. 221.

57 Müller, *Briefe,* S. 312; s. auch S. 313–5.

58 Ebd., S. 326.

59 *S. W.,* Bd. XXXIII, S. 109.

60 Müller, *Briefe,* S. 331.

61 *S. W.,* Bd. XXXIII, S. 111 ff.

62 Ebd., S. 113. Siehe auch Werner Kirchner, ‹Napoleons Unterredung mit Johannes von Müller›, *Jahrbuch der Goethe-Gesellschaft,* XVI (1930), S. 108–20; Heinz Gollwitzer, *Europabild und Europagedanke. Beiträge zur Deutschen Geistesgeschichte des 18. und 19. Jahrhunderts,* München 1964, S. 100.

63 Der Text des Vortrages findet sich in *S. W.,* Bd. XXV, S. 274–85, sowie in Müller, *Schriften in Auswahl,* S. 285–94.

64 Siehe Leitzmann, *Historische Zeitschrift,* XLII, S. 507 ff.

65 Sweet, *Gentz,* S. 135 f. Während Adam Müller ähnlich dachte wie Gentz (*Briefe von und an Gentz,* Bd. II, S. 416), äußerten Alexander von Humboldt und Karl August Bötticher Verständnis für Müller. Ebd., Bd. I, S. 213 f. Siehe auch Edgar Bonjour, *Studien zu Johannes von Müller,* Basel 1957, S. 198. Eines der abgewogensten Urteile über den Vortrag fällte Clausewitz. Siehe Karl Linnebach (Hrsg.), *Karl und Marie von Clausewitz. Ein Lebensbild in Briefen und Tagebuchblättern,* Berlin 1917, S. 90 f.

66 Müller, *Briefe,* S. 364.

67 Wehrle, *Geistige Entwicklung,* S. 238 f.

68 Anna von Sydow (Hrsg.), *Wilhelm und Caroline von Humboldt in ihren Briefen,* 7 Bde., Berlin 1906–16, Bd. II, S. 19.

69 Bonjour, *Studien,* S. 260 f.

70 *S. W.,* Bd. XXXI, S. 165.

71 Wehrle, *Geistige Entwicklung,* S. 239.

72 Müller, *Briefe,* S. 417. Siehe auch Bonjour, *Studien,* S. 281 ff.

73 *Correspondance de Napoléon I,* Bd. XVI, Paris 1864, S. 272.

74 Müller, *Briefe,* S. 366. Zum Vergleich Rahel Varnhagens Formulierung in einem Brief vom 30. November 1819 an Karl Gustav von Brinckmann: «Unter andern sind manche von unsern Freunden Staatsminister geworden, vergaß ich Ihnen zu sagen: und das ist

auch eine Art von Tod.» Friedhelm Kemp (Hrsg.), *Rahel Varnhagen im Umgang mit ihren Freunden. Briefe 1793–1833*, München 1967, S. 116.

75 Siehe seine eigenen Aussagen hierzu in der Schlußpassage der *Vierundzwanzig Bücher allgemeiner Geschichten*, in *S. W.*, Bd. VI, S. 350f.

76 Westermanns *Jahrbuch*, Bd. XIX, S. 245.

Fünftes Kapitel
Heinrich von Kleist: Der Kampf gegen Napoleon

1 *Heinrich von Kleists Nachruhm. Eine Wirkungsgeschichte in Dokumenten*, hrsgg. von Helmut Sembdner, Bremen 1967, S. 468.

2 Siehe beispielsweise seine Briefe an Christian Ernst Martini in *Heinrich von Kleist, Sämtliche Werke und Briefe*, hrsgg. von Helmut Sembdner, 2 Bde., 5. Aufl., München 1961, Bd. II, S. 472–86. (Im folgenden als *SW.*)

3 Michael Hamburger, *Reason and Energy. Studies in German Literature*, New York 1957, S. 113.

4 Eugene Newton Anderson, *Nationalism and the Cultural Crisis in Prussia, 1806–1815*, New York 1939, S. 123, 127, 133.

5 *SW*, Bd. II, S. 719.

6 Siehe beispielsweise *SW*, Bd. II, S. 718–21, sowie Hans Mayer, *Heinrich von Kleist. Der geschichtliche Augenblick*, Pfullingen 1962, S. 38.

7 *SW*, Bd. II, S. 735, 737; Mayer, *Kleist*, S. 34; Joachim Maass, *Kleist. Die Fackel Preußens*, Wien und München 1957, S. 92f.

8 Hans M. Wolff, ‹Heinrich von Kleist als politischer Denker›, *University of California Publications in Modern Philology*, Bd. XXVII, Nr. 6, Berkeley 1947, S. 459.

9 *SW*, Bd. II, S. 760f.

10 Günter Blöcker, *Heinrich von Kleist oder das absolute Ich*, Berlin 1960, S. 87f.

11 Anderson, *Nationalism and Cultural Crisis*, S. 127, und Hans Kohn, *Prelude to Nation-States: The French and German Experience, 1789–1815*, Princeton 1967, S. 195.

12 Gottfried Benn, *Das gezeichnete Ich. Briefe aus den Jahren 1900–1956*, Hamburg 1962, S. 32, 35; Manfred Delling, ‹Irrtum und Fehltritt des Gottfried Benn›, *Die Welt* (Hamburg), 30. Mai 1963.

13 *SW*, Bd. II, S. 771.

14 Ebd., S. 815.

15 Zu Humboldt und Müller siehe u. a. Edgar Bonjour, *Studien zu Johannes von Müller*, Basel 1957, S. 198, sowie (zu Voss) Klaus Epstein, *The Genesis of German Conservatism*, Princeton 1966, S. 669, und Jacques Droz, *Le romantisme allemand et l'État. Résistance et collaboration dans l'Allemagne napoléonienne*, Paris 1966, S. 98f., 111.

16 *Heinrich von Kleists Lebensspuren,* hrsgg. von Helmut Sembdner, 2. Aufl., Bremen 1964, S. 165.

17 *SW,* Bd. II, S. 782.

18 *Kleists Lebensspuren,* S. 285 f.

19 Eines der absurden Vorkommnisse, die Kleist immer wieder zustießen, hatte seinen Haß noch vertieft: Anfang 1807 war er unterwegs zwischen Königsberg und Berlin von den Franzosen verhaftet und unter dem Verdacht der Spionage – der völlig unbegründet war – vier Monate lang in Châlons-sur-Marne eingekerkert worden.

20 *SW,* Bd. II, S. 782.

21 Siehe J. G. Fichte, *Reden an die deutsche Nation,* hrsgg. von Hermann Schneider, Leipzig 1924, insbes. die Reden Nr. 8 und 12.

22 *SW,* Bd. I, S. 585, *Die Hermannsschlacht,* 1496.–1503. Zeile.

23 Siehe ebd., Bd. II, S. 675 (an Adolfine von Werdeck, 28./29. Juli 1801).

24 Wolff, *Kleist als politischer Denker,* S. 474 ff.

25 Kleists *Nachruhm,* S. 356. Der Kritiker war Arthur Eloesser.

26 *SW,* Bd. I, S. 585 (*Die Hermannsschlacht,* 1482.–1489. Zeile).

27 Ebd., S. 593 (1698.–1699. Zeile).

28 Ebd., S. 615–21 (Szene 15–19). Kleist erklärte Dahlmann, Thusnelda sei ein braves, etwas einfältiges und eitles Mädchen, wie viele von denen, die sich zuerst von den Franzosen blenden ließen, deren Rache aber, wenn ihnen einmal die Augen aufgingen, besonders grimmig sei. Kleists *Lebensspuren,* S. 301. Man kann sich vorstellen, daß die «jungen Landmädchen aus der Mark», über die Kleist im zweiten seiner *Satirischen Briefe* schrieb, ein ähnliches Verhalten wie Thusnelda an den Tag legten. Siehe *SW,* Bd. II, S. 368 ff.

29 So erging es auch dem anonymen Rezensenten des *Times Literary Supplement* vom 21. August 1953, in dessen Augen Hermann und Thusnelda «schlauer und brutaler [waren] als diejenigen, deren Schlechtigkeit bloßgestellt werden» sollte. Zitiert nach *Kleists Nachruhm,* S. 474.

30 *SW,* Bd. I, S. 608 (*Die Hermannsschlacht,* 2096.–2098. Zeile).

31 Ebd., S. 28–31.

32 Ebd., S. 28.

33 Ebd., S. 26 f.

34 *SW,* Bd. II, S. 354 f.

35 Ebd., S. 380 ff.

36 *Kleists Lebensspuren,* S. 293 f. Zur Eifersucht des Kaisers auf seinen Bruder siehe Gordon A. Craig, *War, Politics and Diplomacy: Selected Essays,* New York 1966, S. 6 ff.

37 Maass, *Kleist,* S. 218.

38 *SW,* Bd. II, S. 828.

39 *SW*, Bd. I, S. 32 «Das letzte Lied»).
40 *Berliner Abendblätter*, hrsgg. von Heinrich von Kleist, Faksimile-Ausgabe, Stuttgart 1965, mit einem Nachwort von Helmut Sembdner, Ausgaben vom 1. und 22. Oktober 1810.
41 Maass, *Kleist*, S. 239–53; *Kleists Lebensspuren*, S. 370, 382f., 385f., 416. Zur Politik Hardenbergs in diesen Jahren siehe Peter Gerrit Thielen, *Karl August von Hardenberg, 1750–1822*, Köln 1967, S. 245ff.
42 *SW*, Bd. II, S. 857.
43 Eine sehr eingehende, wenn auch mit zahlreichen tendenziösen Deutungen behaftete Darstellung der Geschichte der *Berliner Abendblätter* bietet Reinhold Steig, *Heinrich von Kleists Berliner Kämpfe*, Berlin 1900. Sachgerechter ist Helmut Sembdner, *Die Berliner Abendblätter Heinrich von Kleists*, Berlin 1939. Siehe auch Helmut Rogge, ‹Heinrich von Kleists letzte Leiden›, *Jahrbuch der Kleist-Gesellschaft* 1922, Berlin 1923, S. 34–50.
44 *SW*, Bd. II, S. 871.
45 Heinrich von Kleist, *Prinz Friedrich von Homburg*, hrsgg. von Richard Samuel in Zusammenarbeit mit Dorothea Coverlid, Berlin 1964, Einleitung, S. 26ff.
46 *SW*, Bd. I, S. 704 (*Prinz Friedrich von Homburg*, 1750.–1752. Zeile).
47 Ebd., S. 707 (1830. Zeile).
48 Zu den diesbezüglichen Auffassungen des jungen Kleist siehe *SW*, Bd. II, S. 584f., 626f., 681; Wolff, *Kleist*, S. 363f.; Curt Hohoff, *Heinrich von Kleist in Selbstzeugnissen und Dokumenten*, Hamburg 1958, S. 38.
49 Siehe Droz, *Le romantisme allemand*, S. 232.
50 *Prinz Friedrich von Homburg* (Samuel-Ausgabe), Einleitung, S. 10.
51 Blöcker, *Kleist*, S. 202.
52 *Kleists Nachruhm*, S. 330.
53 *SW*, Bd. I, S. 698 (*Prinz Friedrich von Homburg*, 1575.–1587. Zeile).
54 *Historische Zeitschrift*, LXXXVI (1901), S. 89ff.; siehe auch Gerhard Ritter, *Stein: Eine politische Biographie*, 3. Aufl., Stuttgart 1958, S. 336f.
55 *SW*, Bd. I, S. 545 (*Die Hermannsschlacht*, 332.–335. Zeile).
56 G. H. Pertz und H. Delbrück, *Das Leben des Feldmarschalls Grafen Neithardt von Gneisenau*, 5 Bde., Berlin 1864–80, Bd. II, S. 112ff.
57 *Kleists Lebensspuren*, S. 441ff.; *SW*, Bd. II, S. 879.
58 Thielen, *Hardenberg*, S. 272.
59 Siehe Kap. 6 dieses Bandes.
60 Zitiert in Gordon A. Craig, *Die preußisch-deutsche Armee 1640–1945. Staat im Staate*, Düsseldorf 1960, S. 76.
61 *SW*, Bd. II, S. 878.

62 Ebd., S. 884.
63 *Wallensteins Lager,* Prolog, 65.–66. Zeile.
64 Hamburger, *Reason and Energy,* S. 113. Vgl. dazu Anderson, *Nationalism and the Cultural Crisis,* S. 141 f.
65 Bertolt Brecht, *Gesammelte Werke* (Suhrkamp-Ausgabe), 20 Bde., Frankfurt am Main 1967, Bd. IX, S. 723 («An die Nachgeborenen», 6.–8. Zeile).
66 Siehe beispielsweise seinen Brief von Ende November 1805 an Rühle von Lilienstern, in dem er die Frage stellt: «Wo soll die Unbefangenheit des Gemüts herkommen, die schlechthin zu ihrem Genuß nötig ist, in Augenblicken, wo das Elend jeden, wie Pfuël sagen würde, in den Nacken schlägt.» *SW,* Bd. II, S. 761.
67 Siehe Droz, *Le romantisme allemand,* S. 231 f.
68 Zu den Expressionisten siehe Gordon A. Craig, ‹Engagement and Neutrality in Weimar Germany›, *Journal of Contemporary History,* Bd. II, Nr. 2, 1967, S. 49–63.

Sechstes Kapitel
Wilhelm von Humboldt als Diplomat

1 *American Foreign Service Journal,* Juni 1956, S. 21.
2 Die Brüder wurden auch schon zu ihren Lebzeiten hin und wieder verwechselt. Am 13. Dezember 1813 schrieb Wilhelm von Humboldt aus Darmstadt an seine Frau und berichtete, auf einem kürzlichen Empfang beim Großherzog hätten einige weibliche Gäste ihn für Alexander gehalten; er habe sie zunächst in dem Glauben gelassen und den Irrtum erst aufgeklärt, als sie ihm zu sehr mit Fragen nach Krokodilen und Tigern zusetzten. Anna von Sydow (Hrsg.), *Wilhelm und Caroline von Humboldt in ihren Briefen,* Bd. IV, Berlin 1910, S. 196. (Im folgenden als *Briefe.*)
3 C. K. Webster, *The Foreign Policy of Castlereagh 1812–1815,* London 1931, insbes. S. 334.
4 Harold Nicolson, *The Congress of Vienna,* New York 1964; Henry A. Kissinger, *Das Gleichgewicht der Großmächte: Metternich, Castlereagh und die Neuordnung Europas 1812–1822,* Zürich 1986.
5 August Fournier, *Die Geheimpolizei auf dem Wiener Kongreß,* Wien 1913, S. 386.
6 Bruno Gebhardt, *Wilhelm von Humboldt als Staatsmann,* Stuttgart 1899, 2 Bde., Bd. II, S. 172. (Im folgenden als Gebhardt.)
7 Ebd., Bd. I, S. 116.
8 Siegfried Kaehler, *Wilhelm von Humboldt und der Staat,* Neuausgabe, Göttingen 1963, S. 206.
9 Ähnlich wie Bismarck 1851 in einem Brief an seine Frau: «In der

Kunst mit vielen Worten garnichts zu sagen mache ich reißende Fortschritte, schreibe Berichte von vielen Bogen, die sich nett und rund wie Leitartikel lesen, und wenn Manteuffel nachdem er sie gelesen hat sagen kann was drin steht, so kann er mehr wie ich.» *Briefe an seine Braut und Gattin,* Stuttgart 1900, S. 281.

10 *Briefe,* Bd. IV, S. 70f.

11 Karl von Clausewitz, *Politische Schriften und Briefe,* hrsgg. von Hans Rothfels, München 1922, S. 84.

12 Peter G. Thielen, ‹Karl August von Hardenberg›, *Männer der deutschen Verwaltung,* Köln 1963, S. 29.

13 An Hardenberg, 13. Januar 1813; Gebhardt, Bd. I, S. 399.

14 François de Callières, *De la manière de négocier avec les souverains* (1716).

15 Am klarsten artikulierte Humboldt dies in seiner Depesche vom 17. Februar 1811, die auch seine ausführlichste Schilderung der Persönlichkeit und Politik Metternichs enthält: *Wilhelm von Humboldts Gesammelte Schriften,* hrsgg. von der Königlichen Preußischen Akademie der Wissenschaften, Bd. XI, Berlin 1903, S. 5–8.

16 Gebhardt, Bd. I, S. 388 Anm.

17 Siehe *Gesammelte Schriften,* Bd. XI, S. 9f., 13ff.; Gebhardt, Bd. I, S. 375ff.; Friedrich Schaffstein, *Wilhelm von Humboldt. Ein Lebensbild,* Frankfurt am Main 1952, S. 240ff.

18 Zu den österreichisch-russischen Beziehungen im Jahr 1811 siehe Enno E. Kraehe, *Metternich's German Policy. 1. The Contest with Napoleon, 1799–1814*, Princeton 1963, S. 139f.

19 H. Ritter von Srbik, *Metternich. Der Staatsmann und der Mensch,* München 1925ff., Bd. I, S. 400.

20 *Gesammelte Schriften,* Bd. XI, S. 17ff.

21 Ebd., Bd. XI, S. 23f.; Gebhardt, Bd. I, S. 410.

22 Gebhardt, Bd. I, S. 404.

23 Siehe beispielsweise *Briefe,* Bd. VI, S. 201, sowie Schaffstein, S. 245.

24 Gebhardt, Bd. I, S. 424.

25 *Gesammelte Schriften,* Bd. XI, S. 32f.

26 Ebd., Bd. XI, S. 29f.

27 Gebhardt, Bd. I, S. 431.

28 Ebd., Bd. I, S. 433.

29 *Briefe,* Bd. IV, S. 27.

30 Ebd., Bd. IV, S. 38ff., 54; Gebhardt, Bd. I, S. 446 Anm.

31 *Gesammelte Schriften,* Bd. XI, S. 79, 82.

32 Zur Konferenz von Prag, Humboldt bezeichnete sie als einen «singulären und bizarren Kongreß», siehe Gebhardt, Bd. I, S. 471ff., sowie Kraehe, *Metternich's German Policy,* Bd. I, S. 181–5.

33 Kraehe, *Metternich's German Policy,* Bd. I, S. 184.
34 *Briefe,* Bd. IV, S. 93.
35 Gebhardt, Bd. I, S. 438. Siehe auch *Briefe,* Bd. IV, S. 94.
36 *Briefe,* Bd. IV, S. 76 ff.
37 *Aus dem Nachlaß Varnhagens von Ense. Tagebücher von Friedrich von Gentz,* Bd. V, Leipzig 1873, S. 265.
38 Siehe Gordon A. Craig, ‹Problems of Coalition Warfare. The Military Alliance against Napoleon, 1813–1814›, *Harmon Memorial Lecture No.* 7, U. S. Air Force Academy 1965, insbes. S. 9 ff.
39 Kaehler, S. 265; Gebhardt, Bd. II, S. 4 ff.; Schaffstein, S. 250 ff.; *Briefe,* Bd. IV, S. 163, 167, 188; Kraehe, Bd. I, S. 268.
40 *Briefe,* Bd. IV, S. 194, 217.
41 Gebhardt, Bd. II, S. 12–14.
42 Schaffstein, S. 260.
43 *Briefe,* Bd. IV, S. 314.
44 Siehe beispielsweise die berühmte Denkschrift vom 9. Dezember 1813: *Gesammelte Schriften,* Bd. XI, S. 91–95.
45 Gebhardt, Bd. II, S. 14 ff.
46 Zum ersten Pariser Frieden siehe Heinrich von Treitschke, *Deutsche Geschichte,* 6. Ausg., Leipzig 1897, Bd. I, S. 563 ff.
47 Siehe Humboldts Brief vom 1. August 1814, *Briefe,* Bd. IV, S. 367.
48 Ebd., S. 400.
49 Siehe *Gesammelte Schriften,* Bd. XI, S. 163–72; Webster, S. 338.
50 Treitschke, *Deutsche Geschichte,* Bd. I, S. 610.
51 Siehe *Gesammelte Werke,* Bd. XI, S. 145–59.
52 Treitschke, *Deutsche Geschichte,* Bd. I, S. 583 f.
53 Gebhardt, Bd. II, S. 63, 96; H. Freiherr von Egloffstein, *Carl August auf dem Wiener Kongreß,* Leipzig 1915, S. 11.
54 Siehe Fournier, S. 260.
55 Gebhardt, Bd. II, S. 105 ff.; *Briefe,* Bd. IV, S. 418; *Gesammelte Schriften,* Bd. XI, S. 189–97. Vgl. Srbik, Bd. I, S. 189, und Webster, S. 349, die beide den Standpunkt Humboldts irreführend darstellen. Humboldt, der sich auf dem Kongreß leidenschaftlich für die Rechte der Juden stark machte, hatte in der Tat von der jüdischen Gemeinde in Prag eine Geldprämie angeboten bekommen, diese jedoch zum Erstaunen von Gentz abgelehnt. *Briefe,* Bd. IV, S. 565 f.
56 *Briefe,* Bd. IV, S. 572.
57 Siehe beispielsweise *Gesammelte Schriften,* Bd. XII, S. 2–18.
58 Webster, S. 319.
59 Talleyrand, *Mémoires,* Paris 1889, Bd. III, S. 58. Siehe auch *Briefe,* Bd. IV, S. 484.
60 Siehe u. a. Craig, S. 17–20; Gerhard Ritter, *Staatskunst und Kriegs-*

handwerk, Bd. I, München 1954, S. 110f., 115f.; H. G. Schenk, *The Aftermath of the Napoleonic Wars,* New York 1947, S. 116f.

61 *Briefe,* Bd. V, S. 21.

62 Ebd., S. 44.

63 Ebd., S. 56ff.

64 Ebd., Bd. IV, S. 244.

65 In der Zeit danach war es ausgerechnet Gneisenau, der Humboldt in ätzendster Form kritisierte und ihn «unmoralisch, feige und geistlos» nannte. Siehe Srbik, Bd. I, S. 229; Gebhardt, Bd. II, S. 287; G. H. Pertz und Hans Delbrück, *Das Leben des Feldmarschalls Grafen Neithardt von Gneisenau,* Berlin 1864–80, Bd. IV, S. 395f.

66 James Joll, *Three Intellectuals in Politics: Blum, Rathenau, Marinetti,* New York 1960, S. XI.

67 François de Callières, *De la manière de négocier avec les souverains* (1716).

68 Siehe beispielsweise *Briefe,* Bd. IV, S. 193.

Siebentes Kapitel
Hölderlin und die Barbaren

1 Seamus Heaney, ‹The Redress of Poetry›, *Times Literary Supplement,* 22.–28. Dezember 1989, S. 1412f., 1418.

2 Siehe die Einleitung zu diesem Band, S. 9.

3 Friedrich Hölderlin, *Sämtliche Werke und Briefe,* hrsgg. von Günter Mieth, 2 Bde., München 1970, Bd. I, S. 313 («Brot und Wein»). (Im folgenden als *S. W.*)

4 Ebd., Bd. II, S. 822 (an seinen Bruder, 5. Juni 1799).

5 Ebd., Bd. I, S. 332ff.

6 Zu den allgemeinen Aspekten siehe den brillanten Aufsatz von Robert Minder, ‹Hölderlin unter den Deutschen›, *Dichter in der Gesellschaft. Erfahrungen mit deutscher und französischer Literatur,* Frankfurt am Main 1966.

7 Georg Lukács, ‹Hölderlins Hyperion›, *Goethe und seine Zeit*, Berlin (DDR) 1953, S. 148.

8 William Hazlitt, ‹Observations on Mr. Wordsworth's Poem «The Excursion»›, *The Round Table* (Everyman Edition 1936), S. 119f.

9 Siehe *S. W.,* Bd. II, S. 575.

10 Ebd., S. 554.

11 Ebd., S. 571.

12 Ebd., S. 716f.

13 Walther Harich, *Jean Paul,* Leipzig 1925, S. 698.

14 *S. W.,* Bd. I, S. 415.

15 Lukács, ‹Hölderlins Hyperion›, S. 150.

16 Eine nüchterne Beurteilung der politischen Interessen und Aktivitäten Hölderlins findet man bei M. Delorme, *Hölderlin et la Révolution française,* Monaco 1959. Siehe auch Pierre Bertaux, *Hölderlin. Essai de biographie intérieure,* Paris 1936, und *Hölderlin und die Französische Revolution,* Frankfurt am Main 1969; Bertaux legt in diesen und anderen Schriften die Tendenz an den Tag, dem politischen Verschwörer Hölderlin eine größere Bedeutung beizumessen, tut das aber auf nicht immer überzeugende Weise. Siehe auch W. Kirchner, *Der Hochverratsprozeß gegen Sinclair,* Marburg 1949.

17 *S. W.,* Bd. I, S. 224.

18 David Constantine, *Hölderlin,* Oxford 1988, S. 223f.

19 Siehe *S. W.,* Bd. II, S. 866ff. (an Susette Gontard, Anfang November 1799).

20 Lukács, ‹Hölderlins Hyperion›, S. 166.

21 Zum Unterschied zwischen dem *citoyen* und dem Bürger siehe Ernst Bloch, *Das Prinzip Hoffnung,* Frankfurt am Main 1973, Bd. III, S. 1095, 1557f.

22 Siehe die Passage gegen Ende des Romans, wo er zur Laute ein «Schicksalslied» singt, das er in seiner Jugend gedichtet hat. *S. W.,* Bd. I, S. 726f.

23 Ebd., S. 607.

24 Ebd.

25 Ebd., S. 677.

26 Ebd., S. 737f.

27 Constantine, *Hölderlin,* S. 140, 150.

28 E. M. Butler, *The Tyranny of Greece over Germany,* Cambridge 1935, S. 224.

29 *S. W.,* Bd. II, S. 39.

30 Ebd., S. 65.

31 Georg Herwegh, *Literatur und Politik,* hrsgg. von Katharina Mommsen, Frankfurt am Main 1969, S. 62ff.

31a Wiederabgedruckt in: *Hölderlin,* Sämtliche Werke, hrsgg. von Norbert von Hellingrath, Bd. 4, 1916, S. 368.

32 Ferdinand Freiligrath, ‹Der gute Bürger›, in Hein und Oss, *Deutsche Lieder 1848/49* (Gustav Heinemann-Preis für die Schuljugend, 1974).

33 Friedrich Theodor Vischer, *Kritische Gänge,* zweite Reihe, Bd. III, S. 197.

34 Friedrich Theodor Vischer, *Ästhetik oder Wissenschaft des Schönen,* Bd. II, 1. Abt., ‹Die Lehre vom Naturschönen›, Leipzig 1847.

35 Cosima Wagner, *Die Tagebücher,* Bd. I, Frankfurt am Main 1976, Eintrag vom 24. Dez. 1873.

36 Norbert von Hellingrath, ‹Hölderlins Wahnsinn›, in Oskar Loerke

(Hrsg.), *Deutscher Geist. Ein Lesebuch aus zwei Jahrhunderten,* erw. Neuausg., Berlin und Frankfurt am Main 1953, Bd. II, S. 879.

37 Ebd.

38 Siehe Stefan George, *Werke,* hrsgg. von Robert Boehringer, 4 Bde., Stuttgart 1983, Bd. II, S. 298ff. (‹Lobrede auf Hölderlin›); Rainer Maria Rilke, *Der ausgewählten Gedichte anderer Teil,* ausgew. von Katharina Kippenberg, Wiesbaden 1958, S. 45f. (‹Hölderlin›).

39 George, *Werke,* Bd. II, S. 236f. (‹Norbert›).

40 Ebd., S. 301.

41 *S. W.,* Bd. II, S. 62.

42 Ebd., Bd. I, S. 737.

43 Martin Heidegger, *Die Selbstbehauptung der deutschen Universität,* Breslau 1933, S. 5.

44 Minder, *Dichter in der Gesellschaft,* S. 81 (‹Hölderlin unter den Deutschen›).

45 Ebd., S. 251 (‹Heidegger und Hebel, oder die Sprache von Meßkirch›).

46 Martin Heidegger, Hölderlins Hymne ‹Andenken›, Freiburger Vorlesung 1941/42, *Gesamtausgabe,* Bd. 52, II. Abt. Frankfurt am Main 1982, S. 6, 21.

47 Joseph Wulf, *Literatur und Dichtung im Dritten Reich. Eine Dokumentation,* Gütersloh 1963, S. 174.

48 Constantine, *Hölderlin,* S. 257, einschl. Anm.

49 Carl Petersen, *Der Seher deutscher Volkheit Friedrich Hölderlin,* Kiel 1934.

50 Hans Gottschalk, *Das Mythische in der Dichtung Hölderlins,* Stuttgart 1943, S. 9.

51 Hajo Jappe, *Jugend deutschen Geistes,* Berlin 1939, S. 414.

52 Julius Richter, *Hölderlins Christusmythus und die deutsche Gegenwart,* München 1941, S. 48.

53 Friedrich Beissner und Paul Kluckhohn (Hrsg.), *Iduna: Jahrbuch der Hölderlin-Gesellschaft,* I. Jg., Tübingen 1944.

54 *S. W.,* Bd. I, S. 390.

55 Ebd., S. 257.

Achtes Kapitel
Nikolaus Lenau als politischer Dichter

1 Theodor Fontane, *Werke,* Nymphenburger Ausg., Bd XV, *Von zwanzig bis dreißig,* hrsgg. von Kurt Schreinert und Jutta Neuendorf-Fürstenau, München 1967, S. 36. Daß Fontane lebenslang ein Verehrer Lenaus blieb, illustriert die Tatsache, daß eine seiner berühmtesten Romanfiguren, die Lene Nimptsch in *Irrungen, Wirrun-*

gen, nach Lenau benannt ist. Siehe Hans-Heinrich Reuter, *Fontane,* 2 Bde., München 1967, Bd. I, S. 137.

2 Nikolaus Lenau, *Sämtliche Werke und Briefe,* hrsgg. von Eduard Castle, 6 Bde., Leipzig 1911, Bd. III, S. 146.

3 Ebd., S. 24.

4 József Turóczi-Trostler, *Lenau,* Berlin (DDR) 1961 (aus dem Ungarischen von Bruno Heilig), S. 22f. Rembold hatte nicht über österreichische Politik gelesen, sondern über Kant. Welchen Eindruck Rembold auf Lenau machte, läßt sich aus dessen Brief vom 28. Juni 1820 an seine Mutter erahnen, in dem er davon spricht, sich «mit Hülfe der Lehren eines weisen Mannes, des Professors der Philosophie, zu einem selbständigen Manne zu bilden». *Sämtliche Werke,* Bd. III, S. 14.

5 Charles Sealsfield, *Österreich, wie es ist,* Wien 1919 (aus dem Englischen übersetzt und hrsgg. von Viktor Klarwill), S. 197.

6 Turóczi-Trostler, *Lenau,* S. 15. Zur Zensur siehe auch Julius Marx, *Die österreichische Zensur im Vormärz,* München 1959, und Donald E. Emerson, *Metternich and the Secret Police. Security and Subversion in the Habsburg Monarchy, 1815–1830,* Den Haag 1968, S. 136–75.

7 Franz Grillparzer, *Werke,* 3 Bde., München 1971, Bd. III, S. 608ff.

8 Ludwig Börne, *Werke,* 2 Bde., Berlin 1964, Bd. I, S. 226.

9 *Sämtliche Werke,* Bd. III, S. 62.

10 Veröffentlicht wurde sie 1832 unter dem Titel «Am Grabe eines Ministers», s. *Sämtliche Werke,* I, S. 122f.

11 Anastasius Grün [Anton Alexander Graf Auersperg], *Spaziergänge eines Wiener Poeten* (1831), «Salonszene».

12 Byron, *Don Juan,* Canto 1, Stanzen XI–XIV, Vorwort zu Canto 6–8, Canto 9, Stanze XLIX, Canto 10, Stanze LIX; siehe auch Byron, *Epigrams. The Irish Avatar.* Shelley, *The Mask of Anarchy,* Stanzen II, III.

13 Siehe beispielsweise «Der geldgierige Pfaffe» oder das postum veröffentlichte «Protest». Lenaus bitterste Attacke auf den Adel, «Des Teufels Lied vom Aristokraten», entstand in seinen späten Lebensjahren, brachte aber Gefühle zum Ausdruck, die nicht neu waren.

14 *Sämtliche Werke,* I, S. 79. «In der Schänke». Siehe auch «Die polnischen Flüchtlinge», «Maskenball», «Abschied von Galizien» (die Übersetzung eines Gedichts von Bolosz von Antoniewicz) sowie das später entstandene Gedicht «Die nächtliche Fahrt» (1838).

15 Nikolaus Lenau, *Werke in einem Bande,* hrsgg. von Egbert Hoehl, Hamburg 1966, S. 495.

16 *Sämtliche Werke,* I, S. 135. «Fragmente» (1832).

17 Ebd., S. 122. «Abschied» (1832).

18 *Sämtliche Werke,* Bd. III, S. 193.

19 Siehe «Der Urwald» (1832).

20 *Sämtliche Werke,* Bd. III, S. 193.
21 «Der Indianerzug» (1834) und «Die drei Indianer» (1834).
22 *Sämtliche Werke,* I, S. 274 f. «Das Blockhaus» (1838).
23 *Gedichte,* verlegt 1832 bei Cotta.
24 *Faust,* «Die Lektion», «Das Lied»; *Sämtliche Werke,* Bd. IV, S. 311.
25 Heine und Börne werden oft dem Jungen Deutschland zugerechnet, doch waren ihre Verbindungen zu der Gruppe aufgrund ihrer Abwesenheit aus Deutschland sehr lose, und mit Lenau haben sie sich offenbar nicht befaßt.
26 Zitiert nach *Das Junge Deutschland: Texte und Dokumente,* hrsgg. von Jost Hermand, Stuttgart 1966, S. 365 f.
27 Siehe Karl Viëtor, *Georg Büchner,* Bern 1949, S. 274, 276.
28 *Sämtliche Werke,* Bd. III, S. 85.
29 Siehe Hermand, *Das Junge Deutschland,* S. 375.
30 In seinem Roman *Wally, die Zweiflerin,* zitiert in *Das Junge Deutschland,* S. 109.
31 Siehe die Kritik von Engels, ebd., S. 357.
32 Ebd., S. 101.
33 *Sämtliche Werke,* Bd. I, S. 366 f.
34 Turóczi-Trostler, *Lenau,* S. 231 ff.
35 «An den Frühling 1838» (1838).
36 Turóczi-Trostler, *Lenau,* S. 158.
37 *Sämtliche Werke,* Bd. I, S. 318 f.
38 Ebd., II, S. 279. *Die Albigenser* (1843), «Nachtgesang».
39 Ebd., S. 399 f., «Schlußgesang».

Neuntes Kapitel
Heinrich Heine und die Deutschen

1 *Insel Heine,* Frankfurt am Main 1968, Bd. III: *Schriften über Frankreich,* hrsgg. v. Eberhard Galley, S. 271 (‹Über die französische Bühne›, Sechster Brief).
2 Ebd., S. 465 (*Lutezia,* Zweiter Teil, 2. Juni 1842).
3 Richard Winston, *Thomas Mann, The Making of An Artist,* New York 1973, S. 49.
4 Hierzu und zu den nachfolgenden vier Absätzen siehe F. Hellendall, ‹Heinrich Heine and Düsseldorf – A City Afraid of its Great Son›, *Monatshefte für deutschen Unterricht,* LXIII, Nr. 1, 1971, S. 56–9; *Der Spiegel,* Hamburg, Nr. 9/1969, S. 85 ff. («Nur nix»); Barbara Glauert, ‹Heinrich Heine und Deutschland. Ein bio-bibliographischer Rückblick›, *Börsenblatt für den deutschen Buchhandel,* Frankfurter Ausg., Nr. 8, 30. Januar 1973.

5 Jeffrey L. Sammons, *Heinrich Heine. The Elusive Poet,* New Haven 1969, S. 372 Anm.

6 Siehe Karl Kraus, ‹Heine und die Folgen›, *Auswahl aus dem Werk,* hrsgg. von Heinrich Fischer, Frankfurt am Main 1961, S. 138 ff.

7 Siehe Theodor W. Adorno, ‹Die Wunde Heine›, *Noten zur Literatur,* Bd. I, Frankfurt am Main 1958, S. 144–53; Sammons, *The Elusive Poet,* S. 24.

8 Friedrich Nietzsche, *Götzendämmerung. Der Antichrist. Ecce Homo. Gedichte,* Stuttgart 1964, S. 323; Thomas Mann, *Reden und Aufsätze,* Stockholmer Ausg., Oldenburg 1965, Bd. II, S. 680.

9 Jost Hermand, ‹Heines frühe Kritiker›, *Der Dichter und seine Zeit: Politik im Spiegel der Literatur,* hrsgg. von Wolfgang Paulsen, Heidelberg 1970, S. 118 f.

10 Erich Kästner, *Gesammelte Schriften,* 7 Bde., Zürich und Berlin 1959, Bd. IV, *Vermischte Beiträge* («Eine kleine Sonntagspredigt», Aug. 1947).

11 Robert Minder, *Kultur und Literatur in Deutschland und Frankreich,* Frankfurt am Main 1962, S. 10.

12 Heinrich Heine, *Sämtliche Schriften,* hrsgg. von Klaus Briegleb, 6 Bde., München 1968–76, (im folgenden als *HSS*), Bd. II, S. 426 (*Die Bäder von Lucca,* Kap. IX).

13 Siehe seine bemerkenswerten Berichte über Implikationen der sozialen Frage und der Lage in Nahost in den 1840er Jahren, in *Insel Heine,* Bd. III, S. 326, 370 ff., 406 (*Lutezia,* Erster Teil, 30. April und Folgemonate).

14 Siehe Marcel Reich-Ranicki, *Über Ruhestörer: Juden in der deutschen Literatur,* München 1973, S. 59.

15 *HSS,* Bd. II, S. 103.

16 Ebd., S. 496.

17 Ebd., Bd. III, S. 532 f.

18 Ebd., S. 104 (*Französische Zustände,* Vorrede).

19 Ebd., Bd. IV, S. 592 (*Deutschland. Ein Wintermärchen,* Caput 7).

20 Siehe Heines Bemerkungen über Friedrich Wilhelm III. von Preußen in *Französische Zustände,* Vorrede, ebd., Bd. III, S. 100–102, und seine Attacken auf Friedrich Wilhelm IV. in den politischen Gedichten aus den 1840er Jahren, ebd., Bd. IV, S. 415 u. 421 f.

21 Ebd., Bd. II, S. 601 (*Englische Fragmente,* XI).

22 Siehe Fritz J. Raddatz, *Heine: Ein deutsches Märchen,* Hamburg 1977, S. 30 f., 89 ff.

23 Sammons, *The Elusive Poet,* S. 11. Zum Exildasein Heines siehe auch Carl Zuckmayer, ‹Heinrich Heine, der liebe Gott und ich. Ein Dreipersonenspiel›, *Die Zeit,* Nr. 50, 19. Dez. 1972.

24 *Insel Heine,* Bd. III, S. 537 f. (*Lutezia,* Zweiter Teil, Retrospektive Aufklärung, Aug. 1854).
25 Jost Hermand, ‹Heines frühe Kritiker›, *Der Dichter und seine Zeit,* S. 129.
26 Ebd., S. 130.
27 Erich Marcks, *Heinrich von Treitschke: Ein Gedenkblatt,* Heidelberg 1906, S. 64.
28 Heinrich von Treitschke, *Deutsche Geschichte im Neunzehnten Jahrhundert,* 4. Teil, Leipzig 1890, S. 423.
29 *HSS,* Bd. II, S. 204 (*Die Nordsee,* Zweiter Zyklus, XI).
30 Treitschke, ebd., 5. Teil, Leipzig 1894, S. 381.
31 *HSS,* Bd. II, S. 525 (*Die Stadt Lucca,* Kap. XVII).
32 Ebd., Bd. IV, S. 570.
33 Ebd., S. 494.
34 Ebd., S. 510 f.
35 Ebd., S. 563.
36 Ebd., S. 616.
37 Ebd., S. 639 f.
38 Ebd., S. 578 f.
39 Ebd., S. 88 (*Ludwig Börne,* Viertes Buch).
40 Ebd., Bd. III, S. 639 ff.
41 Dolf Sternberger, *Heinrich Heine und die Abschaffung der Sünde,* Hamburg 1972, vertritt entschieden den Standpunkt, daß Heine in seinen Pariser Jahren weit größeres Interesse an den Lehren des Saint-Simonismus und an der moralischen Erneuerung der Menschheit hatte als an Kommunismus und Parteipolitik.
42 Siehe *Insel Heine,* Bd. III, S. 406 (*Lutezia,* Erster Teil, XXVIII).
43 Peter Demetz, *Marx, Engels and the Poets,* Chicago 1967, S. 80.
44 *Insel Heine,* Bd. III, S. 315 (*Lutezia,* Vorrede).
45 Reich-Ranicki, *Über Ruhestörer,* S. 57.
46 So war beispielsweise im *Spiegel* vom 26. Dezember 1988 und 30. Januar 1989 eine Menge über universitäre Dinge zu lesen, aber kein Wort über Düsseldorf oder Heine.
47 *HSS,* Bd. IV, S. 574.

Zehntes Kapitel
Gervinus und die deutsche Einheit

1 *Papers Relating to the Foreign Relations of the United States. Transmitted to Congress with the Annual Message of the President. December 4, 1871,* Washington 1871, S. 397 f.
2 Siehe beispielsweise die Einleitung und die Anfangspassage seiner *Unzeitgemäßen Betrachtungen,* Leipzig 1873.

3 Zu Schlosser und seinem Einfluß auf Gervinus siehe G. P. Gooch, *History and Historians in the Nineteenth Century,* überarb. Ausg., London 1952, S. 101 f.
4 *Grundzüge der Historik* (1837), Georg Gottfried Gervinus, *Schriften zur Literatur,* hrsgg. und eingel. von Gotthard Erler, Berlin 1962, S. 56.
5 Ebd., S. 99; Gooch, *History,* S. 102.
6 Siehe Kap. 4 dieses Bandes.
7 Zitiert nach Gooch, *History,* S. 103.
8 *Geschichte der Zechkunst* (1836), in G. G. Gervinus, *Gesammelte kleine historische Schriften,* Karlsruhe 1838, S. 170 f.
9 Einleitung in die *Deutschen Jahrbücher* (1835), ebd., S. 322.
10 Heinrich von Treitschke, *Deutsche Geschichte im Neunzehnten Jahrhundert,* 5. Teil, Leipzig 1894, S. 418.
11 Franz Mehring, *Gesammelte Schriften,* 15 Bde., Berlin/DDR 1960–7, Bd. IX, S. 49; Karl Heinrich Höfele, *Geist und Gesellschaft der Bismarckzeit, 1870–1890,* Göttingen 1967, S. 345.
12 Gervinus, *Geschichte der deutschen Dichtung,* 5 Bde., 5. Aufl., Leipzig 1871–4, Bd. IV, S. V. Siehe auch Johannes Dörfel, *Gervinus als historischer Denker,* Inauguraldissertation, Gotha 1903, S. 31 ff.
13 *Deutsche Dichtung,* Bd. V, S. 429 ff.
14 Siehe dazu insbes. Mehring, *Gesammelte Schriften,* Bd. IX, S. 48; Gervinus, *Deutsche Dichtung,* Bd. V, S. 432 ff. Zu Forster siehe Kap. 2 dieses Bandes.
15 Gervinus, *Deutsche Dichtung,* Bd. V, S. 356, 468 ff.
16 Ebd., S. 473.
17 Treitschke, *Deutsche Geschichte,* 4. Teil, Leipzig 1890, S. 658.
18 ‹Einleitung in die *Deutschen Jahrbücher*›, *Kleine historische Schriften,* S. 329; *Schriften zur Literatur,* Einleitung, S. 86, 102.
19 Siehe Treitschke, *Deutsche Geschichte,* 5. Teil, S. 688 ff.
20 Gervinus, *Hinterlassene Schriften,* Wien 1872, S. 51 ff.
21 Hans Rosenberg, ‹Gervinus und die deutsche Republik. Ein Beitrag zur Geistesgeschichte der deutschen Demokratie›, *Die Gesellschaft,* Bd. 6, 2 (1929), S. 124 ff.
22 Ebd., S. 127 f.
23 Ebd.
24 *Hinterlassene Schriften,* S. 47 f.
25 Ebd., S. 52.
26 Hrsgg. von Walter Boehlich, Frankfurt am Main 1967.
27 Ebd., S. 96, 128, 149, 154, 162, 164 f., 170 f.; Walter Boehlich (Hrsg.), *Der Hochverratsprozeß gegen Gervinus,* Frankfurt am Main 1967, S. 7, 54–9; Rosenberg, *Die Gesellschaft,* S. 129–33.
28 *Einleitung,* S. 128, 149.
29 *Schriften zur Literatur,* Einleitung, S. lxxi.

30 *Hinterlassene Schriften,* S. 97ff.

31 Rosenberg, *Die Gesellschaft,* S. 134.

32 Gervinus, *Shakespeare,* 4. Aufl., Leipzig 1872, Bd. II, S. 132f. Der Vergleich Deutschlands mit Hamlet war keine originäre Idee von Gervinus. Die Analogie war schon anderen ins Auge gefallen, nicht zuletzt seiner *bête noire* Ludwig Börne. Siehe Börne, *Gesammelte Schriften,* 10 Bde., Hamburg 1832–5, Bd. II, S. 198. Siehe auch Freiligraths Gedicht *Hamlet* aus dem Jahr 1844.

33 Leopold von Ranke, ‹Georg Gottfried Gervinus›, *Historische Zeitschrift,* XXVII (1872), S. 134ff.

Abbildungsverzeichnis

1. Johann Wolfgang von Goethe, J. H. Lips: Goethe 1791, Goethe-Museum Rom. (Freie Deutsche Hochstift. Frankfurter Goethe-Museum, Frankfurt/Main).
2. Georg Forster, Naturforscher. Gemälde 1782 von Johann Heinrich Wilhelm Tischbein (Archiv für Kunst und Geschichte, Berlin).
3. Friedrich von Schiller, Gemälde, um 1808/09, von Gerhard von Kügelgen nach einem Schiller-Bildnis von 1795/1800 (Archiv für Kunst und Geschichte, Berlin).
4. Johannes von Müller, Holzstich, 19. Jahrhundert (Archiv für Kunst und Geschichte, Berlin).
5. Heinrich von Kleist, Grisaille-Gemälde, 1886, von Ernst Hader. Freie Wiederholung der Miniatur 1801 von Peter Friedel (Archiv für Kunst und Geschichte, Berlin).
6. Wilhelm von Humboldt, Lithographie, koloriert von Friedrich Oldermann nach Franz Krüger (Archiv für Kunst und Geschichte, Berlin).
7. Friedrich Hölderlin, Pastellbild, 1792, von Franz Karl Hiemer (Archiv für Kunst und Geschichte, Berlin).
8. Nikolaus Lenau (eigentlich Nikolaus Franz Niembsch, Edler von Strehlenau), Gemälde um 1833/34 von Karl Rahl (Archiv für Kunst und Geschichte, Berlin).
9. Heinrich Heine, Gemälde von Moritz Oppenheim (Archiv für Kunst und Geschichte, Berlin).
10. Georg Gottfried Gervinus, Holzstich nach einem Litho von Hermann Eichens (Archiv für Kunst und Geschichte, Berlin).

Register

Von Gordon Craig
ist im Verlag C. H. Beck erschienen:

Deutsche Geschichte 1866–1945
Vom Norddeutschen Bund
bis zum Ende des Dritten Reiches
Aus dem Englischen übersetzt
von Karl Heinz Siber.
59.–66. Tausend. 1989. 806 Seiten. Leinen
Beck's Historische Bibliothek

Geschichte Europas 1815–1980
Vom Wiener Kongreß bis zur Gegenwart
Aus dem Englischen übersetzt
von Marianne Hopmann.
3., völlig überarbeitete und revidierte Auflage. 1989.
706 Seiten mit 101 Abbildungen.
Leinen

Das Ende Preußens
Acht Porträts
Aus dem Englischen übersetzt
von Karl Heinz Siber.
19.–21. Tausend. 1988. 140 Seiten.
Gebunden

Über die Deutschen
Übersetzung aus dem Englischen
von Hermann Stiehl.
83.–85. Tausend. 1991. 392 Seiten.
Leinen

Geld und Geist
Zürich im Zeitalter des Liberalismus 1830–1869
Aus dem Englischen übersetzt
von Karl Heinz Siber.
1988. 303 Seiten. Leinen

Verlag C. H. Beck München